말씀과 기도가 있는 구역 만들기 3

말씀 따라 사는 사람들

| 정명철 지음 |

쿰란출판사

머리말

"너는 배우고 확신한 일에 거하라"(딤후 3:14)고 성경은 말합니다. 믿음의 방법으로 살려면 성경을 알아야 합니다. 세상에서의 무지는 이 땅에서 잠시 불편을 주지만, 하나님에 대해 무지하면 영원한 생명을 잃게 됩니다. 그러기에 성도들은 하나님을 온전히 알고 믿기 위해 성경말씀을 배워야 합니다.

성경에는 신앙생활의 모든 것이 기록되어 있습니다. 성경은 하나님의 백성이 사는 법을 가르쳐 주는 책입니다. 성경에는 하나님의 뜻과 우리를 향하신 하나님의 사랑이 들어 있습니다. 세상을 이기는 비결이 있습니다.

우리 성도들이 이 세상을 믿음의 방법으로 살아가며 말씀과 기도가 있는 구역을 만들기 위해 제1권 《예수님 따라 사는 사람들》, 제2권 《성령님과 동행하는 사람들》에 이어 제3권 《말씀 따라 사는 사람들》을 출판하게 되었습니다.

첫째, 이 책은 그동안의 목회 경험을 바탕으로 쉽게 구역에서 구역 식구들이 함께 예배를 드리고 은혜를 나눌 수 있도록 편집되었습니다.

둘째, 이 책을 통해 매주 가정예배가 드려질 수 있도록 하였습니다. 가정예배를 통해 말씀과 기도가 살아 있는 가정은 복된 가정입니다. 가정이 말씀으로 은혜 받을 때 그 가정은 세상을 이기는 비결을 알게 될 것입니다.

말씀과 기도가 있는 구역 만들기 3권인 《말씀 따라 사는 사람들》이 나올 수 있도록 허락하신 하나님께 감사를 드립니다.

이 책이 출판될 수 있도록 많은 수고를 해주신 쿰란출판사와 교정을 도와주신 목회행정실의 이동혁 목사님께 감사드립니다.

지금까지 하나님의 나라 확장과 도림교회 부흥을 위하여 헌신과 섬김으로 함께하신 도림의 모든 성도들에게 이 책을 바칩니다.

2011년 12월 21일
정명철 목사

C·O·N·T·E·N·T·S

말씀 따라 사는 사람들

말씀과 기도가 있는 구역 만들기 3

4월

5월

6월

C·O·N·T·E·N·T·S

7월

8월

9월

말씀과 기도가 있는 구역 만들기 3

10월

11월

12월

제1과

말씀대로 순종하며 하나 되는 교회

(신년주일)

✣ **본문** : 로마서 12장 2절
✣ **찬송** : 551장(오늘까지 복과 은혜, 통 296장)
✣ **요절** : "너희는 이 세대를 본받지 말고 오직 마음을 새롭게 함으로 변화를 받아 하나님의 선하시고 기뻐하시고 온전하신 뜻이 무엇인지 분별하도록 하라"(로마서 12:2).

새해가 되면 사람들은 새해 인사를 합니다. "새해 복 많이 받으세요." 누구나 복된 삶을 살고 싶어합니다. 그래서 새로운 결심을 합니다. 새해에는 운동을 열심히 하겠다, 새해에는 화를 내지 않고 너그럽게 살겠다, 새해에는 아이들과 매일 한 시간씩 지내겠다, 새해에는 불평불만하지 않겠다, 새해에는 주일성수하겠다, 새해에는 감사함으로 봉사하겠다 하고 말입니다. 여러분이 세운 이 새해의 계획을 잘 지켜 가시기를 바랍니다. 긍정적이고 축복이 될 계획을 세우고 변하지 않고 그 결심을 꾸준히 지켜가기만 한다면 더 복된 삶을 살게 됩니다.

오늘 말씀 바로 앞 1절에서는 우리가 드릴 영적 예배에 대하여 말씀했습니다. 그리고 2절에서는 이 영적 예배를 드리기 위해서 어떻게 해야 하는지를 말씀해 줍니다. 하나님이 기뻐하실 예배를 드리기 위해서는 먼저 이 세대를 본받지 말라고 말씀하십니다. 이 세대가 어떤 세대입니까? 세상 사람들이 살아가는 세대입니다. 하나님께서 복 주신 사람들은 세대를 본받지 않은 사람들이었습니다. 우리는 이 세상을 본받고 이 세상을 따라가는 것이 아니라 하나님의 말씀을 따라가야 삽니다. 예수님을 따라가야 삽니다. 우리 교회의 로고 위에는 "예수님 따라 사는 사람들"이라는 글이 항상 붙어 있습니다. 도림교회 성도들 모두가 세상 따라가지 말고 예수님 따라가는 사람들이 되자는 것입니다.

하나님께서 나의 길을 가나안 땅까지 인도해 주실 것이고, 나에게 약속하신 땅을 주실 것이라는 여호수아와 갈렙의 믿음으로 예수님을 따라가야 합니다. 이처럼 예수님을 따라 사는 사람들이 되기 위해 우리 도림교회 성도들이 반드시 행해야 할 실천 목표는 세 가지입니다.

1. 전 교인이 주일성수하자.

우리가 주일성수할 수 있는 것이 큰 복입니다. 운전하시는 분들이나 식당에 일하시는 분들을 만나 전도를 하면 옛날에는 교회 다녔는데 직장 때문에 못 나간다 하시는 분들이 있습니다. 주일성수할 수 있을 때에 힘써 주일성수하시기 바랍니다. 내 평생에 주의 전에 나와 예배할 수 있게 해달라고 기도하시기 바랍니다. 이것이 큰 복인 줄 알아야 합니다. 이스라엘 백성들이 바벨론에서 포로 생활을 하면서 비로소 성전에 나가 제사드릴 수 있었던 때가 얼마나 행복했던 때인지를 깨달았습니다. 그래서 하나님께 부르짖었습니다. 예배드릴 수 있게 해달라는 것입니다.

성도 여러분, 주의 날을 지키는 것은 하나님의 명령입니다. "너희는 안식일을 기억하여 거룩히 지키라"고 했습니다. 이날이 거룩한 날이니 거룩하게 나와 하나님을 만나라는 것입니다. 주일을 일주일의 첫날로 여기고 거룩히 지켜야 합니다. 첫 단추가 잘못 끼워지면 다 잘못되고 맙니다. 올해에는 매 주일의 첫 단추를 잘 끼우시기 바랍니다. 예배는 여러분의 영혼을 정결하게 하는 시간입니다.

아무리 정직한 사람도 세상에서 살면 다 더러워집니다. 죄가 여러분을 더럽힙니다. 그래서 여러분은 주의 전에 나와 죄 사함을 얻어야 합니다. 주의 전을 사모하는 자는 큰 힘을 얻습니다. 주의 전에서 위로를 얻습니다. 말씀을 통해 믿음이 자라고, 그 믿음으로 구원의 은총을 얻습니다. 주의 날은 기쁘고 복된 날입니다. 하나님께서 복되게 하셨으니 이날은 주의 전에 나와 축복을 받는 날입니다.

2. 전 교인이 이웃 사랑을 실천하자.

예수님께서는 "이웃을 네 몸과 같이 사랑하라"고 하셨습니다. 왜 이런 말씀을 주셨습니까? "자녀야, 네 이웃이 지금 죽음의 길, 멸망의 길로 가고 있지 않니? 이들을 위해서 내가 십자가를 졌어. 내가 너를 위해 십자가를 졌단다. 그래서 네가 구원받았잖니. 너도 네 이웃을 네 몸처럼 사랑해야 한다." 이 말씀을 주십니다.

예수님께서는 내 집을 채우라고 말씀하셨습니다. 우리는 계속해서 주의 집을 채워야 합니다. 구원받는 백성들이 계속해서 많아져야 합니다. 사탄 마귀는 주의 전이 채워지는 것을 싫어합니다. 그래서 자꾸 교회를 흔듭니다. 시험을 줍니다. 우리는 시험이 왜 오는지를 깨달아야 합니다. 시험은 마귀가 주는 것입니다. 새해에는 신앙생활 하다가 낙심하는 일이 없기를 바랍니다.

우리 도림교회는 옛날부터 사회봉사로 유명한 교회입니다. 이웃을 섬기는 일을 잘했습니다. 그래서 불신자들도 도림교회 하면 좋은 이야기를 합니다. 그런데 우리가 왜 사랑의 집 수리를 하고, 왜 어린이집을 운영하고, 왜 바자회를 하는지를 잘 알아야 합니다. 불신자들도 바자회 잘할 수 있습니다. 연탄 나누기도 하고 쌀 나누기도 할 수 있습니다. 그런데 우리는 주님을 위해서 하는 것입니다. 복음을 위해서 하는 것입니다. 이 본질을 잊어버리면 안 됩니다.

올해는 주님을 위해 이웃을 섬기시고, 한 사람이 한 영혼 이상을 꼭 전도하시기 바랍니다. 마음만 먹으면 저절로 되는 것이 전도입니다. 시작하면 가속도가 붙는 것이 전도입니다. 새해에는 '나도 한번 전도해 보자' 결심하여 이웃의 영혼을 흑암에서 빛으로, 멸망에서 영생으로 이끄는 성도들이 되시기를 바랍니다.

3. 전 교인이 성경 공부에 힘쓰자.

교회의 사명을 다섯 가지로 이야기하는데 예배, 선교, 교육, 봉사, 성도의 교제입니다. 교회의 사명에 반드시 들어가는 것이 교육입니다.

이스라엘 백성들은 나라를 잃고 2천 년 가까이 이리저리 흩어져서 살았습니다. 그것도 미움을 받고 핍박을 받으며 살았습니다. 폴란드에 있는 아우슈비츠 수용소를 방문한 후 그 처참한 광경을 한동안 잊지 못했습니다. 아우슈비츠 수용소를 방문한 사람들은 모두가 할 말을 잃습니다. 그 넓은 수용소 안에는 나치에게 살해당한 이들의 안경, 의족, 머리카락 등이 산더미처럼 쌓여 있었습니다. 이 지구상에 저렇게 고난 받은 민족이 없습니다.

그런데 이들은 2천 년을 나라 없이 살면서도 민족성을 잃지 않았고, 나라를 재건했습니다. 우리는 36년 동안 나라를 빼앗기고 살면서 거의 다 잃어버렸는데 이들은 나라도 없이 2천 년을 떠돌았습니다. 그리고는 다시 뭉쳤습니다. 그 끈질긴 힘이 어디서 나옵니까?

교육에서 나옵니다. 유대인들은 율법책에 꿀을 발라서 어린 자녀들을 교육시켰습니다. 책이 중요한 것임을 인식시키기 위해서입니다.

예배와 성경 공부는 다릅니다. 예배는 공부하는 시간이 아닙니다. 예배는 하나님을 만나는 시간이요 하나님께 경배하는 시간입니다. 그런데 성경 공부는 성경에 나타난 하나님의 뜻을 찾고 공부하는 시간입니다. 그러므로 우리에게는 예배도 필수적이지만 성경 공부도 반드시 해야 합니다. 교회를 지켜나가고 여러분의 가정을 복되게 지켜나가는 것이 교육이기 때문입니다.

이제 새해가 밝았습니다. 한 해 동안 하나님의 말씀에 순종하며 우리 교회에 주신 비전을 붙들고 하나 되어 나가는 성도들이 됩시다.

더 생각해 보기: 말씀 이해를 위한 예화

미국에서는 치맛바람을 'Jewish Mom'(유대인 엄마)이라 부릅니다. 유대인들은 전세계 인구의 0.3퍼센트입니다. 그런데 이들이 노벨 경제학상의 60퍼센트 이상을 차지하고 있습니다. 유대인들의 교육이 유명합니다.

주후 70년 예루살렘이 로마에게 멸망당할 때 랍비는 로마의 티투스 장군을 찾아가 학교만은 보존하게 해 달라고 약속을 받았습니다. 성전이 무너지고 궁궐이 무너져도 교육이 살아 있으면 언제든지 나라와 민족을 다시 세울 수 있음을 믿었기 때문입니다. 그 믿음대로 되었습니다. 로마도 무너지고 이 세상의 왕조들이 다 무너졌지만 유대인들은 그들의 나라를 다시 세울 수가 있었습니다.

이스라엘의 교육은 이스라엘 역사 속에 함께 하신 하나님의 역사에 대한 교육입니다. 이 교육은 학교가 없어도 가정에서 식탁에서 아버지를 중심으로 계속되었습니다. 하나님의 말씀을 암기하고 그 말씀을 통해 가르칩니다.

적용

1) 오늘 말씀의 주제 파악하기

2) 오늘 말씀 중 은혜 받은 부분 나누기

3) 삶에 구체적으로 적용하기

함께 드리는 기도 제목

1. 새해에는 말씀대로 순종하며 하나 되는 교회가 되게 하소서.
2. 새해에는 주일을 성수하며, 이웃 사랑을 실천하며, 성경 공부에 힘쓰게 하소서.
3. 말씀에 순종하여 주신 비전들을 이루어가게 하소서.

제2과 ·······

보라 내가 새 일을 행하리라

- **본문** : 이사야 43장 18-21절
- **찬송** : 302장(내 주 하나님 넓고 큰 은혜는, 통 408장)
- **요절** : "너희는 이전 일을 기억하지 말며 옛날 일을 생각하지 말라 보라 내가 새 일을 행하리니 이제 나타낼 것이라"(이사야 43:18-19上).

오늘의 이사야의 말씀은 이스라엘 백성들이 애굽에서 나와 가나안 땅으로 들어갈 때의 사건을 배경으로 하고 있습니다.

이스라엘 백성들 중 애굽에서 나와 가나안 땅에 들어간 사람이 있고 못 들어간 사람들이 있었습니다. 광야에서 고생만 하다가 가나안 땅을 밟아 보지 못한 사람들은 과거지향적인 사람들이었습니다. 광야에서 흙먼지 나는 길을 걸으며 마실 물을 제대로 마시지 못하고 고생을 하면서 '차라리 이럴 바에는 애굽에 노예살이 하는 것이 더 낫겠다. 옛날에 애굽에서 노예살이 할 때는 그래도 고기 가마 옆에 있었는데' 하면서 불평한 사람들이었습니다.

그러면 가나안 땅에는 누가 들어갔습니까? 그 많은 사람 중에 여호수아와 갈렙만이 들어갔습니다. 이들은 미래지향적인 사람들이었습니다. 그들은 지금 힘이 들고 어려워도 하나님께서 우리에게 주실 땅은 젖과 꿀이 흐르는 땅이라고 하는 믿음을 가졌습니다. 이 긍정의 믿음을 가진 이들에게 복을 허락하셨습니다.

1. 미래를 바라보아야 합니다.

오늘 하나님께서는 “너희는 이전 일을 기억하지 말며 옛날 일을 생각하지 말라”고 하셨습니다. 옛날 일을 잊지 않아야 하지만, 옛날 일에 묶여 있으면 내일의 일을 할 수가 없습니다. 운동선수가 경기에 이기려면 조금 전의 실수를 빨리 잊어버려야 합니다. 골프의 양용은 선수나 피겨스케이팅의 김연아 선수가 잘하는 것이 바로 이것입니다. 조금 전의 실수를 빨리 잊고 앞으로 할 것에 집중하는 것입니다.

성장하는 교회의 특징도 미래지향적이라는 데에 있습니다. 과거지향적인 교회는 절대로 부흥하지 않습니다. 교회가 미래를 기준으로 삼고 미래를 위한 것들이 벽에 걸려 있고 미래를 위한 조직이 있고 미래를 중심으로 움직이는 교회가 부흥하지, 과거를 기준으로 삼으면 부흥하지 못하기 때문입니다.

저는 암환자들에게 병 나을 것을 생각하는 것이 아니라 병이 나은 후에 봉사할 것을 꿈꾸라고 말합니다. ‘내가 이렇게 속 썩어서 암에 걸렸지. 저 인간 때문에 암에 걸렸지.’ 이렇게 생각하면 암이 깊어집니다. 암이 나은 후에 식당 봉사도 하고 사랑의 집 수리도 하고 밤을 새워 기도도 하고, 이런 미래지향적인 꿈을 꾸어야 합니다.

예수님께서는 제자들을 택하실 때에 과거를 보지 않으셨습니다. “너 과거에 어부였지? 너 세리였지?” 하고 묻지 않았습니다. 그 제자가 앞으로 이루어 나갈 놀라운 비밀을 보셨습니다.

우리가 지금까지 살아온 것이 중요한 것이 아닙니다. 내가 죄지은 것이 중요한 것이 아닙니다. 못 배운 것이 중요한 것이 아닙니다. 이런 과거를 빨리 떠나야 합니다. 이스라엘 백성들이 광야에서 떠나야 하는 것은 과거에 애굽에서 물들었던 노예의식이었습니다. 하나님께서는 이스라엘 백성들의 노예의 때를 벗겨내기를 원하셨습니다.

미래를 바라보시기 바랍니다. 하나님께서 여러분을 향해 원하시는 비전을 바라보시기 바랍니다. 우리 교회가 해야 할 일들을 바라보시기 바랍니다. 세계 선교를 향한 꿈, 학원 선교를 향한 꿈, 전국 방방곡곡에 복음을 전하는 놀라운 일들을 바라보시기 바랍니다. 이 비전을 함께 가질 때 하나님께서는 크게 역사하십니다. 뒤돌아보지 마시기 바랍니다. 감사하시기 바랍니다. 그래서 하나님께서 주실 축복의 가나안 땅을 차지하는 성도들이 됩시다.

2. 보라 내가 새 일을 행하리라 말씀하셨습니다.

"반드시 내가 광야에 길을 사막에 강을 내리니 장차 들짐승 곧 승냥이와 타조도 나를 존경할 것은 내가 광야에 물을, 사막에 강들을 내어 내 백성, 내가 택한 자에게 마시게 할 것임이라"(19下~20절). 이 말씀은 지금까지 베풀어 주신 놀라운 일들과 비교가 안 될, 더 크고 놀라운 일들을 앞으로 이루어 주시겠다는 약속입니다.

예수 믿고 구원받은 사람도 공허해질 때가 있습니다. 답답한 일을 만날 때도 있습니다. 시험에 드는 일을 만날 때도 있습니다. 광야와 사막이 계속해서 나타납니다. 그때에 우리는 어떻게 해야 합니까? 하나님께서 베푸실 더 크고 놀라운 일들을 기대하고 바라보아야 합니다. 그래서 우리는 전능하신 하나님 앞에 나와 엎드려야 합니다. 우리는 점점 더 큰 능력을 받아야 삽니다. 처음보다 더 깊은 영적인 능력을 체험해야 삽니다. "대저 하나님의 모든 말씀은 능치 못하심이 없느니라"는 말씀을 붙들고 나아갈 때에 더 큰 은혜를 내려 주십니다.

옛날에는 어린아이들이 학교에 갔다 오면 술래잡기하고 놀았습니다. 땅따먹기 하고 놀았고 고무줄놀이 하고 비석치기 하고 놀았습니다. 다른 놀 것이 없었습니다. 그런데 지금은 놀 것이 얼마나 많습니까? 어른들은 화롯가에 앉아 이야기하는 것밖에 놀 것이 없었습니다. 윷놀이밖에 없었습니다. 그런데 지금은 놀 것이 얼마나 많습니까?

그런데 감사하지 못합니다. 불평이 더 많아졌습니다. 무엇이 여러분의 행복을 빼앗아갑니까? 마귀 사탄입니다. 그러나 주님을 마음속에 모시고 살면 광야에 물이 터지고 사막에 강이 흐르는 것을 보게 됩니다. 테레사 수녀는 평생을 살면서 행복하다고 했습니다. 행복의 비결이 어디에 있느냐고 서방 기자가 물을 때에 남을 도울 때 행복하다고 했습니다. 그 마음을 누가 주신 것입니까? 하나님께서 행복한 마음을 주셨습니다.

저는 우리 도림교회 성도들이 행복한 마음으로 가득 채워지기를 축복합니다. 이웃을 위하여 나의 물질을 드릴 때에 행복한 마음을 갖게 되기를 축복합니다. 우리가 드리는 물질로 우리가 섬기는 아프리카와 남미의 형제자매들이 우물을 갖고 교회를 갖게 되고 행복해하며 하나님께 감사할 때에 그 기쁨이 우리의 것이 되기를 원합니다.

오늘 성경은 “이 백성은 내가 나를 위하여 지었나니 나의 찬송을 부르게 하려 함이니라”고 말합니다. 이 말씀은 우리 인생의 목적을 분명하게 말해주고 있습니다. 우리가 남보다 조금 잘 먹고, 조금 많이 알고, 조금 더 잘사는 것이 중요한 것이 아닙니다. 우리 인생은 주님 안에 있어야 행복합니다. 주님 붙들고 살아야 영원한 생명이 있습니다. 주님께서 날마다 생수를 부어 주셔야 행복합니다. 주님께서 그 인생길을 마지막까지 붙잡아 주셔야 행복합니다. 하나님을 찬송하며 살 때에 여기에 진정한 행복과 기쁨이 있습니다.

인간은 인간일 뿐입니다. 인간은 하나님께서 창조하신 인간이라는 사실을 깨닫고 살아야 합니다. 인생의 광야길을 걸어가며 우리에게 은혜를 주시는 하나님을 찬양하며, 창조주이신 하나님을 경배하며 행복한 인생을 살아가는 성도들이 됩시다.

더 생각해 보기: 말씀 이해를 위한 예화

일본의 <니혼게이자이> 신문은 삼성전자가 일본 전자업계를 이긴 이유를 다음 세 가지로 들었습니다.

첫째, 삼성전자는 불황기에 과감한 투자를 했습니다. 일본 전자업체들은 경기 침체기에 투자를 줄이는 데에 급급했는데 삼성은 오히려 거액을 투자하여 공격적 경영을 하였습니다.

둘째, 오너의 리더십입니다. 삼성 이건희 회장의 미래지향적이고 공격적인 리더십입니다.

셋째, 글로벌 경영에 대한 열심을 들었습니다. 삼성전자는 좁은 내수시장을 극복하기 위하여 방향을 글로벌 시장으로 돌렸습니다.

삼성이 승리할 수 있었던 또 하나의 비결은 좁은 땅덩어리에서 국내만 바라보고 있었던 것이 아니라 아프리카, 중국, 러시아 등 세계를 바라보았기 때문에 승리할 수 있었습니다. 사업이든 신앙이든 우리는 미래지향적이어야 합니다.

적용

1) 오늘 말씀의 주제 파악하기

2) 오늘 말씀 중 은혜 받은 부분 나누기

3) 삶에 구체적으로 적용하기

함께 드리는 기도 제목

1. 하나님을 찬양하며 행복한 인생을 살아가도록 인도하소서.
2. 과거에 얽매이지 않고 미래 지향적인 믿음을 갖게 하소서.
3. 비전을 품고 주님께서 허락하시는 새 일을 감당하게 하소서.

제3과

축복의 비결

✣ **본문** : 창세기 12장 1-9절
✣ **찬송** : 545장(이 눈에 아무 증거 아니 뵈어도, 통 344장)
✣ **요절** : "여호와께서 아브람에게 이르시되 너는 너의 고향과 친척과 아버지의 집을 떠나 내가 네게 보여줄 땅으로 가라"(창세기 12:1).

창세기 11장까지가 인류의 역사라면 12장부터는 히브리 역사가 시작됩니다. '히브리인' 이라는 말은 '물을 건너온 사람들' 이라는 뜻입니다. 이들은 하나님의 명령을 따라 가나안 땅으로 들어가기 위해 티그리스 강과 유프라테스 강을 건너왔기 때문에 '물을 건너온 사람들' 이란 별명이 붙었습니다. 오늘 말씀의 제목이 '축복의 비결' 인데, 복이란 히브리어로 '하나님이 우리와 함께 계시다' 라는 뜻입니다. 즉 성경이 말하는 복은 하나님께서 우리와 함께 계시는 것이 복입니다. 시편 23편에서 다윗은 "여호와는 나의 목자시니 내게 부족함이 없으리로다" 라고 했습니다. 여호와께서 목자가 되셔서 나의 곁에 계시니 이것이 복입니다.

1. "떠나라"는 음성을 들을 수 있어야 합니다.

오늘 하나님께서는 "너의 고향과 친척과 아버지의 집을 떠나 내가 네게 보여줄 땅으로 가라" 고 하셨습니다. 아브라함의 아버지 데라는 갈대아 우르 땅에서 우상 만들어 파는, 우상을 섬기는 사람이었습니다. 이곳에서 아브라함이 무엇을 배웠겠습니까? 그래서 하나님께서는 죄악된, 복 받지 못할 이곳을 떠날 것을 명하셨습니다.

요즘에는 머나먼 외국에 가라고 해도 갈 수 있습니다. 그런데 성경 당시에는 외국에 간다는 것은 목숨을 내어놓고 가는 일이었습니다. 금은보화를 지니고 여행을 하니 도적 떼들이나 외국 사람들이 그냥 두겠습니까? 그래서 고향 친척 아버지 집을 떠난다는 것은 결정하기 힘든 일이었습니다. 설사 좋은 사람들을 만난다 하더라도 좋은 땅이 있을 리가 없습니다. 좋은 땅은 이미 다른 사람들이 다 차지해버렸기 때문입니다. 여행하는 도중에 물을 만나지 못하면 짐승 떼는 물론이고 사람까지 다 죽을 수 있습니다. 그런데도 하나님은 떠나라고 하십니다.

오늘도 우리는 하나님께서 우리에게 떠나라고 하시는 음성을 들을 수 있어야 합니다. 내가 의지하던 사람들을, 내가 의지하던 물질들을, 내가 의지하던 능력들을 떠나라는 것입니다. 사실 붙잡고 있어야 아무 소용이 없는 것인데 우리는 쓸데없는 것들을 자꾸 붙잡고 있습니다. 아무리 움켜쥐려고 해도 내 힘으로 되는 것이 아닙니다. 하나님께서 주셔야 됩니다.

우리가 순종하여 떠나면 하나님께서 더 많은 것을 주십니다. 하나님께서 아브라함에게 복을 주신 것을 잘 살펴보면 복받는 귀중한 진리를 발견할 수가 있습니다. 하나님께서 아브라함에게 고향 친척 아버지 집을 떠나라고 했습니다. 그 명령에 순종했을 때 더 많은 일가 친척을 주시고 새로운 땅을 주셨습니다. 그의 부족을 한없이 많게 하셨습니다.

2. 하나님께 순종할 때 더 좋은 것을 주십니다.

하나님께서는 아브라함에게 아들 이삭을 바치라고 하셨습니다. 아브라함이 그 명령에 순종했을 때에 하나님께서는 그를 믿음의 조상이 되게 하셨습니다. 그의 생각과는 다른 방법으로 놀라운 복을 주셨습니다.

하나님께서는 하나님께 순종할 때에 더 좋은 것을 주십니다. 하나님께서는 아브라함에게 가라고 할 때에 "내가 너로 큰 민족을 이루고 네게 복을 주어 네 이름을 창대하게 하리니 너는 복이 될지라"고 하셨습니다. 하나님의 말씀을 듣고 아브라함은 즉시 떠났습니다.

4절을 보면 "이에 아브람이 여호와의 말씀을 따라갔고 롯도 그와 함께 갔으며 아브람이 하란을 떠날 때에 칠십오 세였더라"라고 했습니다. '이에'라는 말은 '하나님의 말씀이 떨어지자마자'라는 뜻입니다. 아브라함은 머뭇거리지도 계산해 보지도 않았습니다. '하나님 내가 왜 떠나야 합니까? 왜 나입니까?' 하고 묻지 않았습니다. "이에 아브람이 여호와의 말씀을 따라갔고"라는 말씀은 아브라함의 믿음을 잘 표현해 주고 있습니다.

아브라함은 자신의 생각을 따라 산 사람이 아닙니다. 세상 지식을 따라 산 사람이 아닙니다. 오직 하나님만 바라보고 하나님의 말씀을 따라 산 사람입니다. 말씀을 따라 사는 사람이 참으로 아름다운 사람이요 복을 받은 사람입니다. 어떤 사람은 오랫동안 예수 믿다가도 내 생각과 다르면 말씀에 순종하지 않습니다. 그런데 아브라함은 내 생각과 경험과 의지를 다 포기하였습니다. 하나님께서는 하나님의 말씀에 무조건적으로 순종하는 아브라함의 믿음을 귀하게 보셨습니다.

3. 하나님의 약속을 믿는 믿음을 가져야 합니다.

오늘 말씀 2절에도 "네가 큰 민족이 되게 하겠다, 네 이름을 창대하게 하겠다, 너는 복이 될 것이다" 라고 말씀하시고, 3절에도 "너를 축복하는 자에게는 내가 복을 내리고 너를 저주하는 자에게는 내가 저주하리니 땅의 모든 족속이 너로 말미암아 복을 얻을 것이라" 하시며 복에 대한 약속을 주십니다.

아브라함이 하란을 떠날 때에 나이가 75세였습니다. 결혼한 지 30년이 지났고 자녀도 없었습니다. 즉 인간적으로 볼 때는 가망성이 없었습니다. 나이가 75세인데 이제 너에게 후사를 줄 터이니 새로운 땅으로 떠나라는 말씀 자체가 무리였지만 그럼에도 불구하고 아브라함은 이에 순종했습니다. 지금도 그렇습니다. 나의 형편을 볼 때에 나의 조건을 볼 때에 내 생각으로 할 때에 도저히 안 될 것 같지만 말씀에 순종해서 가면 그것이 복된 길이 됩니다.

하나님의 말씀대로 살면 손해 볼 것 같지만 결국 하나님께서 지켜 주십니다. 주일날 문 닫아 걸고 장사하지 않으면 손해 볼 것 같지만 결국은 하나님께서 더 좋은 은혜를 내려 주십니다. 주일날 일하면 육체적으로 고단하고 영적으로도 궁핍해지는데 주일을 지키니, 몸도 쉬고 영적으로도 충만함을 얻고 복된 길로 점점 더 깊이 걸어 들어가게 됩니다.

6절 이하를 보면 아브라함이 그 땅을 통과하였다는 말이 나오는데, 이는 마구 지나갔다는 말입니다. 8절을 보면 아브라함은 하나님의 이름을 부르며 지나갔습니다. 가다보면 좋은 땅이 나올 만도 합니다. '여기서 살았으면 좋겠다' 할 만도 합니다. 그러나 아브라함은 '하나님께서 나에게 알아서 주시겠지' 하는 믿음으로 그냥 계속 앞으로 나아갔습니다. 하나님은 이 믿음의 그릇대로 채워 주십니다.

아브라함도 처음에는 별것이 없었습니다. 아버지는 우상숭배 하는 사람이었습니다. 단순히 우상숭배 하는 사람이 아니라 우상을 만드는 사람이었습니다. 아브라함은 어릴 적부터 우상 속에서 살았습니다. 그러나 하나님께서 아브라함을 한 번 택하시니 아브라함은 이 우상의 도시를 떠나 하나님께 복받는 사람으로 변화되었습니다. 우리 도림의 성도들은 아브라함과 같이 말씀에 순종하며, 계속하여 복된 길로 걸어가는 성도들이 됩시다.

더 생각해 보기: 말씀 이해를 위한 예화

평양 산정현교회에 유계준 장로님이 계셨습니다. 그는 예수님을 믿기 전 23세 때 평양 깡패로 있으면서 마펫 선교사를 때리려고 둘러쌌는데, 그 순간에 하나님의 은혜에 사로잡혀 큰 감화를 받고 깡패 그룹을 해산시키고 예수님을 믿게 되었습니다. 25세에 윤덕준 양과 결혼하여 6남 2녀를 두었는데 첫째 득남 기념으로 미림지교회를 건축하였고, 45세 때에는 산정현교회의 장로가 되었으며, 주기철 목사님이 옥중에 계실 때 주 목사님의 가족을 돌보아 주었습니다.

그는 6 · 25 전날 밤 공산군에게 잡혀가서 대동강 언덕에서 순교당하기까지 오직 하나님께 순종하며, 믿음으로 살고, 충성하며, 하나님을 경외하는 생을 일관하였습니다. 유 장로님은 하늘의 큰 복을 받은 사람이고 또한 지상에서도 많은 복을 받은 것을 알 수 있는데, 그의 자녀들을 보면, 유기원(장남, 미국 의학박사), 유기형(차남, 전 부산대학 의과교수), 유기선(삼남, 의학 박사, 법률가), 유기천(사남, 전 서울법대 학장, 법학박사), 유기진(오남, 의사, 미국 시카고 거주), 유기묵(육남, 의사, 미국 일리노이 거주), 유기옥(장녀, 누가병원 경영), 유기숙(차녀, 약학사, 전 숭실대학교 총장, 전 국무총리인 이한빈 박사의 부인)입니다.

유 장로님 후손이 106명인데 아버지가 없어도 모두 남한에 와서 모두 쟁쟁한 인물들이 되었습니다. 하나님은 순종하는 믿음의 사람들의 이름을 창대하게 하십니다.

적용

1) 오늘 말씀의 주제 파악하기

2) 오늘 말씀 중 은혜 받은 부분 나누기

3) 삶에 구체적으로 적용하기

함께 드리는 기도 제목

1. 축복의 비결을 마음에 품고 하나님이 주신 복을 누리는 삶을 살게 하소서.
2. 하나님 말씀에 순종하는 믿음의 사람이 되게 하소서.
3. 하나님께서 주실 약속을 믿고 축복의 길을 걸어가게 하소서.

제4과

이삭의 축복

✣ **본문** : 창세기 26장 23-26절
✣ **찬송** : 191장(내가 매일 기쁘게, 통 427장)
✣ **요절** : "그 밤에 여호와께서 그에게 나타나 이르시되 나는 네 아버지 아브라함의 하나님이니 두려워하지 말라 내 종 아브라함을 위하여 내가 너와 함께 있어 네게 복을 주어 네 자손이 번성하게 하리라 하신지라"(창세기 26:24).

성경에는 많은 인물들이 나옵니다. 이 인물들 중에는 축복의 사람도 있고 저주의 사람도 있습니다. 믿음의 사람도 있고 불신앙의 사람도 있습니다. 이 모든 인물들의 이야기를 성경에 기록한 이유는, 우리가 성경에 나오는 축복의 사람의 길을 따라가면 우리도 축복의 사람이 되고 믿음의 사람의 길을 따라가면 우리도 믿음의 사람이 되기 때문입니다.

오늘 23절 말씀에 이삭이 거기서부터 브엘세바로 올라갔다고 기록되어 있습니다. 그러면 거기가 어디입니까? '그랄' 입니다. 하나님께서는 이삭이 기근 때문에 어려움을 당하여 애굽으로 내려가려고 할 때에 "너는 내려가지 마라" 고 말씀하십니다. 그래서 이삭은 그랄에 있었습니다. 그랄은 애굽과 경계선입니다. 이렇게 경계선에서 있으면 시험에 빠질 일이 생기게 됩니다. 그러므로 시험 드는 일은 그 시험 들 자리를 떠나야 합니다.

이삭이 그렇습니다. 애굽으로 가다가 하나님의 명령을 듣고 즉시 돌이켜야 하는데 머물러 있다 보니 애굽과의 경계인 그랄에 있게 되었습니다. 이곳에 있다가 가뭄이 들면 또 애굽에 내려가게 됩니다. 그래서 하나님은 그랄을 떠나라 하십니다. 그랄에서 떠나 지금까지는 가는 곳마다 우물을 파면 그곳 원주민들과 싸움이 일어났습니다. 그래서 자꾸 옮겨가면서 우물을 파게 되었습니다.

이삭이 브엘세바로 올라갔더니 그곳이 머물 곳이므로 하나님께서는 르호봇이라는 우물을 허락해 주시고 더 이상 싸움이 없도록 하셨습니다. 이삭이 하나님의 뜻대로 브엘세바로 옮겨갔을 때 비로소 하나님은 이삭에게 복을 주십니다.

"그 밤에 여호와께서 그에게 나타나 이르시되 나는 네 아버지 아브라함의 하나님이니 두려워하지 말라 내 종 아브라함을 위하여 내가 너와 함께 있어 네게 복을 주어 네 자손이 번성하게 하리라 하신지라"(24절).

이 말씀은 하나님께서 아브라함에게 주셨던 말씀이요, 이삭에게도 이미 주셨던 말씀입니다. 왜 똑같은 말씀을 또 하십니까? 오늘 하나님께서 이삭에게 이 말씀을 강조하고 확인하시는 것입니다. '내가 너에게 복을 약속했다, 잊지 마라' 하시는 말씀입니다. 그 축복의 말씀이 무엇입니까?

1. 하나님의 도우심이 함께 했습니다.

나는 네 아버지 아브라함의 하나님이니 두려워하지 말라고 하십니다. 하나님께서 아브라함에게 너의 고향 친척 아버지 집을 떠나라고 하셨습니다. 이 명령은 매우 힘들고 지키기 어려운 명령이었습니다. 그러나 아브라함이 순종했을 때 하나님께서는 아브라함에게 복을 약속해 주셨습니다. 복은 순종할 때에 옵니다. 그러므로 늘 순종의 훈련을 해야 합니다.

하나님은 이삭에게도 두려워하지 말라고 하셨습니다. 우리가 살다 보면 두려워할 일들이 옵니다. 건강 때문에 두려워할 일이 옵니다. 저는 건강이라면 누구보다 자신이 있었던 사람입니다. 설교 준비를 했는데도 마음에 안 들면 밤을 꼬박 새워 준비하고 주일날 하루 종일 설교를 다했습니다. 그런데 나이가 들면서 건강에 자신이 없어집니다. 하나님께서 이 종이 목회하는 날까지 건강의 은혜를 주셔야겠다는 기도 제목이 생겼습니다. 물질 때문에 두려워할 일이 오기도 합니다. 사람 때문에 두려워할 일이 오기도 합니다. 그런데 하나님께서는 두려워하지 말라고 하십니다. 이 세상은 두려워할 대상이 아니라 이길 대상입니다. 두려워하지 아니하고 하나님의 말씀을 붙들고 나아가면 반드시 마지막에는 승리를 주십니다.

2. 이삭은 아버지 아브라함의 축복을 받았습니다.

이삭도 약한 사람이었습니다. 그래서 애굽을 떠나지 못하고 근처에서 기웃거렸습니다. 여차하면 애굽으로 내려갈 생각을 했습니다. 그러나 하나님께서는 일찍이 아브라함에게 하신 약속을 잊지 않고 계십니다. 하나님께서 약속하셨으면 반드시 이루어 주십니다.

오늘 저와 여러분에게도 약속해 주신 말씀이 있습니다. 어떤 약속입니까? 이 성경에 하나님의 수없이 많은 약속이 있습니다. 이 약속을 믿고 살아가기만 하면 반드시 하나님은 그 약속을 이루어 주십니다.

아버지 아브라함의 신앙이 아들 이삭의 복을 예약해 주고 있습니다. 성경은 아버지와 아들의 관계에 대해서 분명히 말해 줍니다. 아버지의 복이 아들에게로 내려가며, 아버지가 잘못 하면 그 아들이 함께 벌을 받습니다. 성경이 가족공동체를 중시하고 있는 것을 볼 수가 있습니다. 그러므로 우리는 여러분의 가족이 함께 신앙생활을 잘하도록 힘쓰고 기도해야 합니다. 아버지가 복을 받으면 그 아들이 함께 복을 받게 되기 때문입니다.

여러분의 자녀가 복 받고 복되기를 원하십니까? 아버지가 축복의 씨앗을 뿌리면 그 열매를 자녀가 먹습니다. 나는 하나의 씨를 뿌렸지만 자녀는 30배, 60배, 100배로 먹게 됩니다.

3. 이삭이 여호와의 이름을 불렀다고 했습니다.

이는 예배를 드렸다는 말입니다. 예배를 통해 우리가 세상을 이길 힘을 얻기도 하지만 또한 세상을 이기고 돌아와서 하나님께 드리는 감사의 표현도 바로 예배입니다. 이삭은 예배를 드렸기 때문에 축복의 사람이 된 것입니다. 예배를 떠나면 이 사람은 벌써 병이 든 사람입니다.

요즈음 한국에 선교 단체가 참 많습니다, 그런데 이 선교 단체가 어디로부터 출발을 했습니까? 교회 청년들로부터 출발했습니다. 캠퍼스를, 직장을 복음화시키자는 것입니다. 그런데 시간이 지나다 보니 이 단체들이 많이 성장했습니다. 그러다 보니 어떤 단체들은 이제 자체적으로 예배를 드립니다. 어떤 단체들은 위험수위를 넘어섰습니다. 주일성수를 없애버렸습니다. 어떤 곳은 예배가 없어지고 말씀을 나눈다고 합니다. 목사님이 없습니다. 평신도들이 모여서 큐티를 하고, 수요일에도 그곳에서 모입니다.

말씀은 나누는 것이 아닙니다. 하나님께로부터 받는 것입니다. 하나님께서 주시는 것입니다. 이것이 예배의 본질입니다. 예배는 큐티가 아닙니다. 전능하신 하나님을 만나라고 명하신 명령입니다.

예배는 구약 시대부터 오늘까지 하나님께서 명하신 것이고, 이 예배를 통하여 우리에게 복 주시리라 약속하신 귀중한 선물입니다. 예배는 사람이 만든 것이 아닙니다. 그러므로 이 예배를 귀중히 여길 줄 알아야 합니다. 하나님께서는 예배를 통하여 인간과의 화해를 이루어 주십니다. 하나님께서는 예배를 통하여 우리의 죄를 용서해 주십니다. 하나님께서는 예배를 통하여 복을 부어 주십니다. 그러므로 우리 인생의 가장 중요한 일이 예배입니다.

이삭은 가는 곳마다 제단을 쌓고 하나님께 감사의 예배를 드렸습니다. 이삭이 위대한 축복의 사람이 된 것을 기억하며, 여러분도 이삭과 같이 축복의 사람으로 살아가시기 바랍니다.

더 생각해 보기: 말씀 이해를 위한 예화

세상에서는 머리 나쁜 사람을 물고기에 비유합니다. IQ가 한 자리라고 합니다. 그런데 낚시를 해보면 물고기가 머리가 나쁜 것이 아니라 의지가 약하다는 것을 깨닫곤 합니다. 낚시에 미끼를 꿰어 던져놓으면 절대로 그냥 물지 않습니다. 살살 건드려 봅니다. 그러고는 5분도 기다리고 10분도 기다립니다. 오래된 큰 잉어는 더 지독합니다. 30분도 기다리고 한 시간도 기다립니다. 이틀, 사흘씩 기다리기도 합니다.

낚시는 낚시꾼과 물고기의 인내 싸움입니다. 또 건드려 봅니다. 이렇게 수 차례 건드려 본 다음에는 밀어도 보고 툭 쳐 보기도 합니다. 물고기가 왜 그러고 있습니까? 미끼를 물면 죽을 줄 알기 때문입니다. 미끼 냄새가 얼마나 좋습니까? 먹음직도 하고 보암직도 한 것이 색도 좋습니다. 그래서 물고기가 참지 못하고 '얼른 한입 베어 물고 도망가자. 순식간에 도망가자. 그러면 산다' 이렇게 생각을 합니다. 결국 물고기가 유혹을 버리지 못하고 마침내 얼른 물고 도망가려고 하는 순간 노련한 낚시꾼이 기다리다가 탁 올려채면 물고기는 잡혀 죽고 맙니다.

물고기가 눈 딱 감고 그 자리를 떠나면 삽니다. 그런데 왜 그러고 있습니까? 유혹 때문에 미끼를 놓고 차마 떠날 수 없어 근처에 있다가 죽게 됩니다.

적용

1) 오늘 말씀의 주제 파악하기

2) 오늘 말씀 중 은혜 받은 부분 나누기

3) 삶에 구체적으로 적용하기

함께 드리는 기도 제목

1. 이삭이 누렸던 복을 누릴 수 있는 축복의 사람이 되게 하소서.
2. 믿음의 대를 이어나가는 축복의 가정이 되게 하소서.
3. 예배를 귀중히 여기며 예배를 통한 은혜와 감격을 누리게 하소서.

제5과

야곱의 축복

✣ **본문** : 창세기 32장 22-29절
✣ **찬송** : 490장(주여 지난 밤 내 꿈에, 통 542장)
✣ **요절** : "그가 이르되 네 이름을 다시는 야곱이라 부를 것이 아니요 이스라엘이라 부를 것이니 이는 네가 하나님과 및 사람들과 겨루어 이겼음이니라"(창세기 32:28).

아브라함의 축복과 이삭의 축복에 이어 야곱의 축복의 말씀입니다. 야곱은 그의 쌍둥이 형인 에서와 모든 면에서 비교되는 사람입니다. 인간적인 관점에서 보면 형과 비교할 수가 없습니다. 형인 에서는 호인이었고 사냥을 좋아했으며 아주 강한 남자였습니다. 이에 비해 야곱은 유약한 사람이요 야비한 사람이요 어머니와 함께 집안에서 지내는 것을 좋아하는 사람이었습니다. 오늘도 에서의 후손인 이라크 쪽 사람들을 보면 참 건장하고 잘생겼습니다. 그런데 야곱의 후손인 유대인들의 외모는 사실 그렇게 잘나지 못했습니다. 그러나 야곱의 후손이 복 받은 비결이 무엇일까요?

1. 하나님의 복을 사모하는 마음이 있어야 합니다.

야곱이 형 에서에게 팥죽을 판 사건을 통해 둘의 성격을 잘 이해할 수 있습니다. 어느 날 에서는 하루 종일 사냥을 하다가 허기가

져서 집에 돌아왔습니다. 산 속에서 하루 종일 먹지도 못하고 뛰었으니 얼마나 배가 고프겠습니까? 그런데 동생 야곱이 맛있는 팥죽을 끓이고 있었습니다. 아마 "야 팥죽 좀 빨리 줘 봐라, 배고프다" 했을 것입니다. 그런데 야곱은 "안 된다"는 겁니다. "야, 배고파, 빨리 한 그릇 줘 봐" 할 때 야곱은 "그러면 형의 장자권을 나에게 주면 팥죽을 주겠다"고 했습니다. 호인인 에서는 "야, 다 줄게, 너 다 가져" 그러면서 팥죽을 가져다가 다 먹어버렸을 것입니다. 별로 심각한 상황이 아닙니다.

그런데 여기에는 중요한 문제가 있습니다. 야곱이 어느 날 우연히 팥죽을 팔아먹은 것이 아닙니다. 야곱은 마음속으로 늘 하나님의 복을 약속하는 장자권을 사모하고 있었습니다. 마음속에 장자권을 늘 품고 살았습니다. 반면에 에서는 이미 복을 받은 사람입니다. 하지만 그 장자의 복을 소홀히 여겼습니다. 그러기에 쉽게 준다고 대답을 했습니다.

당시 목축사회에서 약한 야곱이 강한 에서를 이긴다는 것은 생각할 수 없는 일이었습니다. 그런데 결국은 야곱이 하나님의 복을 받았고 승리했습니다. 그 이유가 어디에 있습니까? 야곱은 하나님의 복을 귀하게 여기는 사람이었고, 에서는 하나님의 복을 귀하게 생각하지 않는 사람이었기 때문입니다. 그래서 당대뿐만이 아니라 그의 후손들도 복 받지 못하는 사람들이 되고 말았습니다.

2. 하나님의 약속을 믿고 기다려야 합니다.

야곱이 형 에서를 속이고 삼촌 라반의 집으로 도망친 후에도 역시 그곳에서도 하나님께서 복을 주셨습니다. 그러나 야곱이 받는 복은 하나님께서 약속하셨으니 하나님께서 주시는 것인데, 야곱은 자신의 방법으로 복을 차지하려 했습니다. 그 결과가 무엇입니까? 야곱이 삼촌 라반의 재산을 훔쳐갔다고 소문이 났습니다. 소문이 돌면서 자꾸 눈덩이처럼 커집니다. 그래서 라반의 친척들의 분위기가 험하게 되자 야곱은 또 삼촌 라반의 집에서 도망을 칩니다. 얍복 나루를 건너 고향으로 돌아오게 됩니다.

그런데 여러분, 왜 이런 일이 일어난다고 생각하십니까? 하나님의 약속 때문입니다. "내가 너와 함께 있어 네가 어디로 가든지 너를 지키며 너를 이끌어 이 땅으로 돌아오게 할지라 내가 네게 허락한 것을 다 이루기까지 너를 떠나지 아니하리라 하신지라"(창 28:15) 야곱이 어디를 가든지 지키시겠다고 말씀하셨습니다.

여러분 이 약속이 언제 약속입니까? 20년 전의 약속입니다. 야곱이 우연히 고향으로 돌아오게 되는 것 같지만 사실은 하나님께서 그 약속을 잊지 않고 실행에 옮기시는 것입니다. 하나님은 이처럼 약속을 어기시지 않습니다. 잊어버리시지 않습니다. 기어이 그 약속을 이루어 가십니다.

3. 영적인 갈망이 있어야 합니다.

고향으로 돌아가는 야곱에게 무슨 일이 일어납니까? 형 에서가 장정 400명을 데리고 달려옵니다. 지금까지 죽을힘을 다해 살아왔는데 이제 혼자 남게 되었습니다. 재산을 한 푼이라도 더 모으기 위해 악착같이 살아왔던 야곱은 목숨을 구하기 위해 그 많은 재산을 형에게 보내고 자신은 혼자 남았습니다.

이때 어떤 사람이 나타나서 야곱과 밤새 씨름을 하게 됩니다. 이 씨름은 지금과 같은 씨름이 아닙니다. 넘어뜨리고 항복을 하는 씨름이 아닙니다. 누구 이기고 지고 하는 씨름이 아닙니다. 한 사람은 가려고 하고 한 사람은 못 간다고 붙드는 씨름입니다. 처음 보는 사람과 야곱이 왜 씨름을 합니까? 이상하지 않습니까? 야곱은 지금 자신 앞에 있는 이분이 누구신지를 알았기 때문입니다. 그래서 자기에게 축복해 달라고 비는 것입니다. "축복하지 않으면 가지 못합니다. 내가 죽어도 못 놓습니다" 하는 씨름입니다.

이 사람이 누구입니까? 야곱이 그를 브니엘이라 했습니다. '브니' 는 '얼굴' 이란 뜻이고 '엘' 은 '하나님' 이란 뜻입니다. 즉 '하나님의 얼굴' 이란 뜻입니다. 야곱은 하나님과 씨름을 한 것입니다. 야곱은 욕심이 많은 사람입니다. 이것이 야곱이 복 받은 비결입니다.

야곱은 복 받는 일에는 절대로 뒤로 물러서지 않았습니다. 형 에서의 장자권을 도둑질할 때에도 똑똑한 야곱은 장차 어떤 일이 일어날지를 잘 알고 있었습니다. 하나님께서 주시는 복이 이 세상의 그 어떠한 것보다 귀한 것임을 야곱은 깨닫고 있었습니다. 하나님께서 씨름을 하시면서 힘이 없어서 야곱을 밤새 붙들고 있겠습니까? 야곱을 지켜보고 계십니다. 하나님은 우리가 포기하지 않고 하나님께서 좋은 것을 주실 줄로 믿고 기도할 때에 반드시 좋은 것을 주십니다.

결국 하나님의 사람이 묻습니다. "네 이름이 무엇이냐?", "예, 야곱입니다." 야곱의 이름의 뜻은 '약탈자, 뒤꿈치를 잡고 나온 자' 입니다. 좋은 이름이 아닙니다. 하나님의 사람이 말씀하시기를 "너 앞으로 야곱이라고 하지 마라. 이스라엘이라 하라"고 말씀하십니다. '이스라엘' 이란 '하나님과 겨루어 이겼다' 는 뜻입니다. 이 씨름의 결과가 무엇입니까? 야곱은 하나님의 복을 약속받았습니다. 야곱은 욕심이 많은 사람이었기에 그 욕심 때문에 인생의 위기를 많이 겪었습니다. 그러나 야곱에게는 영적인 욕심이 있었기에 결국은 하나님의 복을 받고 인생의 승리자가 되었습니다. 야곱과 같이 영적인 욕심을 가지고 하나님께서 지켜주시는 인생이 됩시다.

더 생각해 보기: 말씀 이해를 위한 예화

한 어린아이가 밤이 되어 잠자리에 들어갔습니다.

5분 뒤 "아빠……" "왜?" "목말라요. 물 한 컵 갖다 주실래요?" "왜 조금 전에 마시지 않았니? 불도 꺼졌잖아. 내일 마셔."

다시 5분 뒤, "아……빠" "왜?" "목마른데 물 한 컵 갖다 주시면 안 돼요?", "아까 말했잖니? 너 한번만 더 아빠 부르면 매 맞는다."

다시 5분 뒤, "아……빠" "왜?" "아빠, 저 때리러 오실 때 물 한 컵만 갖다 주시면 안 돼요?"

여러분! 이 아빠가 어린 아들을 때렸겠습니까? 물을 가져다주었겠습니까? 이 어린아이는 아빠가 나를 사랑하시는 것을 믿고 있기 때문에 끈질기게 요구하는 것입니다.

적용

1) 오늘 말씀의 주제 파악하기

____

____

____

2) 오늘 말씀 중 은혜 받은 부분 나누기

____

____

____

3) 삶에 구체적으로 적용하기

함께 드리는 기도 제목

1. 축복을 사모하는 간절한 마음을 주소서.
2. 하나님의 약속을 믿고 기다리는 믿음을 주소서.
3. 영적인 욕심을 가져 야곱의 축복을 대대로 누리게 하소서.

제6과

화평과 거룩함의 주인공

✣ **본문** : 히브리서 12장 14절
✣ **찬송** : 411장(아 내 맘속에, 통 473장)
✣ **요절** : "모든 사람과 더불어 화평함과 거룩함을 따르라 이것이 없이는 아무도 주를 보지 못하리라"(히브리서 12:14).

하나님께서는 우리를 하나님의 형상대로 창조하셨습니다. 이것은 우리에게 주신 선물이요 은혜입니다. 하나님께서 주신 은혜, 이 선물을 우리는 잘 간직해야 될 줄로 압니다.

마태복음 25장을 보면 주인이 외국에 나가면서 종들에게 달란트를 줍니다. 이것을 가지고 남기라는 것입니다. 어떤 종은 두 달란트를 가지고 두 달란트를 남겼고, 어떤 종은 다섯 달란트를 가지고 다섯 달란트를 남겼습니다. 또 다른 종은 한 달란트를 땅 속에 파묻어 두었습니다. 우리는 각자에게 주신 땅에서 주신 달란트를 잘 사용하여 갑절의 달란트를 남겨야 합니다.

하나님께서 주신 은사는 잘 사용하면 잘 사용할수록 자꾸만 늘어납니다. 화평을 심기 위하여 애를 쓰면 점점 더 화평의 사람이 됩니다. 거룩하기 위하여 애를 쓰면 점점 더 거룩한 사람으로 변해갑니다. 반대로 우리를 더럽게 만들고 추하게 만드는 것도 있습니다.

오늘 성경은 화평함과 거룩함을 이루라고 말씀합니다. 화평은 이웃과의 관계요 거룩함은 하나님과의 관계입니다. 예수님께서는 십자가로 화평을 이루셨습니다. 십자가는 위로 우리 하나님과의 관계를 의미하고 옆으로 이웃과의 화평을 뜻합니다.

1. 화평함의 주인공이 되시기 바랍니다.

우리는 내가 결심하면 무엇을 이룰 수 있다고 생각합니다. 그러나 이것은 성경적이지 않습니다. 사람은 사람의 힘으로 미래를 바꾸고 인생을 바꿀 수 있는 존재가 아닙니다. 하나님께서 은혜를 베풀어주셔야 되는 일입니다. 지금까지 살면서 내가 결심하고 노력하여 이룬 일이 얼마나 있습니까? 내가 계획한 대로 다 됩니까? 되지 않습니다. 내가 하는 것이 아니라 하나님께서 이루어 주셔야 합니다. 그래서 믿음의 사람은 하나님의 도우심을 구하며 주의 전에 나옵니다.

요즘은 우울증으로 고생하는 분들을 많이 봅니다. 내 마음이 내 생각대로 되면 왜 우울증으로 고생을 하겠습니까? 내가 아무리 마음을 먹어도 내 마음이 내 뜻대로 되지 않기 때문입니다.

요즘은 사는 것이 전쟁이라고 말합니다. 기업도 상대방을 이기기 위해 전쟁을 하고, 회사에서도 밀려나지 않기 위해서 전쟁을 합니다. 학생들도 공부하는 것이 전쟁입니다. 남을 이기기 위해서 사는 사람에게 평화가 있습니까? 내가 겨우 남의 자리를 빼앗아 그 자리에 앉게 되면 또 불안해집니다.

믿음의 사람이 하는 싸움은 그런 싸움이 아닙니다. 하나님께서 은혜를 주셔서 기업이 성공하고, 하나님께서 은혜를 주셔서 잘됩니다. 사람의 마음은 그릇과 같습니다. 이 그릇에 무엇을 채우느냐 하는 것입니다. 평안을 채우고 사랑을 채우고 가득 채워 나가면 그 마음의 그릇 안에 있는 불안과 분노가 밀려 나가게 됩니다.

왜 화평하지 못합니까? 주님을 마음속에 모시지 못하기 때문입니다. 우리 주님은 화평을 주시려고 찾아오시는데 내가 그릇의 뚜껑을 덮어놓고 받아들이지 않기 때문입니다. 가정에 화평이 없다면 그 이유가 어디에 있습니까? 가정에 주님을 모시지 못했기 때문입니다. 주님을 모시면 기쁨이 찾아오고, 건강이 찾아오고 하는 일이 형통해집니다.

화평의 주인공이 되려면 성령충만해야 합니다. 다른 것으로 되지 않습니다. 가정이 성령충만하면 저절로 화평한 가정이 됩니다. 여전도회에 남선교회에 문제가 있습니까? 미움이 있습니까? 그것은 마귀가 주는 것입니다. 성령충만해야 합니다. 그러면 저절로 마귀 역사는 물러가고 은혜의 공동체가 됩니다.

2. 거룩함의 주인공이 되시기 바랍니다.

하나님께서는 인간을 영적인 존재로 창조하셨습니다. 동물과 같은 존재가 아닙니다. 우리는 주님을 만나고 주님과 동행할 때에 인생의 아름다움이 있고 축복이 있습니다. 로마서 8장 7-8절에 "육신의 생각은 하나님과 원수가 되나니 이는 하나님의 법에 굴복하지 아니할 뿐 아니라 할 수도 없음이라 육신에 있는 자들은 하나님을 기쁘시게 할 수 없느니라"고 했습니다. 육신의 생각은 그 결말이 무엇입니까? 하나님과 원수가 됩니다. 그러므로 우리는 육신의 생각을 피해야 합니다.

그렇지만 성경은 믿음의 자녀들에게 세상을 도피하며 살라고 말씀하지 않습니다. 오히려 세상을 이기고 정복하라고 말씀합니다. 사랑으로 화평으로 세상을 이기라는 것입니다. 영적인 생각이 육신의 생각을 이기도록 해야 합니다. 다른 사람을 미워하고, 거짓말을 하고, 음란한 죄를 짓고 하는 것들이 내가 하는 것이 아닙니다. 마귀가 시키는 것입니다. 내가 따라가기 때문에 죄를 범하는 것입니다.

오늘 성경은 왜 거룩함을 따르라고 말씀합니까? 이 세상이 거룩하지 못하기 때문에 우리에게 거룩함을 따르라고 말씀하는 것입니다. 길거리에 나가 보면 사람을 죄짓게 만드는 일들이 얼마나 많은지 모릅니다. 장사를 해도 직장에 나가도, 도처에 죄지을 일들이 널려 있습니다. 교회 안에도 시험 들 일들이 많습니다. 마냥 행복하고 그저 기쁨과 감사와 찬양이 있는 천국과 같은 교회가 있습니까? 이 세상에 그런 교회는 없습니다.

이 세상은 광야와 같습니다. 그래서 우리는 주님 앞에 나옵니다. 매 주일 하나님 앞에 나와 광야 같은 세상에서 더러워진 의복을 말씀으로 깨끗하게 하는 것입니다. 나 스스로 거룩할 수 있는 사람은 없습니다. 하나님께서 거룩하게 해주셔야 합니다. 교회는 여러분을 거룩하게 만드는 곳입니다. 하나님의 전에 나와 말씀을 듣고 그 말씀을 믿고, 아멘하고 순종하면 말씀이 여러분을 거룩하게 변화시키는 것입니다.

하나님께서 선물로 주신 우리 교회에서 함께 화평을 이루고 함께 거룩함을 이루어 나가시기 바랍니다. 그래서 우리 가운데 오시고 함께 거하시는 하나님을 늘 바라볼 수 있는 성도들이 됩시다.

더 생각해 보기: 말씀 이해를 위한 예화

어떤 글에 최고의 인생을 이렇게 말했습니다. "미국의 연봉을 받고, 독일에서 직장생활을 하며, 영국 집에서 살고, 프랑스 음식을 먹으며, 일본 여자와 함께 사는 것이다." 연봉을 많이 받고, 직장 생활을 편안하게 하고, 넓고 좋은 집에서, 최고의 요리를 먹고, 서비스 좋은 여자와 살면 최고의 인생이라는 것입니다.

그러면 최악의 인생이 어떤 것인가 하면 "북한 월급을 받고, 한국에서 직장생활을 하며, 일본 집에서 살고, 영국 음식을 먹으며, 한국 남자와 함께 사는 것"이라고 합니다. 제일 형편없는 월급을 받고, 일찍 출근하여 늦게까지 일하며, 좁은 집에서, 맛없는 음식을 먹고, 폭력을 잘 쓰고 항상 호령만 하는 한국 남자와 함께 사는 것이야말로 최악의 인생이라는 것입니다.

한국 남자들이 가정에서 부인과 이야기하다가 티격태격합니다. 아내가 언제 무엇했고, 무엇을 어떻게 했고, 하나하나 조리 있게 이야기하면, 가만히 당하고 있다가 어떻게 합니까? "어허" 합니다. 그러면 싸움이 끝납니다. 그러면 남자가 이긴 것입니까? 그 가정에 화평이 깨어진 것입니다. 마귀는 화평을 싫어합니다.

적용

1) 오늘 말씀의 주제 파악하기

2) 오늘 말씀 중 은혜 받은 부분 나누기

3) 삶에 구체적으로 적용하기

함께 드리는 기도 제목

1. 화평함의 주인공이 되게 하소서.
2. 거룩함의 주인공이 되게 하소서.
3. 주님의 교회에서 화평함과 거룩함을 이루어가는 공동체가 되게 하소서.

제7과

찬송, 그 귀한 선물

- **본문** : 시편 42편 6-11절
- **찬송** : 258장(샘물과 같은 보혈은, 통 190장)
- **요절** : "내 영혼아 네가 어찌하여 낙심하며 어찌하여 내 속에서 불안해 하는가 너는 하나님께 소망을 두라 나는 그가 나타나 도우심으로 말미암아 내 하나님을 여전히 찬송하리로다"(시편 42:11).

현대를 살아가는 우리에게 가장 무서운 병이 무엇이겠습니까? 각종 암, 위장병, 관절염, 정신병 등 많은 병들이 현대인들을 괴롭히고 있습니다. 그 가운데 수많은 사람들이 고생하고 있는 병이 있는데 그것은 '불안' 이라고 하는 병입니다. 불안이라는 병은 남녀노소를 가리지 않습니다. 부자와 가난한 자, 건강한 자나 약한 자를 가리지 않고 찾아옵니다. 그래서 현대를 가리켜 '불안의 시대' 라고 이야기를 합니다. 전쟁의 불안, 죽음의 불안에서부터 시작하여 일상의 불안이 우리를 괴롭히고 있습니다.

여러분, 지금까지 불안하지 않고 평안하게 살아온 날이 얼마나 됩니까? 여러분의 마음은 지금 평안하십니까?

1. 사람은 누구나 불안에 빠지게 됩니다.

오늘 성경 본문의 기자도 큰 불안에 빠졌던 것으로 보입니다. 그래서 본문 바로 앞 5절을 보면 "내 영혼아 네가 어찌하여 낙심하며 어찌하여 내 속에서 불안하여 하는가"라고 독백하고 있습니다. 믿는 사람에게도 불안이 찾아옵니다. 아무리 믿음이 좋은 사람에게도 불안이 찾아옵니다. 문제는 이 불안을 어떻게 극복하느냐 하는 것입니다. 불안을 이기지 못했을 때 찾아오는 병이 절망입니다. 그래서 키에르케고르는 절망을 '죽음에 이르는 병' 이라고 했습니다.

오늘 시편 기자도 "내 하나님이여 내 영혼이 내 속에서 낙심이 되므로"(6절) 라고 고백을 합니다. 다윗은 인생에 많은 역경과 고난을 당한 대표적인 인물입니다. 일개 양치는 목동에서 격변기의 이스라엘의 왕이 되어 많은 어려움을 겪었습니다.

여러분, 다윗이 겪었을 불안을 한번 상상해 보십시오. 양치는 목동이 왕이 되어 왕궁에서 정치를 한다고 했을 때, 그 마음의 불안과 고통은 이루 말할 수 없었을 것입니다. 이렇게 하는 것이 과연 맞는가, 저 귀족 출신들이 혹시 수군거리지는 않는가, 늘 불안했습니다. 때로는 군대를 이끌고 나가 호전적인 부족들과 전쟁을 해야만 했습니다. 사랑하는 아들이 반역을 일으켜 이리저리 쫓겨 다니며 마음에 고통을 겪기도 했습니다. 이처럼 사람은 누구나 불안에 빠질 수 있습니다.

2. 불안할 때일수록 기도해야 합니다.

다윗의 시편을 읽어 보면 얼마나 아름답습니까? 불안 가운데에서도 다윗이 아름다운 신앙을 유지할 수 있었던 배경은 다윗이 늘 부족함을 깨닫고 있었기 때문입니다. 그래서 그는 하나님께 기도할 수 있었습니다. "나는 목동 출신입니다. 하나님이 도우셔야만 내가 이 일을 할 수가 있습니다." 이렇게 기도했습니다.

내가 넉넉하다고 생각하는 사람은 기도가 잘 나오지를 않습니다. 내가 다 할 수 있다고 생각하는 사람은 내가 먼저 생각하게 되지, 기도를 먼저 하지 않습니다. 다윗은 평생을 긴장 속에 살았습니다. 정치가 안정되니 아들 압살롬이 반역을 일으킵니다. 이 문제가 해결되니 밧세바의 문제가 일어납니다. 즉 다윗의 평생에는 기도거리가 늘 있었습니다. 다시 말하면 하나님께서는 다윗을 기도하도록 만드셨습니다.

다윗이 기도하는 사람이 아니었다면 오늘의 그 아름다운 다윗의 신앙은 없었을 것입니다. 안타깝고 답답한 일이 있을 때 부정적인 사람은 불평하고 원망하고 낙심합니다. 그러나 믿음의 사람은 하나님께 기도함으로 능력 있는 기도의 사람으로, 승리하는 믿음의 사람으로 변화됩니다.

오늘 본문에도 "밤에는 그의 찬송이 내게 있어 생명의 하나님께 기도하리로다"(8절)라고 고백하고 있습니다. 하나님께서 사랑하시는 자녀에게는 기도하게 만드십니다. 그래서 기도하는 사람은 하나님의 능력을 의지하게 만드십니다. 우리에게 다가오는 시험은 기도생활이 힘을 잃을 때입니다. 여러분, 나에게 문제가 있을 때에는 '하나님께서 지금 나에게 기도하게 하시는구나!' 하고 생각하시기를 바랍니다.

오늘 본문은 다윗이 이리저리 쫓겨다니며 기도하는 내용입니다. 블레셋에 가서 미친 사람 흉내를 내면서 목숨을 부지하고 사람들은 다윗에게 손가락질을 합니다. "너의 하나님이 어디 있느냐? 네가 왕위에 있을 때 그렇게 자랑하던 하나님이 과연 어디 있느냐?"라고 대적들이 비방하는 내용이 10절의 말씀입니다. 만사가 형통하고 잘될 때 하나님을 믿는 것은 쉽습니다. 그러나 모든 길이 막히고 어려울 때에 하나님을 믿는 것은 상당한 신앙의 수준이 필요합니다.

3. '오히려'의 신앙을 가져야 합니다.

다윗은 '오히려'의 신앙을 가졌습니다. '오히려'의 신앙은 "지금 나의 형편이 고난과 역경 가운데 있어도 '오히려' 찬송하겠다"는 것입니다. 다윗이 신앙의 특징은 고난과 역경 가운데서도 하나님을 찬양하는 데 있었습니다. 시편의 대부분을 보면 그 마지막에는 어김없이 '그래도 오히려 나는 하나님을 찬양할 것이라' 고 고백하고 있습니다.

하박국 3장 17-18절에도 유명한 '오히려'의 신앙이 나옵니다. "비록 무화과나무가 무성하지 못하며 포도나무에 열매가 없으며 감람나무에 소출이 없으며 밭에 먹을 것이 없으며 우리에 양이 없으며 외양간에 소가 없을지라도 나는 여호와로 말미암아 즐거워하며 나의 구원의 하나님으로 말미암아 기뻐하리로다"라고 고백하고 있습니다.

즐거울 때 하는 찬양도 기뻐하시는데 고난과 역경 가운데서도 하나님을 찬양하니, 하나님께서 얼마나 기뻐하시겠습니까? 여러분의 삶 가운데에도 이와 같은 찬양이 있으시기를 바랍니다.

여러분에게 어려운 일이 있습니까? 도저히 찬송이 나오기 힘든 상황입니까? 이유를 헤아리기 전에 먼저 오늘 다윗처럼 오히려 찬송을 부르시기 바랍니다. 그러면 새 힘이 생깁니다. 능력이 옵니다. 찬양의 이유가 생깁니다. 불안이 사라지고 평안이 옵니다. 가정에서도 찬양해 보십시오. 찬양하는 가정에 복이 찾아옵니다. 교회에서도 모이면 찬양해 보십시오. 교회가 천국으로 변화되는 놀라운 역사가 일어납니다.

매를 맞고 감옥에 갇힌 바울과 실라는 오히려 믿음으로 찬송했습니다. 찬송할 때에 문제가 해결되었습니다. 여러분, 어려울 때 찬송하십시오. 여러분을 얽매는 차꼬가 풀릴 것입니다. 사탄 마귀의 공격이 물러갑니다. 그러므로 어려울지라도 찬송을 불러야 합니다. 마음에 낙망이 있고 불안할 때에는 하나님을 바라보시기 바랍니다. 하나님은 우리의 얼굴을 밝아지게 도와주십니다. 슬픈 자들은 찬송하시기 바랍니다. 슬픔이 변하여 기쁨이 되게 하십니다. 상처 입은 자들은 찬송하시기 바랍니다. 찬송하는 가운데 치유의 은총을 주십니다. 우리 교회와 성도들의 가정에 늘 찬송이 울려 퍼지기를 간절히 바랍니다.

더 생각해 보기: 말씀 이해를 위한 예화

존 뉴턴이라는 사람은 노예선의 선장이었는데, 술에 취하면 노예를 잡아 바닷가에 던져버리고는 물고기들이 노예를 먹기 위해 달려드는 것을 보며 즐거워하던 악한 사람이었습니다.

그런데 그가 해적선을 만나 노예가 되었습니다. 노예가 된 후에 비로소 자기의 죄를 깨닫게 되었고, 회개하게 되었고, 이후에 신학교에 들어가 목사가 되었습니다. 그가 쓴 찬송이 바로 우리가 잘 아는 305장의 "나 같은 죄인 살리신" 입니다.

그는 이 찬송의 4절에서 "해처럼 밝게 살면서 주 찬양하리라" 라고 고백했습니다. 이 땅에서는 물론 천국에 가서도 영원히 주님의 은혜를 찬송하겠다는 믿음의 고백입니다.

적용

1) 오늘 말씀의 주제 파악하기

2) 오늘 말씀 중 은혜 받은 부분 나누기

3) 삶에 구체적으로 적용하기

함께 드리는 기도 제목

1. 불안한 가운데서도 주님께 소망을 가질 수 있는 믿음을 허락하소서.
2. 하나님께 기도함으로 능력의 사람, 믿음의 사람이 되게 하소서.
3. 가정과 구역과 교회가 찬양하는 가운데 찬양의 능력을 맛보게 하소서.

제8과

나 같은 죄인 살리신 주님

✣ **본문** : 마태복음 9장 9–13절
✣ **찬송** : 305장(나 같은 죄인 살리신, 통 405장)
✣ **요절** : "너희는 가서 내가 긍휼을 원하고 제사를 원하지 아니하노라 하신 뜻이 무엇인지 배우라 나는 의인을 부르러 온 것이 아니요 죄인을 부르러 왔노라 하시니라"(마태복음 9:13).

오늘 말씀은 세리인 마태를 부르시는 장면입니다. 이 마태는 신약성경의 맨 처음에 나오는 마태복음을 기록한 제자로, 예수님의 행적을 아주 세밀하게 기록한 사람입니다. 사복음서 중에서 분량도 마태복음이 가장 많습니다. 요한복음은 특별히 많은 신학적인 내용이 들어가 있는데도 21장밖에 되지 않습니다. 그러나 마태복음은 28장까지 있습니다. 마태가 그만큼 세밀한 사람이라는 것입니다. 마태는 세리 출신이기 때문에 동전 하나 그대로 넘기는 법이 없습니다. 다른 복음서에는 나오지 않고 마태복음에만 나오는 비유만도 11개나 됩니다. 그것은 마태가 그만큼 기록하는 데 탁월했다는 말입니다.

1. 은혜를 깨달아야 합니다.

오늘 말씀에 보면 예수님께서 세리인 마태를 부르신 것을 사람들이 좋지 않게 여겼습니다. 그래서 예수님께서 마태의 집에 가셔서 다른 세리들과 함께 식사를 하실 때 바리새인들이 예수님의 제자들에게 핀잔을 합니다. '어떻게 죄인들과 함께 한자리에 앉아 식사를 할 수가 있느냐?' 는 것입니다. 성전에서도 세리의 헌금은 창녀의 헌금과 함께 더러운 것이라 하여 받지 않을 정도였습니다. 그런데 이런 마태를 예수님께서 부르셨습니다.

오늘 성경을 보면 "마태라 하는 사람이 세관에 앉아 있는 것을 보시고 이르시되 나를 따르라 하시니 일어나 따르니라"(9절)라고 기록되어 있습니다. 마태는 나 같은 사람을 제자로 불러 주신다니 이 얼마나 감격스러운 일인가 하고 뛰어 내려와 예수님의 제자가 되었습니다. 마태는 지금 은혜를 깨달았습니다. 나 같은 사람을 부르시니 예수님의 사랑이 크구나 하고, 다른 생각할 겨를이 없이 예수님을 따라갔습니다.

은혜 받은 사람은 그렇습니다. 다른 생각을 할 겨를이 없습니다. '내가 죄인이구나! 내가 부족하구나! 그런데 주님께서 부르셨어' 하고 깨닫는 사람만이 예수님을 따라갈 수가 있습니다. 그래서 겸손해야 합니다. 만약 마태가 높은 자리에 앉아 있다고 해서 거드름을 피우거나 가식적인 마음으로 예수님을 만나려고 했다면 어떻게 되었겠습니까? 예수님을 만날 수 없었을 것입니다.

2. 자신의 죄를 깨달아야 합니다.

가식적인 사람, 뒤로 무엇인가를 생각하는 사람을 만나면 참 만나는 사람도 힘이 듭니다. 솔직한 사람이 편합니다. 겉과 속이 같은 사람이 만나고 나면 기분이 좋습니다. 그런데 가식적인 사람들은 다른 사람의 힘을 두 배로 빼놓을 뿐만 아니라 자기의 힘도 두 배로 빠집니다. 심리학에 의하면, 가식적인 사람은 두 개의 인격에 대한 에너지를 소비하기 때문에 다른 사람에 비하여 두 배의 에너지가 소모된다고 합니다.

그러므로 솔직함이 필요합니다. 마태는 자기의 죄를 깨닫고 있었기 때문에 예수님께서 부르실 때에 즉시 응답했습니다. 그리고 거기서 더 나아가 자기 동료들을 초대했습니다. 예수님은 세리까지 받아 주시는 분이라 믿고 동료들을 초대했습니다. 이것이 복음을 받은 자의 자세입니다.

복음은 땅 끝까지 이르러 전파가 되리라고 했습니다. 여기에는 빈부의 구별이 없습니다. 남녀의 구별이 없습니다. 복음은 신분이나 직업을 따지지 않습니다. 누구에게나 복음은 찾아갑니다. 마태는 바로 이것을 깨달았습니다. 나와 같은 사람을 불러 주셨으니 우리 동료들도 긍휼히 여겨 주실 것이라는 믿음이 있었습니다. 나에게는 다른 세리들과 뭔가 다른 것이 있어서 불러 주셨다고 생각했다면 동료들을 초대할 수 없었을 것입니다.

우리도 내가 죄인이라는 사실을 깨닫는 사람이 복음을 전합니다. 내가 죄에서 해방된 후에야 죄라는 것이 얼마나 심각하고 더러운 것인지를 압니다. 그래서 내가 구원받은 다음에 구원받지 못한 사람들을 보면 견딜 수가 없는 것입니다.

내가 죄인임을 깨달아야 합니다. 죄인임을 깨닫는 사람이 감사하는 마음을 갖게 됩니다. 죄인임을 깨닫지 못하면 늘 불평이 떠나지 않습니다. 내가 예수 믿은 것이 기적임을 알아야 하는데, 내가 하나님의 일을 하는 것인 양 착각하게 됩니다. 그러니까 불평이 나옵니다.

바리새인들의 모습을 보십시오. 이들은 제자들에게 "어찌하여 너희 선생은 세리와 죄인들과 함께 잡수시느냐"(11절)고 말합니다.

그때에 예수님은 "건강한 자에게는 의사가 쓸 데 없고 병든 자에게라야 쓸 데 있느니라"(12절)고 하십니다. 복음은 죄인에게 필요합니다. 우리는 모두가 죄인이라는 사실을 알아야 합니다.

3. 산 제사를 통해 복음 전파의 꿈을 가져야 합니다.

13절에 보면 예수님께서는 호세아 6장 6절의 말씀을 인용하여 "내가 긍휼을 원하고 제사를 원하지 아니하노라 하신 뜻이 무엇인지 배우라 나는 의인을 부르러 온 것이 아니요 죄인을 부르러 왔노라"고 말씀하셨습니다. 아무리 큰 제사를 드려도 그 제사 때문에 기뻐하시는 하나님이 아니십니다. 웅장한 교회당에서 예배드리는 그 형식이 중요한 것이 아닙니다. 상처 입은 영혼들을 감싸 주고 서로를 위로하고 힘들어 지쳐 쓰러진 형제들을 일으켜 수는 산 제사를 하나님은 더 기뻐하신다는 말씀입니다. 우리 교회가 바로 이런 교회가 되어야 합니다.

오늘 예수님의 말씀은 너희 바리새인들이 법을 따지고 율법을 지키고 제사의식을 중시하는 것도 중요하지만 그것보다 약하고 고통 받는 영혼들을 귀하게 여기라 하는 말씀입니다. 이 예수님의 가르침을 우리는 잊지 말아야 합니다.

어떻게 해야 이런 마음을 가질 수가 있습니까? 성령께서 우리 마음을 주장하셔야 합니다. 그래야 한 영혼을 보석같이 귀하게 볼 수가 있습니다.

마틴 루터 킹 목사님이 흑인들의 인권 회복을 위한 운동을 한창 벌이던 1968년, 20만 명이 모인 워싱턴 집회에서 행한 유명한 꿈의 연설이 있습니다.

"나에게는 하나의 꿈이 있습니다. 그 어느 날엔가 어제의 노예였던 자의 자녀와 주인이었던 자의 자녀가 한 식탁에서 함께 식사할 수 있는 날이 올 것이라는 꿈입니다."

이 꿈은 사실 오늘 말씀 마태복음 9장에서 주님이 죄인과 세리와 함께 잡수시던 그 옛날에 주님께서 이미 이루신 꿈이 아닙니까? 꿈은 믿음으로 확신하는 자에게 반드시 이루어집니다.

예수님은 죄인을 부르러 오셨습니다. 그래서 저와 여러분을 불러주셨고 구원에 이르게 하셨습니다. 나 같은 죄인을 살리셨습니다. 이 땅에 주님의 긍휼을 깨닫지 못하고 주님께로 오면 참 평안과 쉼을 얻는다는 사실을 모르고 죄의 길로 달려가는 우리의 이웃들이 얼마나 많습니까? 이들이 함께 성도의 식탁에 앉아 복된 교제를 나누게 되는 날을 꿈꾸며 기도해서 복음 전파의 사명을 감당하는 성도들이 됩시다.

더 생각해 보기: 말씀 이해를 위한 예화

서울의 명성교회에서 파이프오르간을 놓는 문제로 회의가 있었습니다. 그때 김삼환 목사님이 이런 말씀을 하셨습니다.

"파이프오르간이 있으면 참 아름다운 예배를 드릴 수가 있습니다. 그러나 우리 이웃의 현실을 보면, 교회당 하나 제대로 없이 예배드리는 수많은 한국의 교회들이 있습니다. 지금 우리가 파이프오르간을 구입하는 것도 중요하지만 교회를 개척하는 데 이 돈을 먼저 사용하고 파이프오르간은 나중에 구입합시다."

그래서 명성교회에 파이프오르간 놓는 일이 미뤄졌습니다.

이 이야기를 들으면서 명성교회가 한국에서 가장 복 받은 교회 중의 하나요 유명한 교회가 된 데에는 다 이유가 있구나 하고 감탄

했습니다. 산 제사를 먼저 드리고 예배를 드리겠다는 것입니다.

적용

1) 오늘 말씀의 주제 파악하기

2) 오늘 말씀 중 은혜 받은 부분 나누기

3) 삶에 구체적으로 적용하기

함께 드리는 기도 제목

1. 주님의 은혜를 깨닫는 믿음을 주소서.
2. 은혜를 통해 나 자신이 죄인임을 깨닫고 고백하게 하소서.
3. 하나님의 나라 확장의 꿈을 갖게 하시고 복음 전파의 사명을 감당하게 하소서.

제9과

종의 기도를 들으시옵소서
(사순절 시작)

✣ **본문** : 느헤미야 1장 1–6절
✣ **찬송** : 364장(내 기도하는 그 시간, 통482장)
✣ **요절** : "이제 종이 주의 종들인 이스라엘 자손을 위하여 주야로 기도하오며 우리 이스라엘 자손이 주께 범죄한 죄들을 자복하오니 주는 귀를 기울이시며 눈을 여시사 종의 기도를 들으시옵소서"(느헤미야 1:6).

느헤미야는 하가랴의 아들로 페르시아에 포로로 끌려가 왕의 술관원을 맡았습니다. 당시의 술관원은 아주 중요한 직책이었습니다. 정적들은 왕의 음식이나 술에 독약을 넣어 독살하려 하므로 항상 믿을 만한 사람에게 이 일을 맡겼기 때문입니다. 그러므로 느헤미야는 당시에 왕의 신임을 받고 있는 사람이었음을 알 수가 있습니다.

그런데 어느 날 그가 고국의 소식을 듣게 되었습니다. 포로가 되지 않고 남아 있는 조국의 사람들이 큰 환난을 당하고 있으며, 예루살렘 성은 파괴되고 성문들은 불에 타서 재가 되었다고 하는 소식이었습니다. 그가 이 소식을 듣고 난 뒤 "내가 이 말을 듣고 앉아서 울고 수일 동안 슬퍼하며 하늘의 하나님 앞에 금식하며 기도하였다"(4절)고 기록되어 있습니다.

1. 조국의 아픈 현실을 위해 기도해야 합니다.

느헤미야는 조국의 아픈 현실을 듣고, 먼저 앉아서 울고 수일 동안 슬퍼하였습니다. 자기 자신은 지금 안정되고 편안한 생활을 하고 있습니다. 페르시아의 가장 화려했던 수산 궁에서 왕의 신임을 받으며 살고 있습니다. 그런데도 그는 슬퍼하며 울고 있습니다. 내 민족을 위해서 울어 줄 수 있는 사람, 이것이 하나님의 사람의 모습입니다. 그러고 나서 하나님 앞에 금식하며 기도하였다고 했습니다. 기도의 사람은 세상과 관계없이 혼자서 기도하는 사람을 말하는 것이 아닙니다. 왜 기도하게 되었느냐가 중요합니다. 느헤미야는 자기의 가정을 위하여 금식하며 기도한 것이 아닙니다. 자기 건강의 문제를 놓고 혹은 사업의 문제를 놓고 금식하며 기도한 것이 아닙니다. 자기 조국의 문제를 놓고 기도했습니다.

본문 1장에는 '주의 종' 이라는 말이 여러 번 나오는데, 본문 6절에도 주의 종이라는 말이 나옵니다. 종이 하는 일이 무엇입니까? 주인을 섬기는 일입니다. 오늘 본문에 느헤미야가 자신을 주의 종이라고 했습니다. 종이 해야 할 일이 무엇입니까? 주의 백성을 위해 사는 것입니다. 그러므로 느헤미야는 종이 해야 할 일, 즉 하나님의 백성을 위하여 금식하고 기도했습니다. 느헤미야는 조국을 위하여 금식하며 기도하였다는 말입니다.

2. 주변의 문제가 나의 문제, 우리의 문제임을 인식해야 합니다.

지금 굶주리는 북녘 땅 형제들의 모습을 보십니까? 지금 이 땅을 잠식하고 있는 이단의 소식을 들으십니까? 영적으로 우리의 눈을 잠기게 하는 우상과 악한 영들의 모습을 보십니까? 우리가 금식하며 기도해야 할 문제가 아닙니까? 이 모든 것이 바로 우리의 문제입니다. 내 조국, 내가 사는 곳, 내 문제라는 인식이 있어야 기도할 수 있습니다. 오늘 우리에게 벌어지는 일들이 내 문제임을 알아야 위험으로부터 벗어날 수가 있습니다.

이단의 문제는 다른 사람의 문제가 아닙니다. 우리 성도들 가정에도 이단 때문에 고통스런 가정들이 있습니다. 이단은 우리 모두의 문제입니다. 요즘 많은 이단이 교회로 침투합니다. 교회를 무너뜨리려고 합니다. 이단의 특징 중 중요한 두 가지는 알고 지나가시기 바랍니다.

첫째, 성경 공부를 하자고 합니다. 뭐라고 이야기하는 줄 아십니까? 섬기는 목사님이 사람은 좋은데 말씀이 약해서 영적으로 문제가 있다면서 성경 공부를 하자고 합니다. 성경 공부 따라가면 걸려듭니다. 그래서 교회 외에 다른 곳에서 하는 모든 성경 공부를 금합니다. '나는 절대로 안 걸려들지' 다짐하십니까? 그렇지만 걸려듭니다. 함께 있다 보면 영적으로 혼탁해져서 이미 영 분별의 능력을 잃어버리기 때문입니다.

둘째, 부정적인 이야기를 하고 불평을 합니다. 이단은 교회에 잠입하여 불평하고 부정적인 이야기를 하며 선동을 합니다. 목사님의 말씀은 좋은데 교인들을 사랑하지 않아서 문제라는 등 부정적인 이야기를 합니다. 부정적인 이야기는 전염성이 있습니다. 그래서 교회를 향해, 목회자를 향해 불평하게 만들고 원망하게 만듭니다.

3. 느헤미야는 민족의 위기 앞에서 금식하며 기도했습니다.

금식은 우리가 하나님 앞에서 할 수 있는 최후의 수단입니다. 우리 인간이 가지는 기본적인 욕구 즉 의식주 가운데서 가장 중요한 것이 무엇입니까? 바로 식욕입니다. "수염이 석 자라도 먹어야 산다"는 속담처럼 옷이 없어도 살고 집이 없어도 살고 남편과 아내가 없어도 살 수 있지만, 먹지 않고는 살 수가 없습니다. 이 가장 기본적인 식욕을 억제하고 기도하는 것은 결사적인 기도를 말합니다.

이야기를 듣는 순간 느헤미야는 기도하기 시작했습니다. 기도는 어느 날 문제가 있을 때 갑자기 나오는 것이 아닙니다. 느헤미야서를 읽어보면 느헤미야는 기도의 사람이었음을 알 수가 있습니다. 늘 기도하는 사람이었기에 문제가 오자마자 기도가 나옵니다.

신앙생활이 그렇습니다. 그저 대충대충 살다가 어느 날 갑자기 믿음이 자라는 것이 아닙니다. 평소에 말씀을 사모하고 말씀을 아멘으로 듣는 성도가 자기도 모르게 믿음이 자랍니다. 기도하는 사람은 기도의 비밀을 아는 사람입니다. 기도하는 사람은 기도의 능력을 체험한 사람입니다. 느헤미야는 조국의 슬픈 현실을 바꾸어 줄 분이 하나님이시라는 것을 알고 있었기에 기도했습니다.

느헤미야는 당시 세계의 패권을 쥐고 있던 페르시아의 아닥사스다 왕의 신임을 얻어 늘 왕의 곁에 있던 사람이었습니다. 그런데 일이 일어나자마자 왕에게 달려가 도움을 구하지 않았습니다. 왕의 힘과 세상 권력에 의지한 것이 아니라 제일 먼저 하나님께 기도하였습니다. 이것은 오늘 우리 믿음의 사람들에게 아주 중요한 교훈을 줍니다. 느헤미야는 예루살렘을 중건하는 일을 앞두고 먼저 기도하였습니다.

오늘 여러분의 가정에 소망하는 일이 있습니까? 계획이 있습니까? 먼저 기도하시기 바랍니다. 우리 교회가 해야 할 일이 있습니까? 먼저 기도로 건축하는 거룩한 습관을 가지시기 바랍니다. 중요한 결정이 있을 때 기도하지 않고 결정하면 실패합니다. 우리가 아무리 힘과 지식이 있어도 마귀보다 더 나을 수는 없습니다. 그러나 우리가 마귀를 이기는 비결이 있는데, 그것은 바로 기도하는 것입니다. 하나님은 능력의 하나님이십니다. 그러므로 기도하면 우리에게 그 능력을 허락하십니다. 기도는 하나님의 힘으로 일하는 능력입니다. 민족을 위해 금식하며 부르짖었던 느헤미야의 기도가, 우리 신앙의 선조들의 기도가 오늘 우리에게도 이어지기를 바랍니다.

더 생각해 보기: 말씀 이해를 위한 예화

옛날에 어떤 강도가 컴컴한 골목에서 복면을 하고 칼을 들고 행인이 지나가기를 기다렸습니다. 한참을 기다리는데 어떤 신사가 가방을 들고 황급히 걸어옵니다. 그 가방이 큰 것을 보니 귀중품이 많이 들어있을 것 같았습니다. 그래서 칼을 들이대며 "손들어, 꼼짝마, 가방 내놔" 했습니다. 그러자 이 신사가 말했습니다. "나는 의사인데, 급한 환자가 있어 빨리 가야 생명을 구할 수 있습니다. 이 가방이 없으면 환자를 고칠 수가 없습니다. 제발 그냥 보내 주십시오." 그러나 이 강도는 들은 척도 않고 칼을 들이대고 모든 것을 다 빼앗습니다.

얼마 후 강도가 집으로 돌아와 "여보 오늘은 아주 큰 건수를 올렸어" 하며 방에 들어가니, 웬 낯선 사내가 앉아 있고 그 옆에는 부인이 어린 아이를 안고 통곡을 하고 있었습니다. 아내는 "의사선생님이 조금만 일찍 왔더라면 우리 아이 목숨을 살릴 수 있었을 텐데. 아니, 의사선생님이 강도를 만나 가방만 빼앗기지 않았더라도 우리 아이 목숨을 살릴 수 있었을 텐데" 하며 울부짖습니다.

그런데 이 여자의 남편과 방안의 남자가 서로를 바라보면서 깜짝 놀랍니다. 이 사람은 바로 조금 전에 만나 자기가 물건을 뺏은 행인이었기 때문입니다. 물건을 빼앗고 강도질을 할 때까지 그 피해가 자기에게 올 줄을 몰랐던 것입니다.

적용

1) 오늘 말씀의 주제 파악하기

2) 오늘 말씀 중 은혜 받은 부분 나누기

3) 삶에 구체적으로 적용하기

함께 드리는 기도 제목

1. 나라와 민족을 위해 기도하는 그리스도인이 되게 하소서.
2. 주변의 문제를 우리의 문제, 나의 문제로 바라볼 수 있는 믿음의 눈을 주소서.
3. 모든 구역의 식구가 기도의 능력을 체험하게 하소서.

제10과 ······

바라보고 사모하라

✣ **본문** : 베드로후서 3장 8-13절
✣ **찬송** : 441장(은혜 구한 내게 은혜의 주님, 통 498장)
✣ **요절** : "우리는 그의 약속대로 의가 있는 곳인 새 하늘과 새 땅을 바라보도다"(베드로후서 3:13).

시간은 사람에 따라 상대적입니다. 하루가 1년처럼 느껴지는 삶을 살아가는 사람도 있고 1년을 하루같이 사는 사람도 있습니다. 병들어 고통스럽게 누워 있을 때에는 하루가 1년 같습니다. 바쁜 일에 매달려 있을 때에는 하루가 1분처럼 금방 지나갑니다. 노인의 시간이 다르고 청년의 시간이 다릅니다. 내가 어떻게 사느냐에 따라서 시간을 사용하는 것이 달라집니다. 짧은 인생을 살아도 값지게 살다간 사람도 있고, 남보다 오래 살아도 의미 없이 산 사람도 있습니다. 예수님께서는 이 땅에 33년을 사셨지만 이 세상을 바꾸어 놓고 가셨습니다.

1. 하나님의 시간 개념에 대하여 말씀하고 있습니다.

"주께는 하루가 천 년 같고 천 년이 하루 같다"(8절)고 말씀하십니다. 왜 하루가 천 년 같다고 하십니까? 또 천 년이 하루 같다는 것은 무슨 의미입니까? 아직 구원받지 못한 사람, 회개하지 않는 사람, 믿음의 가정에서 아직 복음이 전해지지 않은 사람, 아직 한 번도 복음이 전해지지 않은 종족들, 교회는 다니지만 구원의 확신이 없이 다니는 사람들 등 이런 사람들을 보면 천 년이 하루 같다는 것입니다. 이것이 하나님의 시간 계산법입니다.

우리는 기도하면서 왜 하나님께서 응답하시지 않는지 답답해합니다. 다윗의 시편을 보십시오. 다윗이 얼마나 곤고한 가운데서 하나님께 부르짖습니까? 다윗은 너무나 고통스러워서 내 뼈마디가 몇 개인지 알 것 같다고 했습니다. 관절 하나하나 아픔이 극심하니 그처럼 고통을 호소합니다. 그런데 하나님께서 그때그때마다 응답하시지 않습니다. 욥은 극심한 환난 가운데서 하나님께 부르짖었지만 하나님께서 즉시 응답하시지 않습니다. 하나님의 때가 있습니다.

중국에 공산 혁명이 일어나고 교회가 핍박을 당했습니다. 과연 중국의 기독교가 이 환난을 견디어낼 것인지 의심했습니다. 그런데 지금 어떻습니까? 중국의 문을 열어 보니 공산주의 정권 아래서도 1억 명이 넘는 기독교 신자로 성장했습니다.

하나님께서는 모든 인류가 다 회개하고 구원받기를 원하십니다. 오늘도 수많은 사도들을 세우시고 주의 종들을 세우셔서 이 땅에 구원받는 사람들이 채워지기를 안타깝게 기다리시고 계십니다. 누가 전도합니까? 이 안타까운 하나님의 마음을 깨달은 사람이 전도합니다. 바울은 주님의 마음을 깨달았습니다. 그래서 그에게 주신 시간을 전도하는 일에 바쳤습니다.

오늘도 전도는 대단한 사람들이 하는 것이 아닙니다. 말 잘하는 사람들이 하는 것이 아닙니다. 주님의 마음을 깨달은 사람들이 나가서 전도합니다. 하나님께서 하나님의 백성들을 귀하게 여기시지만 특별히 복음 전하는 사람들을 귀하게 여기십니다. 그래서 "지혜 있는 자는 궁창의 빛과 같이 빛날 것이요 많은 사람을 옳은 데로 돌아오게 한 자는 별과 같이 영원토록 빛나리라"(단 12:3)고 말씀하셨습니다. 복음을 전하는 자의 복은 별과 같이 영원히 빛나게 됩니다.

2. 오늘 말씀은 종말에 대한 말씀입니다.

기독교 신앙의 핵심은 재림신앙입니다. 우리가 왜 이 시간 주님 앞에 나왔습니까? 주님의 재림을 믿기 때문입니다. 예수 믿는 것은 도덕적으로 살고 복 받기 위해 믿는 것이 아닙니다. 순서를 잘 알아야 합니다. 재림의 신앙을 가지고 예수를 믿다 보니 이 땅에서 도덕적으로 살고 정결하고 정직하게 살 수밖에 없습니다. 예수를 믿으니 성경의 약속대로 우리가 복을 받으며 세상을 이기는 자가 됩니다. 예수 믿으니 이런 것들을 더하여 주십니다.

그런데 예수님의 재림의 대하여 그 날과 그 시는 아버지 외에는 아무도 알지 못한다고 주님은 분명히 말씀하셨습니다. 예수님께서는 '마지막 날에 어떤 일이 있을 것입니까?' 라고 질문에 "첫째, 거짓 그리스도가 나타날 것이다. 둘째, 난리와 난리 소문이 있을 것이다. 셋째, 기근이 있을 것이다. 넷째, 지진이 있을 것이다. 다섯째, 환난이 있을 것이다. 여섯째, 일월성신의 변화와 주의 재림이 있을 것이다" 라고 했습니다. 이러한 현상들을 보며 지금이 마지막 때가 아닌가 하는 이야기들을 합니다. 이단에서는 이러한 현상을 이용하여 사람들을 미혹합니다. 그러나 우리는 성경이 말씀하는 종말론에 대한 생각을 가져야 합니다. 그날은 도적같이 임한다고 했습니다.

예수님께서는 열 처녀의 비유를 말씀해 주셨습니다. 슬기로운 다섯 처녀는 기름을 준비하고 등불 들고 깨어 신랑이 오기를 기다리고 있었습니다. 그러나 미련한 처녀들은 준비 없이 잠을 자고 있었습니다. 종말은 우리가 알 수 있는 것이 아닙니다. 그것을 궁금해 할 필요도 없습니다. 그래서 열 처녀의 비유를 말씀해 주신 것입니다. 주님이 언제 오시든지 매일매일 깨어 준비하는 삶을 살아야 하는 것임을 말씀해 주셨습니다. 이것이 그날을 말씀해 주시지 않은 이유입니다. 종말은 전 우주적인 종말이 될 수도 있지만, 그전에 우리는 우리의 종말을 늘 준비하며 살아야 합니다. 나를 언제 하나님이 부르실지 모릅니다.

3. 바라보고 사모하라고 말씀합니다.

아프리카에 위치한 칼라하리 사막에는 '스프링 벅' 이라 불리는 영양이 있습니다. 그런데 가끔씩 수만 마리의 영양이 낭떠러지에서 떨어져 죽는 일이 일어난다고 합니다. 이 영양들은 보통 20여 마리씩 떼를 지어 다니는데, 어떤 때에는 수만 마리가 모여 이동을 하는 경우가 있습니다.

수만 마리가 한꺼번에 이동을 하다 보니 앞의 영양들은 풀을 먹을 수 있지만 뒤의 영양들은 먹지를 못합니다. 앞의 영양들이 풀을 먹고 지나가면서 남은 풀들을 짓밟아 놓아 뒤의 영양들이 먹을 풀이 없게 됩니다. 그렇기에 풀을 먹기 위해서는 다른 영양들보다 앞으로 나갈 수밖에 없습니다. 그래서 한 마리가 뛰기 시작하면 다른 영양들도 덩달아 뛰기 시작합니다. 한 마리가 열 마리가 되고 수십 마리가 되고 수백 마리, 수천 마리가 되어 이유 없이 뛰기 시작합니다. 속력이 빨라지고 결국은 정신없이 앞으로 달리기만 합니다. 풀을 먹자고 달리는 것이 아니라 그저 뜁니다. 그러다가 낭떠러지를 만나면 멈추지를 못하고 뒤에서 오는 영양들에 떠밀려 낭떠러지로 떨어져 수천 마리가 죽고 맙니다.

우리는 무엇을 바라보아야 합니까? 성경은 예수 그리스도를 바라보라고 말씀합니다. 우리는 이 땅의 징조를 바라보며 두려워하는 것이 아니라 예수님을 바라보아야 합니다. 오늘날 많은 사람들이 헛된 것을 바라보며 달려가고 있습니다. 그렇게 모두가 좀 더 많은 돈을 모으고, 좀 더 높은 자리에 오르고, 좀 더 많은 지식을 갖기 위해 달려가다 보면 어느새 인생의 종착역에 이르게 됩니다.

우리의 영혼은 날마다 하나님을 바라보며 사모해야 합니다. 사모하는 자에게 하나님은 말씀으로 은혜를 주시고 그 영혼을 무장시키십니다. 누가 우리를 지켜 줄 것입니까? 오직 하나님이십니다. 하나님을 바라보고 사모하시기 바랍니다. 우리는 하나님의 약속대로 의가 있는 곳인 새 하늘과 새 땅을 바라보시기 바랍니다. 그리하여 주님의 전에서 주시는 말씀을 붙들고 담대하게 살아가는 인생의 승리자가 됩시다.

더 생각해 보기: 말씀 이해를 위한 예화

미국의 아이젠하워 대통령이 마지막 임종을 맞이하는 순간, 월터리드 미 육군 병원에 빌리 그레이엄 목사가 30분의 면회 시간을 얻어 들어갔습니다. 마치고 나오려니까 아이젠하워가 조금 더 있어 주기를 원하면서 말했습니다.

"나는 하나님을 어떻게 만나야 할지 확신이 없습니다. 도와주십시오. 아이젠하워의 마지막 부탁입니다." 이때에 빌리 그레이엄은 성경을 꺼내놓고 말했습니다. "당신의 어떠한 업적으로도 하나님 앞에 갈 수가 없습니다. 그것은 주님을 만나기 위한 준비가 아니었습니다. 죄를 회개하고 예수 그리스도를 영접하십시오." 아이젠하워가 말합니다. "빌리, 감사하오. 이제 나는 준비가 되었소."

여러분은 늘 준비가 되어 있습니까? 매일매일 준비하는 인생을 살아야 합니다.

적용

1) 오늘 말씀의 주제 파악하기

2) 오늘 말씀 중 은혜 받은 부분 나누기

3) 삶에 구체적으로 적용하기

함께 드리는 기도 제목

1. 복음 전하는 자의 축복을 누리게 하소서.
2. 종말을 준비하며 살아가게 하소서.
3. 새 하늘과 새 땅을 바라보며 담대하게 세상을 살아가게 하소서.

제11과

하나님의 음성을 듣자

✣ **본문** : 출애굽기 14장 10-14절
✣ **찬송** : 540장(주의 음성을 내가 들으니, 통 219장)
✣ **요절** : "모세가 백성에게 이르되 너희는 두려워하지 말고 가만히 서서 여호와께서 오늘 너희를 위하여 행하시는 구원을 보라 너희가 오늘 본 애굽 사람을 영원히 다시 보지 아니하리라"(출애굽기 14:13).

오늘 본문 말씀에서는 두 종류의 인간의 모습을 볼 수가 있습니다. 첫째는, 이스라엘 백성들의 불신앙의 모습입니다. 둘째는, 앞에는 홍해요 뒤에는 애굽군의 추격이 있는 진퇴양난의 길에 서서 백성들에게 두려워 말라고 외치는 모세의 당당한 모습입니다. 우리 앞에도 인생의 홍해가 있습니다. 뒤에서는 애굽 군대가 추격해 오고 있습니다. 우리도 이스라엘처럼 두려움에 떨며 하나님을 잊을 때가 있습니다. 그래서 이스라엘 백성들이 가나안 땅을 향할 때 건넜던 홍해의 그 기적이 우리의 신앙이 되어 우리 인생의 홍해를 가르는 놀라운 신앙의 능력을 얻고자 합니다.

1. 두려워 말라는 것입니다.

불가능한 일, 답답한 일, 내가 할 수 없는 일을 만날 때 제일 먼저 찾아오는 것이 두려움입니다. 사실 이스라엘 백성들은 두려울 수밖에 없었습니다. 애굽 왕인 바로는 람세스 2세였는데 성격이 매우 잔인한 사람이었습니다. 이스라엘 노예들을 그동안 얼마나 거칠게 대했는지를 이들은 잘 알고 있었습니다. 이스라엘 백성들은 몇백 년의 노예 생활을 통하여 노예 근성에 젖어 있었습니다. 애굽 왕의 이름만 들어도 멀리서 군대가 추격해 오는 것만 보아도 벌써 우리는 다 죽었구나, 애굽에는 매장지가 없어서 이 광야에까지 끌고 나왔느냐, 차라리 노예 생활이 더 낫지 않았느냐고 모세에게 항의하는 노예 근성을 보입니다.

노예 근성은 두려움에서 옵니다. 죽더라도 돌이켜서 싸워야 하는데, 60만이나 되는 이스라엘 백성들이 처음부터 겁을 먹고 있습니다. 하나님께서는 이것을 깨뜨리기 원하셨습니다. 그래서 바알스본 맞은편에 더 도망할 수도 없는 곳에 진을 치게 하셨습니다. 그리고는 앞에는 넘실거리는 홍해로 뒤에는 바로의 병거로 이스라엘 백성들을 추격하게 하십니다.

오늘 우리의 인생에도 이와 같은 홍해와 바로의 군대의 두려움이 있습니다. 전쟁, 실직, 가난, 실패, 질병의 두려움이 우리 인생에 있습니다.

그런데 하나님께서는 두려워하지 말라고 말씀하십니다. 여호수아에게도 두려워 말라, 담대하라고 말씀하셨습니다. 하박국 선지자에게도, 엘리야에게도 두려워 말라고 말씀하셨습니다. 두려워하는 것은 하나님께서 원하시는 것이 아닙니다. 여러분의 인생에 아무리 어려운 일이 있을지라도 두려워하지 마십시오. 길이 없다고 생각할 때, 더 이상 할 수 없다고 생각할 때, 인생의 고통에 빠져 있을 때 두려워 말라는 주님의 음성을 들으시기 바랍니다.

2. '가만히 서서' 라는 말씀을 주목하시기 바랍니다.

두려움에 떨고 있는데 어떻게 가만히 있을 수가 있습니까? 말발굽 소리가 들리는데 어떻게 앉아 있을 수가 있습니까? 현대인들은 가만히 있을 줄을 모릅니다. 잠시도 무엇인가 하지 않으면 불안해하는 것이 현대인의 심리입니다. 그래서 잠시 하나님 앞에 가만히 서서 무릎 꿇고 묵상하는 여유를 잊고 살아갑니다. 그러나 아무리 바빠도 주님 앞에 가만히 묵상해 보십시오. 그럴 때 홍해가 갈라지는 체험을 맛보게 됩니다.

주님의 일을 할 때에도 내가 하려고 하면 안달이 나고 불평이 나옵니다. 그러므로 하나님께서 행하시는 솜씨를 기대하며 기도하는 것이 필요합니다. "여호와께서 너희를 위하여 싸우시리니 너희는 가만히 있을지니라"(14절). 안절부절하지 말고 하나님께 맡기고 하나님의 뜻을 기다려 보라는 것입니다. 하나님께서 이미 모든 것을 알고 계십니다. 창세기 15장에 보면 이미 500년 전 아브라함에게 출애굽 사건이 있을 것임을 말씀하셨습니다. 이스라엘 백성들이 노예 생활 할 것도 이미 말씀해 주셨습니다. 그러므로 모세를 준비하시고 훈련시킨 분도 하나님이시요, 이스라엘 백성들을 해방시키고 훈련시키시는 분도 하나님이십니다.

바로가 그냥 쫓아온 것이 아닙니다. 8절 말씀을 보면 "여호와께서 애굽 왕 바로의 마음을 완악하게 하셨으므로 그가 이스라엘 자손의 뒤를 따르게 되었다"고 말씀하십니다. 하나님께서 이스라엘 백성들을 훈련시키시려고 바로의 마음을 완악하게 하셨습니다. 우리가 믿음으로 살려고 할 때 모든 일이 형통하는 것이 아닙니다. 하나님의 일은 항상 잘되는 것이 아닙니다. 때로는 우리 주변의 완악한 사람들이 동원될 때도 있습니다. 그래서 급해지고 힘들어지는 일들이 생깁니다.

그러나 모든 것을 하나님께서 아신다고 생각할 때 우리는 가만히 기다릴 수가 있습니다. 가만히 있다는 것이 그저 생각 없이 앉아 있다는 것을 의미하지 않습니다. 나는 가만히 있지만 내 대신 하나님께서 움직이시도록 하나님께 맡기고 기도하는 것입니다. 가만히 서서 하나님께서 해결 방법을 주시도록 기도하여 하나님께서 해결해 주시는 것을 체험하시기 바랍니다.

3. 오늘날 너희를 위하여 행하시는 구원을 보라고 말씀합니다.

이스라엘 백성들의 해방은 사실 이들이 싸워서 얻은 승리가 아닙니다. 하나님의 은혜였습니다. 그런데 두려움 때문에 이것을 잊어버리게 되었습니다. 눈에 보이는 것과 들리는 것을 의존하다 보니 그만 하나님의 능력을 망각한 것입니다. 눈에 보이는 것과 들리는 것을 두려워하게 되었습니다. 눈에 보이는 것이 다 맞는 것이 아닙니다. 들리는 것이 다 맞는 것이 아닙니다.

이들은 원망하고 불평합니다. 원망과 불평은 하나님이 너무나 싫어하시는 일입니다. 불평하는 자들이 뭐라고 합니까? 애굽에 매장지가 없어서 여기로 끌어내어 우리를 죽게 하느냐고 합니다. 이 말대로 그들은 광야에서 다 죽었습니다. 믿는 이는 무엇을 보아야 하는지가 중요합니다. 이스라엘 백성들이 추격하는 바로의 군대와 넘실대는 홍해를 볼 때 두려움이 올 수밖에 없습니다. 두려워하는 것이 당연합니다. 그러나 두려울 때에 하나님 앞에 엎드려야 합니다. 내가 하나님 앞에, 하나님 나를 좀 봐주세요 하는 것이 기도입니다. 하나님께서 우리를 바라보시면 됩니다.

기도하는 사람, 말씀을 붙들고 사는 사람은 어떤 문제가 있다고 할지라도 말씀을 의지하고 기다릴 때에, 그 앞에 홍해가 갈라지고 뒤따라오는 애굽 군대가 물러가는 기적을 체험하게 됩니다.

우리는 저 축복의 땅 가나안을 향해 이미 출발한 성도들입니다. 인생을 살아갈 때 길이 없을 때가 있습니다. 눈앞이 캄캄해질 때가 있습니다. 그때 우리는 이 말씀을 기억합시다. "너희는 두려워하지 말고 가만히 서서 여호와께서 오늘 너희를 위하여 행하시는 구원을 보라"(13절). 하나님께서는 성도의 생활과 하나님의 교회가 부흥되기를 원하십니다. 여러분을 위해 새 길을 준비하시는 주님의 축복에 참여하시는 성도들이 됩시다.

더 생각해 보기: 말씀 이해를 위한 예화

서울의 광림교회를 지을 때 유명한 일화가 있습니다. 땅을 매입해서 기초공사를 마쳤는데 갑자기 건축이 중단되게 생겼습니다. 종탑이 올라가면 전쟁 시에 대공포를 쏘는데 지장이 있으니 안 된다는 것입니다. 1970년대에는 건축 규제가 심해서 건물을 높이 지을 수 없는 곳이 많았습니다. 그래서 기초공사만 해 놓고 더 이상 공사를 진척할 수가 없었습니다.

광림교회 교인들이 어떻게 했는지 아십니까? 매일 새벽기도를 마친 후 목사님이 앞장서고 그 다음에 장로님들이 뒤를 따르고 온 교우가 줄을 서서 기초공사를 한 웅덩이 주위를 일곱 바퀴를 매일 돌았습니다. 여리고 성이 무너지듯 하나님께서 허락해 주실 것을 믿고 기도하면서 뛰었습니다.

그런데 재미있는 일은, 동네 주민들이 건강을 위하여 조깅을 하는 줄 알고 모두 함께 나와서 구령을 외치며 함께 열심히 뛰었다는 것입니다. 결국 건축 허가가 나서 지금의 광림교회가 서게 되었습니다. 더 이상 안 된다고 할 때 기도의 능력에 전적으로 맡기는 것이 성도의 모습입니다.

적용

1) 오늘 말씀의 주제 파악하기

2) 오늘 말씀 중 은혜 받은 부분 나누기

3) 삶에 구체적으로 적용하기

함께 드리는 기도 제목

1. 세상 살아갈 때에 두려워하지 않는 담대한 믿음을 갖게 하소서.
2. 가만히 서서 하나님께서 인도하시도록 믿고 기다리는 신앙을 갖게 하소서.
3. 말씀을 의지하며 하나님의 구원의 역사를 경험하게 하소서.

잃어버린 자를 찾아오신 예수

✣ **본문** : 누가복음 19장 1–10절
✣ **찬송** : 288장(예수를 나의 구주 삼고, 통 204장)
✣ **요절** : "인자가 온 것은 잃어버린 자를 찾아 구원하려 함이니라"(누가복음 19:10).

누가복음 19장을 보면 예수님께서는 여리고로 들어가셨습니다. 여리고 성은 '종려나무 성' 이라는 뜻인데, 이 성은 오아시스가 있고 사해와 가까워 수출의 통로가 되는 곳이었습니다. 이곳에 삭개오라는 세리장이 있었습니다.

당시 식민지인 유대는 로마에 많은 세금을 납부해야 했는데, 주전 47년 시저는 식민지의 세금제도에 중대한 수정을 했습니다. 유대인의 세금을 줄이고 안식년에는 세금을 면제해 주었습니다. 그래도 사람들의 수입의 30퍼센트 정도를 세금으로 내야 했으니 얼마나 세금이 무거웠는지 알 수가 있습니다. 주전 44년에는 직접세 제도를 폐지하였습니다. 그러니까 삭개오는 로마정부로부터 세금을 걷는 권리를 얻은 자였습니다.

로마 정부에 할당량을 내면 되는데, 당시 세리들은 자신의 부를 축적하기 위해 수입의 30퍼센트보다 더 많은 세금을 걷었습니다. 그래서 당시 세리들은 동족 유대인들로부터 많은 미움을 샀습니다. 얼마나 미움을 샀든지 세리의 돈은 창녀의 돈과 동일시하여 성전에서도 받지 않았습니다.

삭개오는 그 이름이 '청결하다' 는 뜻입니다. 그러나 그 이름대로 살지 못하고 부정한 삶을 살았습니다. 삭개오는 고독한 사람이었습니다. 그리고 그의 키는 그저 작은 키가 아니라 비정상적일 정도로 작았습니다. 아마 삭개오는 자라면서 키가 작다고 놀림을 받았을 것입니다. 열등감이 심했습니다. 남들이 비난하는 로마의 앞잡이가 되어 돈을 벌었고 부자가 되었습니다. 이런 삭개오가 예수님의 소식을 듣게 되었습니다. 그러면 삭개오는 어떻게 예수님을 만날 수 있었습니까?

1. 삭개오는 자신의 핸디캡을 극복했습니다.

삭개오에게는 세 가지 핸디캡이 있었습니다. 첫째, 육체의 장애물입니다. 키가 작다 보니 사람들에게 가려서 예수님이 보이지 않습니다. 둘째, 사람들이 너무 많습니다. 당시 예수님이 움직이시면 수천 명에서 수만 명의 사람들이 함께 움직였습니다. 셋째, 사람들 사이를 뚫고 나갈 자신이 없습니다. 사람들을 헤집고 나가려면 사람들이 너 같은 세리가 왜 이 자리에 오느냐고 곱지 않은 눈길을 줍니다. 그래서 자신이 없었습니다.

우리 인생에는 항상 막히는 일들이 있습니다. 질병 때문에 막히기도 하고, 사업 때문에 막히기도 합니다. 모든 일이 다 잘되는데 자녀들 때문에 막히기도 합니다. 우리의 영혼이 길을 잃어버리기도 합니다. 이것이 당연한 것입니다. 그럴 때 믿음의 사람들은 하나님 앞으로 달려나와야 합니다. 인생의 모든 문제는 하나님을 찾으라고 주신 것임을 깨달아야 합니다.

삭개오는 예수님께 나아가기 위해 고민하다가 옆에 있는 돌무화과나무 위로 기어올라갑니다(개역성경에는 뽕나무로 번역). 이 일은 쉬운 일이 아닙니다. 예수님을 보아야겠다는 결심이, 나이에도 불구하고, 사람들의 시선에도 불구하고 그를 나무 위로 올라가게 만들었습니다. 돌무화과나무는 다른 사람들에게는 거추장스러운 존재였지만 삭개오에게는 예수님을 만날 수 있는 매개체가 되었습니다.

꿈을 가진 사람에게는 위기가 오히려 기회가 됩니다. 삭개오가 보통 사람의 키였더라면 예수님을 만날 수 없었을 것입니다. 너무나 작은 키 때문에 돌무화과나무 위로 올라가게 되었고, 그로 인해 오히려 주님을 집에 모시고 구원을 얻는 은혜의 주인공이 되었습니다.

우리 인생에는 수많은 장애물이 있습니다. 그러나 그 장애물 때문에 낙심하지 말고 물러서지 말고 오히려 주님을 만나는 기회로 삼으시기를 바랍니다.

2. 예수님은 삭개오에게 나무에서 내려오라고 말씀하셨습니다.

예수님께서는 공생애의 거의 마지막 시간들을 보내고 계셨습니다. 이 시간이 지나면 다시는 예수님을 만날 기회를 찾을 수가 없었습니다. 우리에게 늘 기회가 있는 것이 아닙니다. 은혜 받을 기회, 복 받을 기회가 늘 있는 것이 아닙니다. 우리는 기회를 주실 때에 그 기회를 놓치지 말아야 합니다.

예수님께서는 삭개오를 만나기 위해 이 길을 지나가셨습니다. 그래서 저 뒤, 사람들 틈에 보이지는 않는 곳에 돌무화과나무 위에 있는 삭개오를 바라보시며 "삭개오야 내려오라" 말씀하십니다.

예수님은 상처 입고 외로운 삭개오의 영혼을 구원하시려 이 자리까지 오셔서 부르셨습니다. 예수님께서는 "삭개오야 속히 내려오라"고 말씀하십니다. "삭개오야, 너 왜 그러고 있니? 너의 자리에서 내려와" 하시는 말씀입니다. 우리도 내려와야 할 자리가 있습니다. 내 체면, 내 자존심의 자리에서 빨리 주님께로 내려와야 합니다. 물질 때문에 건강 때문에, 주님을 가까이 하고 있지 못한다면 주님의 음성을 듣고 빨리 주님께로 나아와야 합니다.

3. 예수님은 내가 오늘 네 집에 유하여야겠다고 말씀하셨습니다.

예수님의 이 말씀은 굉장한 말씀입니다. 유대인들은 세리와 함께 식사하는 것을 금했습니다. 그런데 예수님께서는 식사하는 정도가 아니라 너의 집에서 주무시겠다고 하십니다. 시금까지 식개오의 집은 어떤 랍비도 방문한 적이 없습니다. 삭개오는 지금까지 부자였지만 사람 대접을 받지 못했습니다. 그 많은 재산을 기쁘게 쓸 일이 없었습니다. 그런데 예수님께서 그의 집에 머무시겠다는 것입니다.

예수님께서는 "너는 왜 우리 민족의 마음을 아프게 하는 일을 하느냐?"라고 묻지 않았습니다. 우리가 예수님을 만나면 우리의 죄가 다 드러납니다. 예수님은 이미 삭개오의 마음을 다 아십니다. 삭개오는 급히 내려와 즐거워하며 영접하였다고 했습니다. 이 말씀 속에 이미 삭개오의 마음이 다 나타나 있습니다.

삭개오는 "내 소유의 절반을 가난한 자들에게 주겠사오며 만일 누구의 것을 속여 빼앗은 일이 있으면 네 갑절이나 갚겠나이다"(8절)라고 말합니다. 예수님은 삭개오의 집에 가서 "네 재산이 불의한 재산이 아니냐? 그것을 내놓아라" 하지 않으셨습니다. 은혜 받으면 주님께 드리고 싶은 것입니다. 삭개오는 이전에는 악착같이 남의 돈을 끌어 모아도 행복이 없는 자였습니다. 그런데 자기 재산의 절반을 남에게 나누어 주어도 행복한 자가 됩니다. 왜냐하면 그의 마음속에 천국이 임했기 때문입니다. 예수님께서는 "오늘 구원이 이 집에 이르렀으니 이 사람도 아브라함의 자손임이로다 인자가 온 것은 잃어버린 자를 찾아 구원하려 함이니라"(9-10절) 말씀하십니다.

평안을 잃어버린 분이 있습니까? 감사를 잃어버린 분이 있습니까? 건강을 잃어버린 분이 있습니까? 구원의 확신을 잃어버린 분이 있습니까? 주님을 모시기 바랍니다. 주님은 잃어버린 자를 찾아 완전하게 하시고 부요하게 하시고 구원하시기 위하여 오셨습니다. 교회는 주님을 만나는 곳입니다. 여러분의 돌감람나무에서 내려오시기 바랍니다. 겸손한 사람만이 주님을 만날 수 있습니다. 여러분, 모두가 주님을 만나고 주님을 모시고 행복한 성도들이 됩시다.

더 생각해 보기: 말씀 이해를 위한 예화

미국에서 애리조나 사막을 자동차를 가지고 횡단하다가 기름이 떨어져 50도 가까이 되는 뙤약볕에서 고생한 적이 있습니다. 미리미리 기름을 넣어야 하는데, 동행한 고집 센 친구가 가다 보면 주유소가 반드시 있다는 것입니다. 제 말은 듣지 않고 괜찮다고 그냥 막 갑니다. 그래서 그냥 가게 되었습니다.

우리나라 같으면 그저 몇십 킬로미터 가면 주유소가 나오는데 사막에 주유소가 그렇게 많습니까? 가도 가도 주유소가 안 나옵니다. 기름이 거의 다 떨어졌는데도 이 친구는 곧 주유소가 나올 것이라고 그냥 갑니다. 결국 길 옆에 있는 긴급전화기를 통해 긴급 주유 요청을 하게 되었습니다. 가장 가까운 도시에서 기름을 가지고 오는데도 두 시간 가량 걸렸습니다. 50도 가까운 더위에 사막 한가운데서 기름을 기다리느라 고생했습니다. 기름을 넣고 출발을 해 보니, 서 있는 자리에서도 50~70킬로미터 이상을 지나도 주유소가 나타나지 않았습니다.

미리미리 준비를 잘해야 합니다. 여러분이 하나님 앞에 나와 말씀을 듣는 이 시간이 영적인 기름을 채우는 시간입니다.

적용

1) 오늘 말씀의 주제 파악하기

____

____

2) 오늘 말씀 중 은혜 받은 부분 나누기

____

____

3) 삶에 구체적으로 적용하기

____

____

함께 드리는 기도 제목

1. 내가 가지고 있는 단점과 아픔을 극복할 수 있게 하소서.
2. 주님을 위해 내 것을 내려 놓을 수 있는 믿음을 주소서.
3. 항상 감사하며 주님과 동행하는 삶을 살아가게 하소서.

제13과

땅을 차지하는 자의 비결

✣ **본문** : 여호수아 6장 1-9절
✣ **찬송** : 347장(허락하신 새 땅에, 통 382장)
✣ **요절** : "여호수아가 백성에게 이르기를 마치매 제사장 일곱 은 양각 나팔 일곱을 잡고 여호와 앞에서 나아가며 나팔을 불고 여호와의 언약궤는 그 뒤를 따르며 그 무장한 자들은 나팔 부는 제사장들 앞에서 행진하며 후군은 궤 뒤를 따르고 제사장들은 나팔을 불며 행진하더라"(여호수아 6:8-9).

이스라엘 백성들이 하나님의 은혜로 요단 강을 건넜습니다. 하나님께서 요단 강의 물을 갈라 주셔서 온 백성이 무사히 가나안 땅에 도착할 수가 있었습니다. 그런데 가나안 땅 입구에 여리고 성이 버티고 있습니다.

여리고 성은 어떠한 군대가 와도 지켜낼 수 있는 난공불락의 요새였으며, 가나안 땅으로 들어가는 입구의 전략적 요충지요 교통의 중심지였습니다. 가나안 일곱 족속의 연합을 깨뜨리고 가나안 정복의 교두보를 건설하기 위해서 반드시 이 성을 정복해야만 했습니다. 40년 광야 생활을 지나 이제 겨우 가나안 땅에 들어왔는데 이 거대한 여리고 성이 버티고 있는 것입니다. 이 성은 반드시 무너뜨려야 하는 시험입니다.

1. 하나님의 말씀에 순종함으로 여리고 성을 무너뜨릴 수 있었습니다.

하나님께서 가나안에 들어가는 이스라엘 백성들에게 우선적으로 요구하시는 것은 철저한 순종이었습니다. 그래서 하나님께서는 성을 함락시키는 방법을 자세히 가르쳐 주셨습니다. 제사장 일곱은 양각 나팔을 길게 불며, 무장한 자들은 그 앞에 행진하라고 했습니다. 여호와의 궤를 메고 하루에 한 번씩 여리고 성을 돌고, 마지막 날은 일곱 바퀴를 돌라고 하십니다. 이것보다 허무맹랑한 이야기가 어디에 있습니까? 하나님께서는 여리고 성을 무너뜨릴 전략을 말씀해 주신 것이 아닙니다. 창을 쓰는 군사는 어디에 배치하고 화살을 잡은 병사들은 어떻게 하고 등등의 방법을 말씀해 주신 것이 아닙니다. 전쟁과는 전혀 관계없는 이야기를 하셨습니다. 우리의 전쟁 상식과는 전혀 다른 명령입니다.

그래서 순종이 필요합니다. 하나님께서 약속하신 땅을 차지하기 위해 가져야 할 신앙의 모습은 순종입니다. 내가 다 결정해 놓고 기도하면 안 됩니다. 내가 사업을 다 결정해 놓고, 내가 가게 터를 다 얻어놓고 하나님께 요구하는 것은 잘못된 것입니다. 먼저 기도해야 합니다. 내가 아무리 똑똑하고 훌륭하다 해도 내가 먼저 결정해버리는 것을 하나님께서는 기뻐하시지 않습니다. 이런 사람은 축복의 땅을 차지할 수가 없습니다.

하나님의 방법은 인간과 다릅니다. 하나님께서 여리고 성을 돌라는 것은 세상의 방법과 다릅니다. 세상의 똑똑한 사람들이 볼 때에는 있을 수 없는 일입니다. 그래서 하나님께서는 여리고 성을 돌라고 하셨습니다. 사람의 생각, 사람의 방법을 버리는 훈련을 다시 시키십니다. 한 성서학자는 이런 유명한 이야기를 했습니다. “한 번의 순종이 상황을 바꾸지 않을 수도 있다. 그러나 온전한 순종은 반드시 상황을 바꾼다." 오늘의 세상은 살기가 참 어렵습니다. 그래서 더 죄를 짓기가 쉽고, 그래서 더 순종이 필요한 시대입니다. 하나님의 말씀을 중심으로 순종하며 사는 성도들이 됩시다.

2. 인내함으로 여리고 성을 무너뜨릴 수 있었습니다.

전쟁에 나선 이스라엘 백성들이 여리고 성을 7일 동안 도는 것은 대단한 인내가 요구되는 행위였습니다. 하루를 돌았습니다. 다음 날 또 한 바퀴를 돌았습니다. 3일째도 한 바퀴를 돌았습니다. 그 정도면 금이라도 가야 하는데 성은 아무런 변화가 없습니다. 돌이라도 떨어지든지 성이 좀 흔들거리든지 해야 힘이 날 것 아닙니까? 그러나 성에는 아무런 기별이 없습니다. 성안에서는 야유와 조롱이 빗발쳤을 것입니다. 그래도 이들은 대꾸하지 않고 성을 돕니다. 일곱째 날에는 일곱 바퀴를 돌았습니다. 일곱 바퀴를 하루에 돌았으니 낮 동안에 돌았을 것입니다. 낮을 열두 시간 정도로 볼 때 적어도 한 바퀴 도는 데 두 시간 가까이 걸렸을 것입니다.

그러나 이들은 아무 불평이나 반대 없이 성을 돌았습니다. 어떻게 그럴 수가 있습니까? 광야 40년의 훈련이 이스라엘을 순종하는 백성으로, 인내하는 백성으로 만들었습니다. 하나님께서 그저 광야 40년을 지내게 하신 것이 아닙니다. 이들은 애굽을 나오자마자 광야에서 물이 없다고 아우성을 쳤습니다. 애굽에 매장지가 없어 여기로 끌어내어 죽게 하느냐고 아우성을 쳤습니다. 조금만 힘들어도 불평을 했습니다. 이렇게 불평하던 이들은 광야에서 다 죽었습니다. 그러면서 이스라엘이 이렇게 변했습니다. 지금 말도 안 되는 일을 행하면서도 모두가 순종하고 인내하고 있습니다.

신앙생활에는 인내가 필요합니다. 기도도 인내하는 기도를 배워야 합니다. 하나님께서 주실 줄로 믿고 인내하는 기도를 드려야 합니다. 봉사하는 데도 인내가 필요합니다. 요셉이 큰 그릇이 된 것은 13년 동안이나 감옥에 있으면서도 불평하지 않고 하나님을 믿었기 때문입니다. 노아는 구원을 받기 위해서 120년 동안이나 방주를 지으며 심판을 기다렸습니다. 기다리지 못하는 성도는 큰일을 하지 못합니다. 하나님께서는 우리가 신앙적으로 성장하기까지 기도의 인내, 충성의 인내를 요구하십니다. 하나님께서 나에게 주실 축복의 땅을 차지하기까지 인내하며 엎드리는 성도들이 됩시다.

3. 합심하여 여리고 성을 무너뜨렸습니다.

하나님께서는 이스라엘 백성들에게 역할을 다르게 주셨습니다. 군사들에게는 성을 도는 사명을 주셨습니다. 제사장들은 나팔을 불어야 했습니다. 백성들은 크게 외쳐야 했습니다. 이 역할을 모두가 함께 감당했습니다. 내가 나팔을 불고 싶다고 되는 일이 아닙니다. 내가 하나님의 궤를 메고 싶다고 되는 일이 아닙니다. 각자가 자기의 자리에서 일을 감당을 했습니다.

본문 10절에 “여호수아가 백성에게 명령하여 이르되 너희는 외치지 말며 너희 음성을 들리게 하지 말며 너희 입에서 아무 말도 내지 말라 그리하다가 내가 너희에게 명령하여 외치라 하는 날에 외칠지니라” 라고 했습니다. 사람의 소리를 내지 말고 하나님의 음성에 순종하라는 말씀입니다.

문제가 있을 때 사람의 소리는 문제를 해결하는 것이 아니라 악화시킵니다. 문제가 있을수록 성령님의 음성을 더 많이 들어야 합니다. 마틴 루터는 하루에 두 시간씩 기도했는데, 어느 날은 매우 바쁜 날임에도 불구하고 몇 시간을 기도하면서 나오지를 않았습니다. 그래서 이렇게 할 일이 많은데 왜 그리 기도를 오래하느냐고 했더니 오늘 할 일이 많기 때문에 하나님의 도우심이 더욱 필요하다고 대답했습니다. 이것이 문제를 해결하는 비결입니다. 문제가 있으면 오히려 침묵하시기 바랍니다. 사람의 소리가 나면 문제가 해결되지 않습니다.

우리가 말을 많이 하면 다른 사람의 말을 잘 듣지 못합니다. 마찬가지로 우리가 하나님 앞에서 말을 많이 하면 하나님의 음성을 듣지 못합니다. 사람의 말이 하고 싶을 때 기도하는 사람은 성자가 됩니다. 마귀는 기도를 무서워합니다. 우리 앞에 여리고 성이 있을 때에도 기도하는 사람은 이기는 비밀을 가지고 있습니다. 이스라엘 백성들은 하나님의 법궤를 앞세우고 나아갔습니다. 여리고 성이 무너진 것은 인간의 방법을 택한 것이 아니라 하나님의 방법에 순종한 결과입니다.

하나님의 말씀에 순종하시기 바랍니다. 그러면 여러분의 인생 앞에 있는 여리고 성이 무너질 것입니다. 여러분에게 주실 땅을 차지할 복을 주십니다. 하나님의 방법으로 인생의 여리고 성을 무너뜨리는 성도들이 됩시다.

더 생각해 보기: 말씀 이해를 위한 예화

우리가 아는 옛날 유머 중 하나입니다. 어느 날 담임목사님이 교회학교를 방문해 보기로 했습니다. 그리고는 철수라는 한 어린이에게 물으셨습니다. "철수야, 여리고 성은 누가 무너뜨렸니?" 철수가 정색을 하면서 대답하였습니다. "제……제가 안 했는데요!" 그러자 옆에서 놀고 있던 영희가 거들어 대답했습니다. "목사님, 철수는 오늘 쭉 저랑 같이 있었어요."

그러자 목사님은 어이가 없어서 주일학교 선생님을 불러서 물었습니다. "선생님! 지금 제가 철수에게 '여리고 성을 누가 무너뜨렸나' 라고 물었더니 철수가 안 했다고 그러는데, 어떻게 된 겁니까?" 그러자 그 선생님이 대답했습니다. "철수는 워낙 착한 어린이라서 걔가 안 했다고 하면 안 했을 것입니다."

담임 목사님은 너무나 어이가 없어서 당회 때 이런 일이 있을 수 있냐고 했습니다. 그러자 한 장로님이 말씀했습니다. "여리고 성이 무너졌다면 그거 다시 세우는 데 얼마나 들까요?"

여리고 성은 누가 무너뜨렸습니까? 어떻게 무너뜨렸습니까? 성경에 기록된 이야기는 단순한 역사가 아니라 우리에게 영적인 교훈을 주는 말씀입니다.

적용

1) 오늘 말씀의 주제 파악하기

____

____

____

2) 오늘 말씀 중 은혜 받은 부분 나누기

____

____

____

3) 삶에 구체적으로 적용하기

함께 드리는 기도 제목

1. 하나님 말씀을 중심으로 순종하는 삶을 살게 하소서.
2. 축복의 땅을 차지할 때까지 인내하며 기도하며 살게 하소서.
3. 철저하게 하나님의 방법으로 인생의 여리고 성을 무너뜨리게 하소서.

4월

제14과 ······

네가 나를 사랑하느냐?
(종려주일, 고난주간)

✣ **본문** : 요한복음 21장 15-17절
✣ **찬송** : 315장(내 주 되신 주를 참 사랑하고, 통512장)
✣ **요절** : "주께서 세 번째 네가 나를 사랑하느냐 하시므로 베드로가 근심하여 이르되 주님 모든 것을 아시오매 내가 주님을 사랑하는 줄을 주님께서 아시나이다 예수께서 이르시되 내 양을 먹이라"(요한복음 21:17).

오늘은 고난주간이 시작되는 종려주일입니다. 고난주간은 예수님이 우리를 위해 받으신 고난을 깊이 생각하며 예수님과 함께하는 주간입니다. 주님은 우리를 너무나 사랑하셔서 주님의 몸을 주셨습니다. 사랑하면 모든 것이 이해가 됩니다. 사랑하면 모든 것을 용서할 수 있습니다. 예배를 통하여 주님을 만나는 비결이 무엇입니까? 주님을 사랑하면 말씀을 통하여 찾아오시는 주님을 분명히 만날 수 있습니다. 주님의 음성을 생생하게 들을 수 있고 주님의 숨결을 느낄 수가 있습니다. 고난주간으로 들어가는 이 종려주일에, 베드로에게 들려 주셨던 주님의 음성을 함께 듣기를 원합니다.

1. "네가 나를 사랑하느냐?"고 물으십니다.

주님을 위하여 일하는 신자를 세 가지로 분류했습니다. 첫째, 자신을 자랑하기 위하여 일하는 사람이 있습니다. 이런 사람은 남이 알아주지 않는 일은 하지 않습니다. 사실은 주님을 위하여 일하는 것이 아니라 나를 위하여 일하는 사람입니다. 둘째, 남의 눈치나 체면 때문에 억지로 일하는 사람이 있습니다. 내가 목사이기 때문에 내가 장로이기 때문에 일합니다. 셋째, 주님을 사랑하기 때문에 일하는 사람이 있습니다. 봉사를 해도 주님을 사랑하여 달려나와 봉사하고, 전도를 해도 주님을 사랑하여 전도하고, 헌금을 드려도 주님을 너무나 사랑하여 헌금을 드리는 사람입니다.

앞으로 베드로는 위대한 일을 행할 제자입니다. 이 일을 감당하려면 주님을 사랑해야 합니다. 그래서 예수님께서는 지금 사랑을 요구하고 계십니다. 베드로는 예수님의 수제자였지만 위험이 닥치자 예수님을 버리고 도망하였습니다. 베드로는 예수님께서 십자가에 처형당하신 후 낙심하여 다시 어부로 돌아가 물고기를 잡고 있었습니다. 바로 그런 베드로에게 예수님은 찾아오셨습니다. 베드로를 사랑하시기 때문입니다.

베드로를 치료하시기 위하여 제일 먼저 하신 일이 사랑의 회복이었습니다. 베드로를 찾아오신 예수님은 베드로를 책망하지 않으셨습니다. 왜 나를 버리고 도망하였느냐고 추궁하지도 않으셨습니다. 오히려 네가 나를 사랑하느냐고 물으십니다. 한 번도 아니고 세 번씩이나 물으십니다. 이 말씀은 다른 것보다 주님을 더 사랑해야 주님의 일을 할 수 있음을 말씀해 주시고 있습니다.

2. “내 양을 먹이라, 내 양을 치라”고 말씀하십니다.

이것이 베드로의 사명입니다. 내 양이 아니라 주님의 양입니다. 어떤 목사님이 미국에서 목회를 하는데, 열심히 목회를 해서 교회가 크게 성장을 했습니다. 그런데 사나운 교인들이 있습니다. 가만히 보니 양이 아니라 이리와 같습니다. 이 목사님은 이 교회를 위해서 자신의 몸을 불사르듯이 바쳤는데 교인들이 순종하지를 않으니 화가 났습니다. 이리 떼를 이기기 위해서는 내가 사자가 되어야 하겠다 생각했습니다. 그래서 사자와 같이 아주 사납게 목회를 했습니다. 그랬더니 교회가 시험에 들었습니다. 교인들도 은혜를 못 받습니다. 왜 그렇습니까? 내 양이 아니라 주님의 양이기 때문입니다.

저는 예전에 어떤 교인이 힘들게 해서 "하나님, 이 교인은 좀 다른 교회로 보내시면 안 되겠습니까?" 라고 기도했습니다. 한 달 두 달 기도하는데, 한번은 새벽기도 시간에 감동을 주셨습니다. "정 목사야, 그 사람도 구원받아야 할 내 양이다. 정 목사 네가 끌어안지 않으면 다른 교회 가서도 대접 못 받고, 교회도 안 나가고 구원도 못 받는다. 네가 내 양을 먹이라" 고 하셨습니다.

베드로는 주님의 양을 치기가 힘들어 도망을 쳤습니다. 그 길이 십자가를 지는 길이요, 그 길이 너무나 고통스럽고 험난한 길이었기 때문에 옛날의 직업인 어부로 돌아갔습니다. 주님의 양을 치고 먹이는 것이 베드로에게 주신 사명입니다. 일찍이 갈릴리 바닷가에서 고기를 잡던 베드로에게 '너는 나를 따르라' 고 말씀하시고 사람을 낚는 어부가 되게 하겠다고 말씀하셨습니다.

이 약속대로 오늘도 주님은 "내 양을 먹이라, 내 양을 치라" 고 말씀하십니다. 베드로는 주님의 약속을 저버렸지만 예수님은 약속을 잊지 않으셨습니다. 지난밤에 제자들은 밤새 그물을 내렸으나 한 마리도 잡지 못했다고 했습니다. 왜 한 마리도 잡지 못했겠습니까? 주님께서는 제자들을 사람 낚는 어부로 불러 주셨는데, 해야 할 일은 안 하고 물고기만 잡고 있으니 한 마리도 잡지 못하게 하신 것입니다. 주님께서 주신 사명을 떠나서 다른 일로 땀을 흘리고 수고하여도 이 모든 것이 헛된 일이라는 것을 깨달아야 합니다.

오늘 우리에게도 주님은 "내 양을 먹이라"고 하십니다. 여러분에게 맡겨 주신 양이 있습니다. 여러분 구역의, 남녀선교회의 어린 양이 있습니다. 여러분, 가정의 어린 양이 있습니다. 이 백성 가운데 영적으로 길을 잃고 죄악의 길로 걸어가고 있는 수많은 양 떼들이 있습니다. 내 양이 아니라 주님의 양입니다. "내 양을 먹이라, 치라" 말씀하십니다. 양은 돌봄이 필요합니다. 돌보지 않으면 제멋대로 다니다가 위험에 빠집니다. 이 양 떼들을 보며 주님은 안타깝게 말씀하십니다. "내가 이 양들을 위하여 십자가를 졌다. 이 양들을 맡아다오."

3. 주님과 함께 갑시다.

고난주간 특별새벽기도회는 주님께서 우리를 초청하시는 은혜의 잔치입니다. 베드로처럼 주님을 떠나 도망하기도 하고 엉뚱한 것을 잡기 위해 힘을 소모했던 우리의 모습을 보시면서 주님은 우리에게 다가오십니다. 그리고 "네가 이것들보다 나를 더 사랑하느냐?"라고 물으십니다. 우리는 주님의 음성에 "내가 주님을 사랑합니다"라고 고백해야 합니다.

주님의 잔치에 참여하면 우리의 상처 입은 심령을 위로해 주시고, 육체의 질병을 치료해 주시며, 여러분을 새롭게 바꾸어 주십니다. 자동차가 문제가 있는데 계속해서 운행을 하면 큰 사고가 나게 됩니다. 브레이크에 문제가 있으면 빨리 수리를 하고, 라이트에 문제가 있으면 교체를 해야 합니다. 예배는 우리의 문제를 해결하는 시간입니다. 예배를 통해 주님을 만나면 주님의 은혜가 여러분에게 흘러들어 오게 됩니다.

새벽은 우리의 첫 것을 주님께 드리는 시간입니다. 이 세상의 어떤 것들보다 먼저 주님을 만나는 시간입니다. 주님은 처음의 시간, 처음의 입술을 주님께 드리는 것을 기뻐하십니다. 물론 새벽을 주님 앞에 드리는 것은 너무나 힘들고 고단한 일입니다. 그러나 이 고난주간에 주님과 함께 십자가의 길을 걸어가십시다. 골고다까지 함께 가십시다. 부활의 아침에 기쁨으로 할렐루야 두 손 들어 찬양하며 주님께로 나오는 성도들이 됩시다.

더 생각해 보기: 말씀 이해를 위한 예화

아는 목사님이 교회에 부임을 하는데 "어떻게 하면 목회를 잘할 수 있느냐?" 그러기에 "그래도 목사가 교인들보다는 새벽기도 하다가 늦게 나가야지" 했습니다. 그랬더니 이 목사님이 몇 주 있다가 와서 저 때문에 고생했다는 것입니다. 강대상 뒤에 엎드려 한참 기도하다가 교인들이 얼마나 갔나 하고 고개 들어 한번 쳐다보고 아직 많이 남아 있으니 조금 더 해야지 하고 또 기도하고, 그러다 보니 힘들어 죽겠다고 저 때문에 고생했다는 것입니다. 연세 많으신 할머니 교인들이 몇이 있는데 아침에 시간도 많고 해서 두 시간씩 기도하고 가시니, 그보다 늦게 나가려고 하다가 혼이 났다는 것입니다. 기도는 주님과의 대화인데 주님을 사랑하여 기도시간이 저절로 지나가야 진짜 기도입니다.

적용

1) 오늘 말씀의 주제 파악하기

2) 오늘 말씀 중 은혜 받은 부분 나누기

3) 삶에 구체적으로 적용하기

함께 드리는 기도 제목

1. 이 세상 무엇보다 주님을 사랑하는 믿음의 사람이 되게 하소서.
2. 길 잃은 양들을 주님 앞으로 인도할 수 있는 복음 전파자가 되게 하소서.
3. 고난주간에 주님과 함께 십자가의 길을 걸어가게 하소서.

제15과 ·······

그가 누우셨던 곳을 보라

(부활주일)

✣ **본문** : 마태복음 28장 1–6절
✣ **찬송** : 165장(주님께 영광, 통 155장)
✣ **요절** : "그가 여기 계시지 않고 그가 말씀하시던 대로 살아나셨느니라 와서 그가 누우셨던 곳을 보라"(마태복음 28:6).

우리가 사는 이 땅은 좋다고 하나 슬픔이 있고 고통이 많은 곳입니다. 배고픔이 있고 눈물과 애통이 있고 질병으로 고생하다가 결국에는 떠날 곳입니다. 그런데도 사람들은 죽는다고 하면 참 싫어합니다. 정든 사람들과 헤어지고 정든 곳을 떠난다는 것은 참으로 슬픈 일이기 때문입니다.

그러면 죽었다가 살아난다고 하면 어떻겠습니까? 천국에 문턱까지 갔다가 다시 온 당사자는 다소 실망스럽겠지만 아들딸 그리고 아내와 남편은 참 반가울 것입니다. 이 사실을 예수님께서도 잘 아시기 때문에 죽은 나사로를 다시 살리셨습니다. 그런데 이 땅에서 다시 사는 것도 이렇게 기쁜데 저 천국에 가서 다시 부활할 때에 얼마나 기쁘겠습니까? 우리 모두 저 천국에서 다시 부활하는 기쁨을 누립시다.

1. 십자가로 가까이 갑시다.

예수님의 장례와 관련하여 가장 기억에 남는 인물은 아리마대 요셉입니다. 아리마대 요셉은 빌라도에게 가서 예수님의 시신을 달라고 요청을 했습니다. 이것은 놀라운 일입니다. 예수님이 살아 계실 때에 수많은 무리들이 예수님을 따라다녔습니다. 많은 여인들도 예수님의 주변에서 시종을 들었습니다. 그런데 이 죽음의 자리에는 아무도 찾아오지 않습니다. 이것이 인간의 모습입니다. 영광의 자리, 칭찬받는 자리, 남이 알아주는 자리에는 앞장서면서 죽음의 자리, 고난의 자리에는 모두가 사라지고 없습니다. 그런데 지금까지 알려지지 않았던 한 제자 아리마대 요셉이 예수님의 마지막 남은 몸을 장사지냈습니다. 아리마대 요셉은 70인 공의회 의원이요, 부자요, 존경받는 사람이었습니다. 이런 사람이 달라고 하니 빌라도가 내준 것입니다. 아리마대 요셉은 예수님을 장사지냈습니다.

무덤의 입구는 큰 돌로 막아놓았습니다. 그런데 대제사장들과 바리새인들은 예수의 제자들이 시신을 훔쳐가고 나서 부활했다고 소문을 낼까 두려워하여 무덤의 돌에 인봉을 했습니다. 그리고 병사들을 보내 무덤을 지키게 했습니다.

안식 후 첫날, 막달라 마리아와 다른 마리아가 무덤을 보려고 찾아왔습니다. 2절을 보면 바로 그때 큰 지진이 나며 주의 천사가 하늘로부터 내려와 돌을 굴려내고 그 위에 앉았다고 했습니다. 천사의 형상이 번개와 같고 그 옷은 눈과 같이 희었다고 했습니다. 이 모습을 보는 이들이 얼마나 놀랐겠습니까? 병사들이 얼마나 놀랐는지 4절에 보면 "지키던 자들이 그를 무서워하여 떨며 죽은 사람과 같이 되었더라"고 했습니다.

안타까워하는 여인들에게 천사가 나타나 돌문을 굴려내고 장애물인 병사들을 꼼짝 못하게 만들었습니다. 그리고는 여인들에게 말씀합니다. “너희는 무서워하지 말라 십자가에 못 박히신 예수를 너희가 찾는 줄을 내가 아노라”(5절) 이 말은 너희를 해치지 않으니 안심하라는 것입니다. 7절에 “또 빨리 가서 그의 제자들에게 이르되 그가 죽은 자 가운데서 살아나셨고 너희보다 먼저 갈릴리로 가시나니 거기서 너희가 뵈오리라 하라”는 말씀을 주십니다. 예수님의 무덤에 용감하게 찾아갔던 여인들은 가장 먼저 부활의 소식을 들었습니다. 예수님을 뵙는 복도 받았습니다. 부활의 소식을 전하는 메신저의 사명도 받았습니다.

십자가 가까이 가는 성도가 은혜를 입습니다. 여인들은 당시에 대접받지 못하는 자들이었습니다. 가장 약한 자들이었습니다. 그런데 이들이 용감하게 십자가로 가까이 나갈 때에 은혜를 입었습니다. 우리는 약할수록 더 십자가를 붙들어야 합니다. 병이 들었습니까? 건강한 사람보다 더 십자가로 가까이 다가가야 합니다. 문제가 있습니까? 평안한 사람보다 더 십자가 가까이 다가가야 합니다.

2. 빈 무덤을 바라보시기 바랍니다.

주님은 부활하셨습니다. 여인들은 빈 무덤을 보았습니다. 천사는 “그가 누우셨던 곳을 보라”고 했습니다. 성경 다른 곳을 보면 예수님이 누우셨던 곳을 보니 세마포가 가지런히 개어져 있었다고 했습니다. 예수님이 누우셨던 자리에는 아무도 없었습니다.

우리는 예수님이 누우셨던 곳을 바라보아야 합니다. 헛된 것을 바라보고 살면 안 됩니다. 우리 인생이 남보다 더 큰 비석을 세우고, 남보다 더 좋은 곳에 묘를 만드는 것이 되어서는 믿지 않는 사람의 죽음과 다를 것이 없습니다. 예수님이 누우셨던 곳을 보라고 하셨습니다. 거기에는 세마포만이 남아 있었습니다. 예수님께는 세마포가 더 이상 필요하지 않았기 때문입니다. 세상 사람들이 누운 묘에는 이 땅에 남은 몸, 흙으로 돌아가는 몸밖에는 없습니다. 우리는 빈 무덤을 바라보고 우리에게 새롭게 주실 새 하늘과 새 땅을 바라보아야 합니다.

빌리 그레이엄은 목사님이 죽을 때 말했습니다. "오늘 신문에서 빌리 그레이엄이 죽었다는 소식이 들리거든 믿지 마십시오. 나는 죽은 것이 아닙니다. 영원한 나라로 옮겨 간 것뿐입니다."

죽음이 두려워 도망쳤던 예수님의 제자들은 그들의 마지막 남은 이 땅에서의 삶을 모두 순교로 마쳤습니다. 베드로는 거꾸로 된 십자가에 달렸습니다. 도마는 X자 형의 십자가에 달렸습니다. 빌립도 십자가에 순교했습니다. 바돌로매는 껍질을 벗기는 고문을 당했고 칼에 찔려 숨졌습니다. 마태와 도마도 창에 찔려 숨졌습니다. 야고보는 헤롯에 의하여 목 베임을 받았습니다. 알패오의 아들 야고보는 톱으로 켜는 죽음을 맞았습니다. 다대오와 시몬도 칼에 맞아 순교했습니다. 요한은 밧모 섬에 유배되었습니다. 이들은 모두 잔인한 죽음을 맞았습니다. 예수 믿으면 복이 와야 하는데, 잘되고 형통해야 하는데 이들 열두 제자는 모두가 불행한 죽음을 맞았습니다.

죽음이 두려워 도망쳤던 제자들이 스스로 죽음의 자리로 찾아갔습니다. 그리고 위대한 순교자들이 되었습니다. 이 부활의 날에 하나님 나라를 바라보는 영안이 열리기를 바랍니다.

3. 부활은 죄를 이기는 것입니다.

원래 인간은 에덴 동산에서 영생하도록 창조되었습니다. 그러나 죄를 범함으로 남자에게는 노동의 땀을, 여자에게는 해산의 고통을 주셨고 인생의 수를 정해 주셨습니다. 우리가 사는 이 세상에는 죽지 않고 하나님 나라로 간 사람은 에녹과 엘리야밖에는 없습니다. 인생은 죄 때문에 누구나 다 죽음을 겪어야 합니다. 이 세상의 어느 성인도 죽음을 이긴 사람은 없습니다. 부활한 사람은 없습니다. 사람은 다 죽기 때문입니다. 그 사망의 대열에 주님께서 찾아오셨습니다. 그리고 죽음을 이기시고 부활하셨습니다. 부활의 승리는 죄에 대한 승리입니다. 인간은 죄 때문에 영원한 형벌을 받게 되었습니다. 그런데 예수님께서 죄의 권세와 싸워 이기시고 우리에게 부활의 첫 열매를 주셨습니다.

유난히 질문이 많은 아이가 가족과 함께 시골길을 걷고 있었습니다. 드디어 질문이 시작되었습니다. “아빠! 저건 뭐야?” “콩 심는 것이란다.” “저건 뭐야?” “고추.” “어! 고추를 심었구나. 저건 뭐야?” “벼를 심고 있단다.” 이곳 저곳을 보다가 공동묘지를 보고 물었습니다. “아빠! 저건 뭐야?” “저긴 죽은 사람을 묻는 곳이지.” 아이가 말했습니다. “어 저건 사람을 심은 거구나.”

예수님은 “한 알의 밀알이 땅에 떨어져 썩지 아니하면 열매를 맺을 수 없나니”라고 하셨습니다. 이 땅을 떠나는 사람들은 다 심고 떠나는 것입니다. 우리는 어디에 무엇을 심을 것입니까? 성도 여러분, 우리는 하늘나라에 심고 영생을 심는 성도들이 됩시다.

더 생각해 보기: 말씀 이해를 위한 예화

어느 목사님이 부활절에 다른 교회로 설교하러 가기로 예정되었습니다. 설교하러 가는 교회 사무원에게서 전화가 왔습니다.

“목사님! 주보를 만들어야 합니다. 설교 제목이 무엇인가요?”

"예수님이 오시면."

"그 다음은요?"

"그것으로 충분해요."

목사님이 그 교회로 설교하러 갔습니다. 주보를 보았습니다. 설교 제목이 잘못 인쇄되어 있었습니다. "예수님이 오시면 그것으로 충분해요." 그런데 이것이 맞습니다. 예수님이 오시면 그것으로 충분합니다. 이것이 부활입니다.

적용

1) 오늘 말씀의 주제 파악하기

2) 오늘 말씀 중 은혜 받은 부분 나누기

3) 삶에 구체적으로 적용하기

함께 드리는 기도 제목

1. 십자가 가까이 나아가는 성도의 삶이 되게 하소서.
2. 상을 바라보지 않고 부활의 주님을 바라보게 하소서.
3. 부활의 신앙으로 죄에 대해 승리하게 하소서.

제16과 ••••••

나의 잃은 양

❖ **본문** : 누가복음 15장 1-7절
❖ **찬송** : 500장(물 위에 생명줄 던지어라, 통 258장)
❖ **요절** : "집에 와서 그 벗과 이웃을 불러 모으고 말하되 나와 함께 즐기자 나의 잃은 양을 찾아내었노라 하리라" (누가복음 15:6).

누가복음 15장에는 잃은 양의 비유, 잃어버린 드라크마의 비유, 집 나간 탕자의 비유가 나옵니다. 예수님께서는 세 개의 비유를 이어서 말씀하셨습니다. 이것은 잃어버린 영혼을 찾는 것이 매우 중요하다는 말씀입니다.

오늘 말씀의 비유는 어떤 사람에게 양 1백 마리가 있었다고 말씀을 시작합니다. 1백 마리의 양은 적은 숫자가 아닙니다. 상당한 부자라는 말입니다. 비유는 알아듣기 쉽게 이야기로 툭 던져 주는 것입니다. 직접적으로 너희들 왜 그러냐 하고 말씀하면 충돌이 일어나니까 간접적으로, 우회적으로 표현을 하셨습니다. 그 비유를 통해서 깨달으라고 하십니다.

1. 목자의 음성을 듣고 따라다녀야 합니다.

양은 특별한 무기나 특기가 없는 짐승입니다. 그래서 예수님은 우리를 양 떼에 비유하셨습니다. 사나운 발톱이나 이빨이 없으면 달리기라도 잘해야 하는데 달리기도 시원찮습니다. 그러면 날개라도 달려 있든지 아니면 목소리라도 우렁차든지 해야 하는데 쓸 만한 것이 아무것도 없습니다. 시력도 시원찮아서 10여 미터만 멀리 있어도 사물을 잘 알아보지 못합니다. 이렇게 양은 목자의 돌봄이 필요한 짐승입니다.

목자는 부지런히 양을 몰고 다니며 풀이 많은 곳으로, 물이 있는 곳으로 양 떼를 인도합니다. 그런데 간혹 양 중에 말을 잘 안 듣는 양이 있습니다. 자기 생각대로 움직이는 양입니다. 저쪽이 더 좋아 보이니까 저쪽으로 혼자서 갑니다.

영적으로도 그런 분들이 있습니다. 제가 늘 여러분에게 강조하는 것이 밖에서 하는 성경 공부 절대 하지 말라고 했습니다. 사탄이 우는 사자와 같이 두루 다니며 삼킬 자를 찾는다고 했는데 울타리 밖으로 나오는 양 떼를 노리는 것입니다. 이단은 성경 공부를 하자고 합니다. 교회에서 가르치지 않은 성경 공부를 합니다. 사람은 영적인 존재라서 한 번 어둠의 물이 들기 시작하면 사람이 구별하지 못하고 사람의 힘으로 깨닫지 못합니다. 왜요? 인간은 양과 같기 때문입니다. 이단에 한번 빠지면 가정은 다 망가지고, 마음은 깊은 상처를 입고, 직장도 내버리게 됩니다. 사람을 망하게 하는 것이 이단입니다.

목자가 볼 때에 지금 양 한 마리가 어디로 가서 헤매고 있습니다. 목자가 발견하기 전에 사자나 늑대 같은 맹수가 발견하면 먹이가 되고 맙니다. 그러니 목자의 마음이 얼마나 안타깝겠습니까?

어떤 가정에 자녀가 열 명이 있는데 막내아들을 잃어버렸습니다. 시장에 나갔다가 잃어버린 것입니다. 그 자리에 꼼짝 말라고 했는데 물건을 사서 계산하고 보니 어느새 없어진 것입니다. 그러면 어떻게 합니까? 자녀가 아홉이나 있으니 하나쯤 그대로 없어져도 괜찮습니까? 아홉 아들을 집에 두고 잃어버린 한 아들, 철 모르고 말 안 듣는 그 아들을 찾아 온 도시를 헤매는 것입니다. 지금 이 아이가 소매치기에게 끌려가면 어떻게 하나, 인신매매단에게 끌려가면 어떻게 하나 걱정하면서 밥 먹을 틈도 없이 아들을 찾아 헤매는 것입니다.

이것이 목자의 마음이요 주님의 마음입니다. 목자는 산을 넘고 들을 헤매며 양을 찾아다닙니다. 가시덤불을 헤치고 절벽을 넘어 다니며 어린 양이 어디에서 울고 있을까 찾아다닙니다. 목자가 마침내 길 잃은 어린 양, 집나간 어린 양을 찾았습니다. 5절을 보면 "또 찾아낸즉 즐거워 어깨에 메고"라고 했습니다. 양은 더러운 짐승입니다. 오물 냄새가 많이 납니다. 그러나 개의치 않고 그 양을 어깨에 메고 집으로 돌아와 친구들과 이웃을 불러 모으고 잔치를 벌였습니다. 왜냐하면 잃은 양을 찾았기 때문입니다.

우리 주님은 회개할 것 없는 의인 아흔아홉으로 인하여 기뻐하는 것보다 잃어버렸던 한 영혼이 멸망에서 생명으로 죽을 자리에서 생명의 자리로 나아오는 것을 더 기뻐하신다고 했습니다.

2. 사람들에게 가서 복음을 전해야 합니다.

복음은 기쁜 소식입니다. 우리는 세상 사람들에게 가서 기쁜 소식을 전해야 합니다. 죽어가는 사람에게 가장 기쁜 소식이 무엇입니까? 살 길이 있다는 것입니다. 병든 자에게 가장 기쁜 소식이 무엇입니까? 치료할 수 있는 방법입니다. 멸망당할 수밖에 없는 인생들에게 가장 기쁜 소식이 무엇입니까? 구원의 소식입니다.

예수님께서는 마태복음 16장 26절에 "사람이 만일 온 천하를 얻고도 제 목숨을 잃으면 무엇이 유익하리요 사람이 무엇을 주고 제 목숨과 바꾸겠느냐" 말씀하셨습니다.

사람은 무엇을 얻기 위해 목숨을 겁니다. 돈을 벌기 위해 목숨을 겁니다. 제가 아는 어떤 분이 미친 듯이 돈을 벌었습니다. 낮에는 사업을 하고, 밤에는 밤을 새워 택시 운전을 했습니다. 어릴 때 가난하게 자란 것이 한이 되어 미친 듯이 돈을 벌었습니다. 집도 사고 자녀들도 잘 자라 고등학생이 되었는데, 좀 살 만하니 이분이 암에 걸렸습니다. 바짝 말라 죽어가는 그분을 볼 때에 가슴이 너무 아팠습니다. "목사님, 살려 주세요" 하고 앙상한 손으로 제 손을 꽉 잡는데 너무 안타까웠습니다.

이 세상에서 인기를 얻고, 물질을 얻고, 권력을 얻는 것도 중요합니다. 더 중요한 것은 생명을 잃지 않는 일입니다. 그러나 가장 중요한 것은 영원한 생명을 얻는 길입니다. 우리는 목표 없이 살아가는 사람들에게 가서 영원한 생명이 기다리고 있음을 전해야 합니다. 우리는 모두가 죽을 병에서 고침을 받은 사람들입니다. 여러분은 예수님 만나지 못했으면 모두가 죽을 사람들입니다. 그런데 예수님을 만나고 고침을 얻었습니다. 복도 받았습니다. 그러므로 주위의 가까운 사람들 가운데 지금 죽을병에 걸려 있는데 가서 전해 주어야 하지 않습니까? '이렇게 하면 살 수 있다' 고 전해 주어야 하지 않습니까? 우리의 이웃들과 가족들에게 구원의 기쁜 소식을 전하는 성도들이 됩시다.

3. 열심히 전도해야 합니다.

디모데후서 4장 2절에 "너는 말씀을 전파하라 때를 얻든지 못 얻든지 항상 힘쓰라" 말씀하셨습니다. 때를 얻든지 못 얻든지 전도하면 열매를 맺게 되어 있습니다. 전도는 못하는 것이 아니라 안 하는 것입니다. 불신자 한 사람을 전도하여 예수 믿게 하는데 보통 스무 번 가까이 전도가 필요하다는 전도협회의 보고가 있습니다. '열 번 찍어 안 넘어가는 나무가 없다' 고 했는데 전도는 좀 더 어렵습니다. 마귀의 수하에 있는 영혼을 빼앗아 오는 일이기 때문에 스무 번은 찍어야 합니다.

물건을 잘 파는 사람들을 보면 끈질기게 물건을 팝니다. 요즘 시도 때도 없이 저에게 메일을 보내고 문자를 보내는 사람들이 있습니다. 세상 사람들도 돈 벌기 위해서 혹은 다른 목적을 위해서 메일을 보내고, 문자를 보내고, 애를 쓰는데 우리 믿음의 사람들이 영혼을 구하려면 더 많은 애를 써야 되는 줄 압니다. 전화를 하고, 문자를 보내고, 메일을 보내고, 선물을 보내야 합니다.

전도하는 일은 너무나 귀한 일입니다. 그래서 찬송가 508상에 이렇게 찬양합니다. "영생의 복락과 천국에 갈 길을 만백성 알도록 나가서 전하세. 주 예수 말씀이 이 복음 전하라 우리게 부탁하셨네. 주 내게 부탁하신 일 천사도 흠모하겠네 화목케 하라신 구주의 말씀을 온 세상 널리 전하세." 복음 전하는 일은 천사도 흠모하는 일입니다. 주님께서 나에게 특별히 부탁하신 일입니다.

세상 사람들은 예수 믿지 않고 살다가 죽는 일이 얼마나 무서운 일인지 모릅니다. 죄의 값이 얼마나 비참한 것인지 모릅니다. 그러므로 우리가 가서 전해야 할 소식은 바로 복음입니다. 시기를 놓치면 안 되는 소식이 복음의 소식입니다. 이 세상의 어떤 소식보다 귀한 소식이 복음입니다.

여러분, 주님의 마음으로 세상을 바라보시기 바랍니다. 그리고 고백하시기 바랍니다. 여러분의 영안이 열려 영혼을 바라보며 길을 잃고 헤매는 길 잃은 양들을 주님 품으로 인도하는 성도들이 됩시다.

더 생각해 보기: 말씀 이해를 위한 예화

제가 중학교 시절에 낚시를 참 좋아해서 친구들과 밤낚시를 갔습니다. 어머니가 그 사실을 알고, 저수지에 낚시를 갔다고 하니까 밤중에 아들을 찾아 나섰습니다. 그 저수지는 상당히 위험한 저수지였습니다. 절벽이 많아서 조금만 발을 헛디뎌도 굴러 떨어집니다.

어머니는 "명철아!" 하고 제 이름을 부르며 밤새 저수지를 헤매고 다니셨습니다. 아무리 불러도 대답이 없으니까 '이거 빠져 죽었나보다' 걱정하면서 그 가파른 절벽을 넘나들며 저수지를 헤매고 다니셨습니다. 그러나 저는 그날 다른 저수지에 낚시를 갔습니다. 그래서 다음 날 어머니께 걱정을 많이 들었습니다.

목자의 심정이 이런 것입니다.

적용

1) 오늘 말씀의 주제 파악하기

2) 오늘 말씀 중 은혜 받은 부분 나누기

3) 삶에 구체적으로 적용하기

____

____

____

함께 드리는 기도 제목

1. 말씀을 통해 하나님의 음성에 귀 기울이는 신앙인이 되게 하소서.
2. 믿지 않는 가족과 이웃들이게 복음의 기쁜 소식을 전하게 하소서.
3. 길 잃은 어린 양들을 주님의 품으로 인도하도록 최선을 다하게 하소서.

제17과

백성에게 전하라

✣ **본문** : 출애굽기 19장 1-6절
✣ **찬송** : 497장(주 예수 넓은 사랑, 통 274장)
✣ **요절** : "너희가 내게 대하여 제사장 나라가 되며 거룩한 백성이 되리라 너는 이 말을 이스라엘 자손에게 전할지니라"(출애굽기 19:6).

이스라엘 백성들은 400년간 애굽에서 종살이를 하며 지냈습니다. 오랜 노예 생활로 이들은 민족성도 잃어버렸고, 사회성도 잃어버렸습니다. 이들에게는 훈련이 필요했습니다.

하나님께서는 열흘이면 갈 수 있는 가나안 땅을 40년간이나 머물게 하셨습니다. 광야는 노예 근성을 가진 이스라엘 백성들을 훈련시키는 훈련의 장소였습니다. 훈련 없이는 강한 민족이 될 수 없습니다. 이스라엘 백성들은 광야의 훈련을 통해 하나님을 의지하지 않으면 안 된다는 것을 몸으로 체험하게 됩니다.

우리의 신앙에도 체험이 필요합니다. 기도의 능력이 있으려면 기도의 체험이 있어야 합니다. 찬양하면서도 주님을 만나는 체험이 있어야 합니다. 말씀을 통해 주님을 만나는 체험이 있어야 합니다. 하나님께서 이스라엘을 연단하고 훈련시키는 이유는 강한 백성으로, 또한 하나님의 음성을 듣는 민족으로 만드시기 위해서입니다. 고난 가운데서 하나님을 바라보도록 우리를 훈련시키시고 다시금

회복시키시고 위대한 승리자가 되게 하십니다.

1. 내 소유가 되게 하겠다고 하셨습니다.

소유라는 말은 원어에서 보면 '보물'이라는 뜻으로 쓰여졌습니다. 하나님의 것은 하나님이 지키십니다. 사탄 마귀가 범접하지 못합니다. 담대하시기 바랍니다. 여러분은 하나님의 자녀임을 확신하시기 바랍니다. 하나님 안에 있으면 안전합니다. 주님께서는 "나는 포도나무요 너희는 가지니 내가 너희 안에 너희가 내 안에 있으면 많은 열매를 맺는다"고 하셨습니다. 하나님 밖으로 나가면 죄와 고통밖에 없습니다. 그것은 세상에서 겪는 고통이 아닙니다. 한 번 참으면 되는 것이 아닙니다. 영원한 사망입니다.

원래 하나님을 믿은 사람들은 귀족들이나 부자들이 아닙니다. 예수님의 제자들도 대부분이 가난한 어부들이었습니다. 그러나 복음이 들어가는 곳마다 사람이 변화되고 가정이 변화되고 민족이 변화되는 역사가 일어났습니다.

우리나라에도 복음이 들어와 깡패가 예수 믿고 변화되고 새사람이 되었습니다. 슬픔이 가득한 가정이 예수 믿고 행복이 넘치고 화평한 가정이 되었습니다. 예수 믿으면 새로워집니다. 하나님의 소유가 되면 참 평안이 있습니다. 우리의 기도도 들어주시고 능력도 주십니다. 세상에는 우리가 알지 못하는 풍랑이 있습니다. 그러므로 세상으로 가는 것을 부러워하면 안 됩니다. 우리 인생은 의미를 찾지 못하면 허망한 인생이 되고 맙니다.

출애굽의 역사는 하나님이 인도하신 역사입니다. 노예로 고통을 당하며 살았던 이스라엘은 하나님의 약속대로 수천 년간을 지내며 오늘까지 이르렀습니다. 전 세계에 흩어져 있으면서도 이들은 오랜 훈련과 연단을 통해 민족성을 잃지 않았습니다. 하나님께서 광야에서의 훈련을 시키지 않으셨더라면 이스라엘은 흔적도 없이 사라졌을 것입니다.

그런데 애굽은 어떻습니까? 나일강의 풍성한 유산을 가지고 세계를 제패했던 애굽은 이제는 옛날의 모습을 찾아볼 수가 없습니다. 이스라엘을 늘 괴롭혔던 강대했던 앗수르는 지금 시리아로 명맥만 유지하고 있습니다. 이스라엘을 종살이시켰던 바벨론은 그 후손들을 찾을 길이 없고 이라크 지역에는 이스마엘의 후손인 이라크 사람들이 살고 있습니다. 이스라엘을 내 소유라고 하셨던 하나님께서는 오늘날 우리 믿음의 사람들을 내 자녀라 부르시며 내 소유라고 하십니다. 그러므로 우리는 감사해야 합니다.

2. 제사장 나라가 되게 하겠다고 말씀하십니다.

제사장은 세 가지 일을 합니다. 첫째는 하나님의 말씀을 전하고, 둘째는 말씀을 가르치며, 셋째는 제사를 드리는 일을 합니다. 제사장은 특별히 헌신된 사람입니다. 주님의 일만 하기로 서원한 사람이며 백성들을 위해 헌신하는 사람들입니다. 이 땅에는 하나님의 영광을 위하여 일하는 하나님의 자녀들이 많이 있습니다. 우리나라도 전쟁 후 어렵고 힘들 때에 이렇게 하나님을 믿는 사람들의 손길을 통해 다시 일어났습니다. 이 은혜를 잊어버리면 안 됩니다.

농부가 가을에 추수를 하면 다시 뿌릴 씨앗들을 남겨 놓습니다. 그 씨앗으로 내일을 삽니다. 내 자녀들이 살아갑니다. 우리는 부지런히 우리의 미래를 위해 씨앗을 뿌려야 합니다. 하나님의 밭에는 결코 거짓이 없습니다. 반드시 더 많은 열매를 맺게 하십니다. 그러므로 하나님의 말씀을 듣고 따라가면 여기에 은혜가 있고 복이 있습니다. 이분들이 바로 제사장입니다. 하나님의 영광을 위하여 헌신하는 것입니다. 여러분이 바로 제사장들입니다.

우리 민족은 특별히 하나님의 선택을 받은 민족입니다. 선교 역사 100년 만에 이렇게 하나님을 잘 믿은 나라는 없습니다. 더구나 우리처럼 선교하는 나라는 없습니다. 선교는 하나님께서 주시는 복의 약속을 보장받는 길입니다. 땅 끝까지 이르러 내 증인이 되리라 하셨는데, 선교하는 나라를 주님께서 보호하시기 때문입니다. 세계 금융 위기로 세계 모든 나라가 걱정을 하고 있습니다. 세계적인 불황이 올 것이라 염려도 합니다. 그러나 하나님의 제사장의 나라는 하나님께서 보호해 주십니다.

3. 거룩한 백성이 되게 하겠다고 하셨습니다.

거룩한 백성은 순결한 백성이라는 말입니다. 순결한 백성이 되려면, 조개 속에서 진주가 만들어지듯이 오랜 시간 하나님 앞에 은혜를 받아야 합니다.

냄비 신자와 가마솥 신자가 있다고 합니다. 냄비 신자는 불을 때면 순식간에 뜨거워집니다. 얼마나 뜨거운지 모릅니다. 그러나 불을 끄면 순식간에 다시 식어버립니다. 언제 뜨거웠는지도 모릅니다. 그러나 가마솥은 서서히 달구어지지만 한 번 달구어지면 아주 오래갑니다. 시골에서 가마솥에 불을 때면 오랜 시간이 지난 후에도 따뜻합니다. 한 번 뜨거워졌다가 식는 신앙이 되어서는 안 됩니다. 계속된 은혜가 임해야 합니다. 그러므로 매 주일 하나님 앞에 나와 은혜 받기를 사모하시기 바랍니다.

내가 나를 거룩하게 만들 사람은 아무도 없습니다. 거룩하게 되는 길은 은혜 받는 것입니다. 은혜는 낮은 자에게 임합니다. 성경에

'내가, 나는' 하는 말을 내세우는 자가 복 받은 사례는 없습니다. 주님을 자꾸 내세워야 합니다. 우리는 주님의 전에서 '내가' 가 아닌 '주가' 가 되시기를 바랍니다. 누가 우리 교회에 계속 남아 자손대대로 복 받는 집안이 되겠습니까? 주님의 은혜를 귀한 줄 알고 주님께 겸손히 엎드려 교회를 섬기는 자입니다. 성경의 족보를 보면 잘나고 대단한 사람들이 복 받은 것이 아니라 은혜를 깨닫고 섬긴 사람들이 복 받았습니다.

여러분, 하나님은 우리에게 은혜를 주시고 하나님의 거룩한 백성으로 삼으셨습니다. 그리고 죄악을 싸워 이기도록 날마다 말씀으로 순결하게 해주십니다. 하나님의 이 은혜를 잊지 마시기 바랍니다. 더 큰 체험을 얻기 위해 기도하시고, 더 큰 복을 받기 위해 씨앗을 뿌리시기 바랍니다. 그리하여 풍성한 은혜와 복이 여러분에게 늘 넘치시기 바랍니다.

더 생각해 보기: 말씀 이해를 위한 예화

새들의 왕인 독수리는 높은 절벽 위에 둥지를 트는데 그 무게가 2톤이나 됩니다. 독수리가 먹잇감을 사냥하기 위하여 공중에서 가장 빠르게 급강하 할 때는 무려 시속 180킬로미터의 속도를 냅니다. 독수리는 퍼덕거리며 나는 것이 아니라 한 번 날개를 펴고 높은 하늘에 오르면 날개를 펴고 하늘을 비행기처럼 비행합니다. 이 강한 날개로 반경 200리 이상의 사방을 날아다니며 사냥합니다.

강한 독수리의 날개는 그저 만들어진 것이 아닙니다. 어미 독수리는 새끼 독수리를 하늘의 왕으로 만들기 위해 철저히 훈련을 시킵니다. 어릴 적 날개에 털이 붙기 시작하면 높은 절벽 꼭대기에 있는 둥지에서 밀어냅니다. 그러면 새끼 독수리는 죽지 않기 위해 본능적으로 푸드덕거리며 죽을힘을 다해 날갯짓을 합니다. 그렇다고 날아오를 수는 없고 그저 떨어지는 속도를 늦출 뿐입니다. 땅에 떨어질 때가 되면 어미 독수리는 번뜩이는 눈으로 살펴보고 있다가 새끼 독수리를 낚아챕니다.

이렇게 반복되는 훈련을 통해 새끼 독수리는 강한 날개를 가지게 됩니다. 독수리 어미는 새끼 독수리를 죽이려는 것이 아닙니다. 강하게 만드는 것입니다.

적용

1) 오늘 말씀의 주제 파악하기

2) 오늘 말씀 중 은혜 받은 부분 나누기

3) 삶에 구체적으로 적용하기

함께 드리는 기도 제목

1. 내 자녀, 내 소유라 불러주시는 하나님께 감사하며 살게 하소서.
2. 하나님의 영광을 위하여 헌신하게 하소서.
3. 하나님의 거룩한 백성으로서 부끄럽지 않는 삶을 살게 하소서.

4월

제18과 ······

너희를 쉬게 하리라

✣ **본문** : 마태복음 11장 28-30절
✣ **찬송** : 363장(내가 깊은 곳에서, 통 479장)
✣ **요절** : "수고하고 무거운 짐 진 자들아 다 내게로 오라 내가 너희를 쉬게 하리라"(마태복음 11:28).

주님은 "수고하고 무거운 짐 진 자들아 다 내게로 오라" 하시며 우리를 초청하셨습니다. 우리는 그 부름을 받고 이 자리에 왔습니다. 오늘 우리를 오라고 부르는 곳은 참으로 많습니다. 시내에 나가 보면 길거리마다 수많은 상점들이 서로 오라고 합니다. 병원에서도 약국에서도 서로 좋은 서비스를 약속하며 오라고 합니다. 그렇다고 누구나 갈 수 있는 것이 아닙니다.

세상에서 오라고 하는 곳에는 한 가지 필요한 것이 있는데 바로 돈입니다. 몸이 아파 육신의 짐을 진 자들도 병원이나 약국의 문을 두드리려면 돈이 있어야 합니다. 이것이 세상의 초청입니다. 그런데 오늘 주님은 "수고하고 무거운 짐 진 자들아" 이렇게 부르십니다.

1. 인생의 무거운 짐을 내려놓아야 쉼을 얻을 수 있습니다.

수고하고 무거운 짐이 없는 사람은 아무도 없습니다. 이 땅을 살아가려면 누구나 무거운 짐을 지고 가야 합니다. 육체의 짐이 있습니다. 가정의 짐이 있습니다. 남편은 아내 때문에, 아내는 남편 때문에 그리고 부모는 자녀 때문에, 자녀는 부모 때문에 짐을 지고 갑니다. 평안해 보이지만 그 속에서는 급류가 흐르고 있는 가정이 많습니다. 돌이켜 보면 모든 것이 수고요, 모든 것이 짐입니다. 불교에서는 인생을 고해의 바다라고 했습니다. 풀이하면 '쓴 바다, 괴로운 바다' 라는 뜻입니다. 인생은 어차피 그런 것이니 지고 가야 한다는 말입니다. 이것을 업보라고 말합니다.

그런데 우리 주님께서는 뭐라고 하십니까? "수고하고 무거운 짐 진 자들아 다 내게로 오라" 말씀하십니다. 왜요? 내게로 오면 해결해 주시겠다는 것입니다. 이것은 업보니까 네가 지고 가라는 것이 아니라 주님이 대신 그 짐을 져 주시겠다는 것입니다. 누구는 오고 누구는 오지 말라는 것이 아닙니다. 누구나 다 오라고 하십니다. 예수님께서는 모든 사람이 멸시하는 세리와 창녀의 친구가 되셨습니다. 외롭고 지친 한 사람 한 사람을 바라보며 부르시는 주님이십니다. 예수님께서는 초청의 조건을 가리지 않으십니다. 단 한 가지 조건이 있는데 그것은 '수고하고 무거운 짐 진 자' 라는 것입니다.

우리는 모두가 인생의 피곤하고도 무거운 짐, 죄의 짐을 지고 살아갑니다. 이 짐은 아무리 노력해도 인간의 힘으로는 해결할 수가 없는 짐입니다. 그러나 주님께 맡기면 주님은 우리의 모든 짐을 벗기시고, 모든 죄를 용서하시고, 영육의 질병을 치료하시며, 상처를 싸매고 위로해 주십니다. 주님께 나아오면 내 일그러진 마음, 내 냄새나는 심령을 깨끗하게 하시고 고쳐주십니다.

여러분, 예배는 여러분의 죄의 짐을 벗는 자리입니다. 인생의 피곤하고 지친 영혼이 쉼을 얻는 자리입니다. 어떻게요? 주님께로 가기만 하면 됩니다. 주님 앞에 나올 때마다 여러분의 무거운 짐을 내어 놓고 해결 받는 은혜의 시간이 되시기 바랍니다.

2. 주님의 멍에를 멜 때에 쉼을 얻을 수가 있습니다.

"나는 마음이 온유하고 겸손하니 나의 멍에를 메고 내게 배우라 그리하면 너희 마음이 쉼을 얻으리니"(29절) 이 말씀은 28절 하반절의 "너희를 쉬게 하리라"에 대한 방법을 말씀해 주시고 있습니다. 멍에는 밭을 갈거나 물건을 운반하기 위하여 짐승의 몸에 씌우는 도구를 말합니다. 우리나라는 소 한 마리가 멍에를 메는데, 유대는 두 마리가 같이 멍에를 멥니다. 옆에 튼튼한 소가 있으면 약한 소가 도움을 받습니다. 주님의 멍에를 메고 배우라고 하셨는데 주님의 멍에가 무엇입니까? "나는 마음이 온유하고 겸손하니." 온유와 겸손이라는 멍에입니다.

온유란 원래 성경의 언어나 철학적 · 문학적인 용어가 아닙니다. 사나운 들짐승이 길들여진 상태를 온유라고 합니다. 사나운 사자나 곰이 길들여져서 어린이와도 같이 놀아 주는 그런 상태가 되었을 때 이것을 온유하게 되었다고 말합니다. 예수 믿는 사람이 온유해지는 것은, 원래는 강하고 사나운 사람이었는데 예수님 때문에 변화되는 것이 온유입니다.

겸손이란 내가 낮아지는 것입니다. 내가 능력이 없어서 가만히 있는 것은 겸손이 아닙니다. 내가 할 수 있지만 다른 사람들을 위해 양보하고 참는 것이 겸손입니다. 인생의 짐을 지는 방법이 바로 온유와 겸손입니다. 이것이 예수님의 방법입니다.

그런데 우리들이 왜 수고하고 무거운 짐을 지고 삽니까? 첫째, 멍에가 맞지 않기 때문입니다. '내 멍에는 쉽고' 라는 말은 예수님의 멍에가 나에게 맞는다는 말입니다. 맞지 않으면 괴롭습니다. 둘째,

우리가 세상과 같이 멍에를 메기 때문에 우리의 짐이 무거운 것입니다. 셋째, 멍에가 힘들고 아프다는 것은 그나마 가능성이 있다는 이야기입니다. 인생의 문제를 지고 주님의 전에 나오는 사람들은 다 가능성이 있습니다.

그런데 멍에가 아픈 줄도 모르고 사는 사람들이 있습니다. 오히려 세상의 멍에가 좋다고 지고 가는 사람들이 있습니다. 산 사람에게 짐을 지우면 무겁지만 죽은 사람 위에는 아무리 짐을 올려놓아도 무거운 줄을 모릅니다. 죄 가운데 죽어 있는 사람은 죄를 지어도 죄책감이 없습니다. 그래도 영(靈)이 살아 있기에 죄책감을 느낍니다. 그래서 죄를 짓고 마음이 아픈 사람은 가능성이 있습니다.

그러면 그 짐을 벗는 방법이 무엇입니까? 무거운 인생의 짐, 죄의 짐을 벗기 위해서는 내가 벗으려고 애쓰는 것이 아니라 그저 주님께 나아오면 됩니다. 내가 지고 가기에 힘겨운 가정의 짐이 있습니까? 주님께로 나와야 합니다. 주님께서는 여러분에게 꼭 맞는 멍에로 바꾸어 주십니다. 세상과 함께 지는 세상의 멍에로 인하여 고통스럽습니까? 주님께로 나오면 주님께서 우리의 멍에를 함께 져 주십니다. 그러므로 우리의 멍에는 쉽고 가볍게 됩니다.

3. 주님께 나아와야 쉼을 얻을 수 있습니다.

세상에서 멸시를 당하고 고통 속에 있는 사람, 마음에 병든 사람, 육신에 질병이 든 사람, 버림받은 사람, 고독한 사람 모두를 우리 주님은 오라고 부르십니다. 집을 나간 탕자가 돌아오기를 아버지는 먼동이 트기 전부터 기다렸습니다. 동네 어귀에 나가 기다렸습니다. 그리고 멀리서 돌아오는 아들을 바라보는 순간 달려나가 안으며 "고생했다. 이제는 집에서 편히 쉬자"라고 말합니다.

우리 주님은 나간 자식이 돌아오기를 기다리는 아버지의 심정으로 두 팔 벌려 여러분을 기다리고 계십니다. 우리는 주님께로 나아가 그 품에 안기기만 하면 됩니다. 가정의 멍에도 주님께 나오면 됩니다. 국가의 멍에도 주님께 나와야 근본적인 해결이 됩니다.

여러분의 인생의 문제가 점점 더 꼬이고 힘들어지는 이유가 어디에 있습니까? 하나님의 자녀는 하나님의 자녀답게 문제를 풀어야 하는데 내가 내 힘으로 풀어 보려고 발버둥치다 보니 점점 올무가 강하게 조여 옵니다. 마지막에는 숨이 막히고 내 힘으로 풀 수 없는 상황에까지 이릅니다. 내가 인도하려고 하니 곤고하고 막힙니다. "나의 갈 길 다 가도록 예수 인도하시니"라는 찬송처럼 예수님이 인도하십니다. 문제가 일어나고 길이 막히면 그 순간, 믿음의 사람은 주님을 바라보아야 합니다.

혼자 여행을 가면 재미가 별로 없습니다. 그러나 좋은 친구와 함께 가면 오히려 여행이 즐겁습니다. 주님과 함께 멍에를 메고 가면 인생길이 즐거워집니다. 교회는 주님을 만나는 곳입니다. 교회는 은혜 받기 위해 나오는 곳입니다. 가정이 다 망가진 분도 있습니다. 이혼 직전에 이른 분도 있습니다. 그런데 교회에 나와 가정이 다시 회복되었습니다. 모든 것을 잃고 실의에 빠져 자살하려고 하는 분도 나왔습니다. 하나님의 말씀을 듣고 위로를 얻고 새 힘을 얻습니다. 알코올 중독자도 있습니다. 내 힘으로, 내 마음으로 어떻게 할 수 없기에 주님과 함께 멍에를 메기 위해 주님께로 나옵니다. 더 가까이 주님께 나오면 문제가 해결됩니다.

여러분, 무거운 짐이 있습니까? 가정의 짐, 자녀의 짐, 물질의 짐, 질병의 짐, 인간관계의 짐 등 그 짐들을 주님께 다 가지고 오시기 바랍니다. 그러면 주님은 멍에를 함께 메어 주십니다. 우리가 가진 모든 무거운 짐을 주님께 맡겨서 우리에게 맞는 멍에로 바꾸어 주시는 주님을 만나고, 주님과 동행하며 참 평안을 누리는 성도들이 됩시다.

더 생각해 보기: 말씀 이해를 위한 예화

30년 전 군에 입대했을 때 일입니다. 훈련소에서 처음으로 군복을 나누어줄 때, 동작이 좀 느린 친구가 자기 몸에 맞는 옷을 못 받고 나중에 남은 옷을 받게 되었습니다. 그런데 그 옷이 너무 컸습니다. 바지를 입고 두 손으로 바지를 움켜쥔 채 교관에게 달려갑니다. "교관님, 옷이 너무 큽니다." 바지가 얼마나 큰지 마치 한복처럼 보였습니다. 그런데 교관이 하는 말이 더 걸작입니다. "딱 맞아, 임마." 나중에 보니 그 친구는 옷이 너무 커서 훈련을 받으며 아주 고생을 하고 있었습니다. 그런데 가만히 보니 한 친구는 덩치가 큰데 옷이 너무 작았습니다. 그래서 제가 중매를 해주었습니다. 서로 바꾸어 입게 해주었습니다. 한 번에 안 되어 세 사람이 서로 바꾸어 입게 했습니다.

사람이든, 일이든, 옷이든 맞지 않으면 힘이 듭니다.

적용

1) 오늘 말씀의 주제 파악하기

2) 오늘 말씀 중 은혜 받은 부분 나누기

3) 삶에 구체적으로 적용하기

함께 드리는 기도 제목

1. 인생의 무거운 짐을 내려놓을 수 있는 믿음을 주소서.
2. 주님께 나아와 주님의 멍에를 메어 인생의 짐이 가벼워지게 하소서.
3. 인생의 짐을 주님께 맡겨 참된 쉼을 얻게 하소서.

제19과

자손에게 알리라

(어린이주일)

- **본문** : 시편 78편 5-8절
- **찬송** : 563장(예수 사랑하심을, 통 411장)
- **요절** : "여호와께서 증거를 야곱에게 세우시며 법도를 이스라엘에게 정하시고 우리 조상들에게 명령하사 그들의 자손에게 알리라 하셨으니"(시편 78:5).

성경은 가정을 중요하게 말씀합니다. 가정이 복을 받아야 함을 말씀하고 가정교육이 중요함을 말씀합니다. 디모데는 외조모 루이스와 어머니 유니게의 신앙 교육을 잘 받았습니다. 그래서 축복의 사람이 되었습니다. 제사장 엘리는 가정교육을 등한시함으로 두 아들이 망하고 가정이 망하게 되었음을 말씀하고 있습니다.

복의 근원은 가정에서부터 시작이 됩니다. 가정에서 행복하게 자란 사람은 행복하게 사는 방법을 압니다. 그러나 전투적인 가정에서 자란 어린이는 성인이 되어서도 늘 공격적인 성향을 갖는 것을 보게 됩니다. 물질이 많고 적음이 문제가 아닙니다. 세상이 힘들어도 가정이 바로 서있으면 담대하게 세상을 이기며 살아갈 수가 있습니다.

1. 자녀들에게 하나님의 말씀을 가르치십시오.

자녀교육은 모든 가정이 가장 관심을 갖는 일입니다. 그러면서도 참 어려운 것이 가정교육입니다. “콩 심은 데 콩 나고 팥 심은 데 팥 난다”는 말과는 달리 교육은 사실 그렇지 않습니다. 내가 심는다고 되는 것이 아니라 하나님께서 복을 주셔야 되는 일입니다. 좋은 친구를 만나게 하시는 분도 하나님입니다. 자녀의 마음을 지켜 주시는 분도 하나님입니다. 건강을 지켜 주시는 분도 하나님입니다. 내가 실력이 있다고 잘되는 것이 아닙니다.

시편 128편을 보면 복 받은 가정에 대한 말씀이 나옵니다. 아버지는 “네가 네 손이 수고한 대로 먹을 것이라 네가 복되고 형통하리로다”(2절)라는 복을 말씀합니다. 수고한 대로 대가를 얻을 수 있는 것이 큰 복입니다. 어머니는 “네 집 안방에 있는 네 아내는 결실한 포도나무 같으며”(3절)라고 말씀합니다. 결실한 포도나무는 풍요의 상징입니다. 어머니가 늘 넉넉하고 풍성한 가정이 복된 가정입니다. 자녀의 복을 “어린 감람나무 같으리로다”(3절)라고 말씀합니다. 감람나무는 빨리 자라는 나무입니다. 내 자녀가 세상을 선도해 나가는 자녀로 자라가는 것이 복입니다.

자녀가 복을 받으려면 아버지가 복을 받아야 하고, 어머니가 복을 받아야 합니다. 행복한 가정이 되어야 자녀가 함께 복을 받습니다. 하나님을 중심에 모시고 늘 찬송을 부르고 함께 기도하는 가정에서 자라나는 자녀들이 잘못될 수가 없습니다. 많은 가정들이 ‘나중에 하지’ 라고 생각합니다. 지금은 먹고 살기에 바쁘니 ‘나중에 하지’ 라고 생각합니다. 그러나 그것은 오해입니다. 지금 하지 않으면 다른 길로 가고 마는 것입니다.

성경은 “마땅히 행할 길을 아이에게 가르치라 그리하면 늙어도 그것을 떠나지 아니하리라"(잠 22:6)고 말씀합니다. 자녀에게 말씀을 가르치면 말씀이 자녀의 길을 인도합니다. 하나님의 말씀은 능력이 있고 살아 있습니다. 그 말씀을 "아멘" 하고 받아들이면 그 말씀이 복된 길로 행복한 인생으로 인도하는 것입니다. 하나님의 말씀을 듣고 그 말씀을 따라 살아가는 자녀들은 결코 잘못된 길로 가지 않습니다. 문제가 있어도 기도하면서 이겨냅니다. 그래서 복된 인생으로 살아가게 됩니다.

2. 부모 순종과 공경을 가르치십시오.

하나님께서는 인간에게 열 가지 계명을 주셨는데, 앞의 네 계명은 하나님께 대한 것이요 뒤의 여섯 계명은 사람에게 관한 것입니다. 사람에 대한 첫 계명을 부모 효도, 부모 공경이라 하셨습니다. 부모가 자녀를 사랑하는 것은 하나님이 주신 본능입니다. 그러나 자식이 부모를 공경하는 것은 가르쳐야 합니다. 그래서 제5계명을 우리에게 주신 것입니다.

부모는 열 자녀를 힘들다 하지 않고 키우는데 열 자녀는 한 부모를 안 모시려고 합니다. 부모 공경은 깨달아야 아는 것입니다. 깨닫는 방법이 무엇입니까? 하나님의 말씀입니다. 하나님의 말씀이 들어가면 영적으로 마음을 변화시켜 주십니다. 하나님 말씀 제일주의로 살아가도록 가르치고 부모 공경하라는 하나님의 말씀을 가르칠 때, 믿음의 자녀들은 성경의 말씀을 따라 부모를 공경하게 됩니다. 많은 사람들이 '내 자녀는 안 그렇지. 잘할 거야' 라고 생각합니다. 그러나 깨닫지 않으면 부모에게 효도하지 못하는 것입니다.

부모에게 순종하고 공경하는 자녀에게, 첫째로는 하나님이 주신 땅에서 장수하는 은총을 주시겠다고 했습니다. 장수한다는 것은 단순히 오래 산다는 것을 말하는 것이 아닙니다. 질병과 적군의 칼로부터 보호해 주시며, 원수의 공격으로부터 안전하게 하시고 강하게 하시겠다는 것입니다. 둘째로는 복을 누리게 하시겠다고 약속하셨습니다. 인생이 살아가려면 건강의 복도 받아야 하고, 물질의 복도 받아야 하고, 가정의 복도 받아야 합니다. 영적인 복도 받아야 합니다. 그런데 부모를 공경하면 복을 주시겠다고 하셨습니다. 우리 성도들은 가정에서 자녀들에게 부모 공경을 가르쳐서 자녀들이 장수하고 복을 받는 인생이 되도록 하십시다.

3. 이 땅에 필요한 사람이 되게 하십시오.

어떤 시인은 다음과 같은 글을 썼습니다.

"만일 어린이가 비평과 함께 살면 그는 정죄라는 것을 배운다. 만일 어린이가 증오와 함께 살면 그는 싸우는 것을 배운다. 만일 어린이가 고통 속에 살면 그는 자학을 배운다. 만일 어린이가 수치 가운데 살면 그는 죄책을 배운다. 만일 어린이가 관용과 함께 살면 그는 참된 것을 배운다. 만일 어린이가 격려와 함께 살면 그는 자신감을 배운다. 만일 어린이가 칭찬과 함께 살면 그는 감사를 배운다. 만일 어린이가 공정한 가운데 살면 그는 정의를 배운다. 만일 어린이가 안정한 가운데 살면 그는 믿는 것을 배운다. 만일 어린이가 인정받으며 살면 그는 스스로 사랑함을 배운다. 만일 어린이가 용납되는 환경 속에서 우리와 함께 살면 그는 세상에서 사랑을 발견하는 것을 배운다."

참 의미가 깊은 글입니다. 부모가 어떻게 하느냐에 따라서 자녀들이 믿음의 사람이 되고, 정의로운 사람이 되고, 넉넉한 사람이 되고, 사랑할 줄 아는 사람이 되기도 합니다. 과수원에 가 보니 나뭇

가지들이 모두 옆으로 자라납니다. 사과나무나 복숭아나무가 다 옆으로 자랍니다. 그래서 원래 그렇게 자라는가 했더니 그게 아닙니다. 나무는 그냥 두면 다 위로 한없이 자라는데 과일을 손쉽게 따기 위해 자랄 때에 방향을 고정해 준다는 것입니다. 어린아이는 나무와 같습니다. 어릴 적에 잡아 주는 대로 자랍니다. 여러분의 가정의 자녀들의 방향을 주님께로 향해야 합니다.

자녀들에게 무엇을 가르치시겠습니까? 무엇을 남겨 주시겠습니까? 하나님의 말씀을 가르치고 하나님의 말씀을 남겨 주십시오. 그러면 그 말씀이 여러분의 자녀를 인도하실 것입니다.

오늘 성경은 하나님의 말씀을 자손에게 알리라고 하셨습니다. 여러분의 자녀들을 자꾸만 성전으로 이끄시기 바랍니다. 자녀들이 주의 전을 귀히 여기고 말씀을 붙들고 살면 복을 받습니다. 세상이 점점 더 악해지고 있습니다. 미래를 알 수 없는 문제들이 자꾸만 일어나고 있습니다. 이러한 때에 자녀에게 하나님의 말씀을 가르쳐 가정과 후손이 축복의 주인공이 되기를 바랍니다.

더 생각해 보기: 말씀 이해를 위한 예화

미국 뉴멕시코 주에 열두 살 난 한 흑인 소년이 죽어가는 어머니의 손을 잡고 울고 있었습니다. 이 소년은 장애인이어서 몸도 제대로 가눌 수 없었고 집은 가난했습니다. 그런데 그의 어머니는 숨을 가쁘게 몰아쉬면서도 아들의 손을 꼭 잡고 이렇게 말했습니다.

"아들아, 나는 네게 남겨 줄 것이 아무것도 없구나. 그러나 딱 한 가지 내가 너에게 남겨 줄 게 있어. 인생을 살아가는 데는 세 가지 보석이 필요하단다. 이 보석만 가지고 있으면 넌 이다음에 훌륭한 인물이 될 수 있어. 이것만은 놓치지 말고 누구에게도 주지 마라. 이 세 가지 보석은 믿음과 소망과 사랑이다."

1년 전에 소년의 아버지가 세상을 떠났습니다. 그리고 이어서 어머니가 떠났습니다. 그는 고아가 되었습니다. 이제 할머니 손에서 자라게 된 이 소년은, 가난과 신체적인 장애로 어려움 가운데 지냈지만 끝까지 포기하지 않고, 희망과 용기를 갖고 공부하고, 남보다 잘 되기 위해서 애를 썼습니다.

이 어린 소년이 바로 1950년, 흑인으로서는 최초로 노벨 평화상을 받은 랠프 번치(Ralph Johnson Bunche, 1904~1971) 박사입니다. 랠프 번치 박사는 고아였습니다. 가난했고, 장애자였습니다. 그러나 어머니의 마지막 유언, "믿음과 소망과 사랑, 이것이 세 가지 보석이란다. 이것만은 결단코 잊어서는 안 된다"라는 유언 때문에, 이 소년은 이 땅에 필요한 사람이 되었습니다.

적용

1) 오늘 말씀의 주제 파악하기

2) 오늘 말씀 중 은혜 받은 부분 나누기

3) 삶에 구체적으로 적용하기

함께 드리는 기도 제목

1. 우리의 자녀가 복된 길을 가도록 하나님의 말씀을 가르치게 하소서.
2. 자녀들에게 부모 공경을 가르쳐 복 받는 인생이 되게 하소서.
3. 하나님의 말씀을 통해 이 땅에 꼭 필요한 자녀들이 되게 하소서.

제20과 ······

효도하는 자녀가 되라

(어버이주일)

✣ **본문** : 잠언 23장 22-26절
✣ **찬송** : 579장(어머니의 넓은 사랑, 통 304장)
✣ **요절** : "네 부모를 즐겁게 하며 너를 낳은 어미를 기쁘게 하라 내 아들아 네 마음을 내게 주며 네 눈으로 내 길을 즐거워할지어다"(잠언 23:25-26).

오늘 말씀은 "너를 낳은 아비에게 청종하고 네 늙은 어미를 경히 여기지 말지니라"고 말씀합니다. '청종' 이라는 말은 '이르는 대로 듣고 따른다' 는 뜻입니다. 내 주장, 내 생각을 하는 것이 아니라 아버지의 입장에서 듣는다는 뜻입니다. '경히 여기지 않는다' 는 것은 '나이 많아 연로하신 어머니의 의견을 존중한다' 는 뜻입니다. 그건 옛날 생각이라고, 쓸데없는 걱정 하지 마시라고, 이렇게 말하지 말라는 것입니다.

한자어에서 어버이 '친(親)' 자는 설 '립(立)' 자 밑에 나무 '목(木)' 자, 그리고 오른쪽에 볼 '견(見)' 자를 씁니다. 나무 위에 올라서서 집으로 돌아오는 아들을 그리워하면서 바라보는 그 아버지 혹은 어머니의 애틋한 심정이 바로 어버이 '친(親)' 자입니다. 효도 '효(孝)' 자는 늙을 '노(老)' 변 밑에 아들 '자(子)' 자가 있습니다. 아들이 연로하신 부모님을 등에 업고 가는 모습이 효도 '효(孝)' 자입니다. 가정마다 자녀를 사랑하는 '친(親)' 이 있고, 자녀는 부모님을 지게에 태워가는 효(孝)가 있는 행복한 가정이 되어야 합니다.

1. 부모님을 자랑스럽게 여길 수 있어야 합니다.

이 땅에는 내 부모가 많이 배우지 못했음을 부끄러워하는 어리석은 사람들이 있습니다. 나쁜 사람입니다. 못된 사람입니다. 배운 사람도 살기 힘든 세상인데, 못 배운 이로서 가진 것도 없이 먹고 살며 자녀를 양육하기에 몇 배의 힘이 드셨는지 그 고통과 수고를 알아야 합니다. 혹은 부모님이 연로하여 실수하실 때도 있습니다. 판단력이 흐려질 때도 있습니다. 그러나 부모님의 마음이 상하지 않도록, 부모님의 마음이 섭섭하지 않도록 해드려야 합니다. 내가 자랄 때에 얼마나 많은 실수를 했습니까? 그때마다 부모님은 내가 기죽지 않도록 늘 잘못을 감싸 주셨습니다. 다시 일어설 수 있는 기회를 마련해 주셨습니다.

집집마다 사업을 하다가 잘못되어 부모님의 땅과 집을 팔아먹은 사람이 참 많습니다. 어떤 사람이 사업을 하다가 망했습니다. 다시 해도 또 망할 것 같습니다. 그런데 연로하신 그의 노부모님이 저에게 와서 집을 팔아 달라는 것입니다. 부모님은 집을 팔아서라도 내 자식이 잘되기를 바라며 모든 것을 다 희생하시는 것입니다. "이 집을 팔아 돈을 주더라도 얼마 지나지 않아 또 없어질 터인데, 그래도 파시겠습니까?" 그러니까 "집을 잃는 것은 참을 수 있지만 자식을 잃을 수야 없지 않겠습니까?" 하시는 것입니다. 이것이 부모의 마음입니다.

에베소서 6장 1절을 보면 "자녀들아 주 안에서 너희 부모에게 순종하라 이것이 옳으니라" 라고 말씀하십니다. 옳고 그른 판단의 기준이 어디에 있다고 말씀하십니까? 주 안에서 순종하는 데에 있다고 말씀하십니다. 순종하는 것이 옳은 것입니다. 오늘 말씀에도 '청종' 이라는 단어를 사용하고 있습니다. 내 마음에 맞아야 하는 것은 청종이 아닙니다. 내 마음에 맞지 않는 것도 따라가는 것이 청종입니다. 왜 성경은 '주 안에서' 라는 표현을 앞에 사용하고 있습니까? 부모님의 말씀이 주님의 말씀을 벗어나지 않으면 부모님의 말씀에 순종하는 것이 옳다는 것입니다. 즉 너 예수 믿지 말고 우상을 섬겨라, 예배 나가지 마라, 이런 말씀 외에는 순종하라는 말씀입니다. 주 안에서 부모에게 순종하는 성도들이 됩시다.

2. 부모에게 효도하는 성도들이 되어야 합니다.

우리나라에서 효에 대하여 가장 강조하고 있는 교회는 인천 순복음교회입니다. 이 교회는 얼마나 효에 대하여 열심인지 효도대학원까지 세웠습니다. 이름만 효도대학원이 아니라 정식으로 문교부 인가가 난, 효를 가르치는 대학원입니다. 성경을 읽어 보니 복의 비결이 효도에 있다는 것입니다. 그래서 이 교회는 1인 '일독 일장 일효' 라고 하는 것을 실천하게 합니다. 매일마다 성경 한 장씩을 꼭 읽고 또 매일 부모님께 한 가지 이상씩 효도를 하자는 것입니다.

오늘 우리 교회도 어버이주일을 맞이하여 이 세 가지는 꼭 실천하시기를 바랍니다. 섬기실 부모님이 없으니 나는 해당사항이 없다 이렇게 생각하면 안 됩니다. 섬길 부모님이 안 계시면 내 자식에게라도 이것을 가르쳐야 합니다. 부모님이 돌아가신 후 후회함이 없도록 하시기 바랍니다.

첫째, 전화를 자주 하시기 바랍니다. 부모님은 자녀들의 음성을 듣기를 기뻐하십니다. 목소리만 들어도 기분이 좋아집니다.

둘째, 용돈을 정해서 드리시기 바랍니다. "네 부모를 즐겁게 하며 너를 낳은 어미를 기쁘게 하라"고 성경은 말씀하십니다. 부모님이 기뻐하실 일이 참 많지만 할 수 있는 것을 찾아 자꾸 부모님을 기쁘시게 해 드려야 합니다.

셋째, 부모님과 정기적으로 대화의 시간을 가지시기를 바랍니다. 요즘 아이들은 부모님과의 대화가 끊어지고 있습니다. 가정에서 대화가 회복되어야 하는데, 먼저 부모님과 대화하시기 바랍니다. 대화를 하면서 부모님의 등도 주물러 드리고 긁어 드리면 얼마나 좋겠습니까? 자녀들은 보고 배운 대로 합니다. 부모와 따뜻하고 공손하게 대화할 때 여러분의 자녀들이 그것을 보고 배우게 됩니다.

3. 부모 공경은 하나님의 축복의 약속이 있습니다.

출애굽기 20장 12절에 "네 부모를 공경하라 그리하면 너의 하나님 나 여호와가 네게 준 땅에서 네 생명이 길리라"고 말씀합니다. 생명이 길다는 것은 단지 오래 산다는 의미가 아닙니다. 그 가정이 잘되고 번성한다는 약속입니다. 또한 육적인 복뿐 아니라 하늘의 상급이 약속된 것이 부모 공경입니다. 기독교의 효도는 세상의 효도와는 그 차원이 다릅니다. 그래서 주 안에서 순종하고 주 안에서 공경하라고 말씀하신 것입니다. 아직 불신의 부모님이 계시면 그 영혼을 위하여 금식을 하면서라도 기도해야 합니다. 부모님이 나를 위해 굶어 주셨기 때문입니다. 부모님의 영혼을 하나님께로 인도하는 것이 효도 중에 최고의 효도입니다.

♬ 낳실 제 괴로움 다 잊으시고 기르실 제 밤낮으로 애쓰는 마음
진 자리 마른 자리 갈아 뉘시며 손발이 다 닳도록 고생하시네
하늘 아래 그 무엇이 넓다 하리오 어버이의 희생은 가이 없어라♬

효를 행할 때 가정이 화목하게 됩니다. 교회가 아름다워집니다. 사회가 밝아지고 건강해집니다. 나라가 튼튼해집니다. 효가 무너지면 모든 것이 무너집니다. 부모에게 효를 행하는 것은 하나님의 뜻입니다. 그리고 그것은 내가 잘되는 길입니다. 부모에게 효도하시는 여러분들이 되시기를 바립니다. 부모를 공경하고 부모를 순종하는 여러분들이 되시기를 바랍니다. 그래서 여러분들이 모두 잘되고 장수하고 존귀하게 되시기를 바랍니다.

더 생각해 보기: 말씀 이해를 위한 예화

아이들이 자라면서,

4세쯤 되면 '우리 아버지는 전지전능하다' 고 믿습니다.

12세쯤 되면 '우리 아버지는 생각보다 아는 것이 많지 않다' 고 느낍니다.

15세쯤 되면 '아버지는 구식이야, 시대에 뒤떨어졌다' 고 느낍니다.

21세쯤 되면 '아버지는 골동품이야, 차라리 없는 게 낫다' 고 말합니다.

27세쯤 되면 '아버지가 아는 것이 제법 많고 판단이 옳을 때도 있다' 고 가끔은 느낍니다.

32세쯤 되면 '인생의 문제를 내 아버지와 의논하고 싶다' 고 말합니다.

50세가 되면 '아버지는 참 훌륭했다' 고 말합니다.

60세가 넘어서면 '내 아버지는 내 인생의 미래를 모두 알고 계셨다. 나는 아버지만 못하다' 고 느끼게 된다고 합니다.

적용

1) 오늘 말씀의 주제 파악하기

2) 오늘 말씀 중 은혜 받은 부분 나누기

3) 삶에 구체적으로 적용하기

함께 드리는 기도 제목

1. 주 안에서 부모님을 자랑스럽게 여기고 순종하는 자녀가 되게 하소서.
2. 부모님께 효도하는 자녀가 되게 하소서.
3. 부모 공경을 통해 하나님의 축복을 누리게 하소서.

제21과 ······

주님을 모신 가정

✣ **본문** : 여호수아 24장 14-15절
✣ **찬송** : 559장(사철에 봄바람 불어 잇고, 통 305장)
✣ **요절** : "만일 여호와를 섬기는 것이 너희에게 좋지 않게 보이거든 너희 조상들이 강 저쪽에서 섬기던 신들이든지 또는 너희가 거주하는 땅에 있는 아모리 족속의 신들이든지 너희가 섬길 자를 오늘 택하라 오직 나와 내 집은 여호와를 섬기겠노라"(여호수아 24:15).

사랑은 모든 것을 이기는 힘이 있습니다. 사랑은 불가능을 가능하게 하는 능력이 있습니다. 오늘 가장 사랑이 넘쳐야 할 공동체가 어디입니까? 바로 가정입니다. 여러분의 가정은 행복하십니까?

1. 사랑할 줄 아는 사람, 사랑받을 줄 아는 사람이 되어야 합니다.

사랑할 줄 아는 사람이 사랑도 받을 줄 압니다. 또 사랑받을 줄 아는 사람이 사랑할 줄도 압니다. 오랫동안 교회학교에서 아이들을 가르치면서 한 가지 사실을 발견하게 되었습니다. 이상하게 미운 짓만 골라서 하는 어린이들이 있습니다. 늘 사건을 일으킵니다. 이 어린이들이 왜 미운 짓만 골라 하느냐 하면 가정에서 미움을 받기 때문입니다. 예쁜 짓을 할 기회를 부모들이 만들어 주지 않습니다. 칭찬받고 잘해 보려고 일을 벌이지만 그 일이 하나같이 문제를 일으킵니다. 그래서 교회에서 문제를 일으키는 어린이들을 보며 '저 아이가 지금 사랑받고 싶어 고통 받는 아이구나' 하고 생각하면 맞습니다. 그런 아이들을 볼 때마다 참 가슴이 아픕니다. 그런데 이것이 아이로 끝나는 것이 아니라 어른이 되어서도 그렇습니다.

어른들도 사랑받을 일을 하면 얼마나 좋습니까? 교회에서도 사랑받는 사람이 되어야 하는데 이상하게 어떤 사람들은 미움 받을 일들만 골라서 합니다. 왜 그렇습니까? 사실은 사랑받고 싶은 것입니다. 가만히 두어도 될 일들은 꼭 나서서 문제를 만드는 사람들, 그래서 다른 사람에게 고통을 주는 사람들을 보면, 사실은 내가 인정받고 싶다는 것입니다. 사랑해 달라는 표시입니다. 이런 사람들을 보면 가슴이 아픕니다. 그런데 우리는 내가 사랑받는 사람이 되려면 이것을 솔직한 마음으로 극복할 줄 알아야 합니다.

사랑은 굉장한 에너지가 있습니다. 사랑을 받으면 힘이 솟아납니다. 사랑받으면 기쁨이 샘솟습니다. 사랑은 생명까지도 내어놓게 합니다. 예수님께서는 우리를 사랑하셨기 때문에 십자가에 목숨까지 주신 것입니다. 우리는 서로를 사랑하며 또한 사랑받는 법을 배워야 합니다. 이것은 사랑학 강의가 아니라 하나님의 명령입니다. 가정에서 먼저 사랑받을 수 있는 존재들이 되어야 합니다. 서로를 보면서 하루에 한 번 이상 미소지어 주시기 바랍니다. 가족간에 따뜻한 말을 건네시기 바랍니다. 하나님께서 나에게 주신 가정을 행복하게 만들어가는 성도들이 됩시다.

2. 아내는 남편을 존경하고, 남편은 아내를 사랑해야 합니다.

남편은 존경받으며 사는 존재입니다. 한 가정에서 남편의 자존심을 형편없이 구겨놓아 보십시오. 그 가정은 이제 무너져 가기 시작할 것입니다. 남편이 돈을 못 벌어도, 남편이 건강하지 못해도, 남편이 병이 들어 누워 있어도 남편은 가장으로서 존경받아야 합니다. 그래야 행복한 가정이 됩니다. 개역성경 에베소서 5장 33절에 "아내는 남편을 경외하라"고 하였는데, 경외라고 하는 말은 신하가 임금에게 쓰는 말입니다. 또 우리 그리스도인들이 하나님께 쓰는 말입니다. 그런데 아내에게 남편을 경외하라고 한 것은 무슨 뜻입니까? 그것은 남편 알기를 왕같이 알라, 남편 알기를 하늘같이 알라는 말입니다. "아내들아 남편에게 복종하라 이는 주 안에서 마땅하니라"(골 3:18)고 했습니다. 하나님께서는 교회의 질서를 세우신 것과 마찬가지로 가정에도 질서를 세우셨습니다. 아버지가 못났다고 해서 무시하면 안 됩니다. 그래서 성경은 복종의 질서를 말씀하는 것입니다.

그리고 남편은 아내를 사랑해야 합니다. 성경은 한쪽만을 일방적으로 말씀하지 않습니다. "이와 같이 남편들도 자기 아내 사랑하기를 자기 자신과 같이 할지니 자기 아내를 사랑하는 자는 자기를 사랑하는 것이라"(엡 5:28)고 하였습니다. 어떻게 사랑할 것입니까? 주님이 교회를 위해 자기를 내어준 것 같이 희생적으로 남편은 아내를 사랑해야 합니다. "남편들아 아내 사랑하기를 그리스도께서 교회를 사랑하시고 그 교회를 위하여 자신을 주심같이 하라"(엡 5:25)고 하였습니다. 사실 이것이 복종하는 것보다 더 어렵습니다.

미국의 컬럼비아 바이블 컬리지 학장이었던 맥컬리킨이라는 분이 있었습니다. 그런데 이분의 부인이 치매로 고통을 겪게 되었습니다. 이런 사실을 알게 된 그는 학장직을 여러 해 더 할 수 있음에도 불구하고 학장직을 사임하면서 다음과 같은 말을 남겼습니다. "이제 나는 아내의 곁으로 돌아간다. 42년 전 결혼서약을 할 때 병들 때나 건강할 때나 아내를 돌볼 것을 이미 약속한 것이기에 나는 그 서약을 지키러 간다." 그는 학장직을 사임하고 이 선언을 하면서 가정으로 돌아갔습니다. 많은 사람들이 그가 학장으로 있을 때보다 더 그를 존경하게 되었습니다.

그가 학장직을 몇 년 동안 수행하는 것보다 자기 아내의 병을 곁에서 돕기 위해서 가정으로 돌아간 위대함이 전 세계 남편들에게 더 큰 감동을 불러일으켰습니다. 사랑은 자기 자신을 포기하는 것입니다. 남을 위해 나를 희생하는 것입니다. 성도들의 가정마다 서로를 위해 희생하는 이 사랑의 모습이 풍성하기를 바랍니다.

3. 가정의 주인이 하나님이어야 합니다.

오늘 본문에서 여호수아는 이스라엘 백성들에게 말합니다. "너희가 지금까지 섬기던 우상을 떠나 여호와를 택하라. 나와 내 집은 오직 여호와를 섬기겠노라." 교회는 원래 가정에서부터 시작되었습니다. 가정 제단을 쌓는 일로부터 예배가 시작이 되었습니다. 가정에서 행복하면 세상에 나가서도 행복합니다. 가정에서 신앙생활에 성공하면 교회에서도 신앙생활에 성공합니다. 가정생활을 잘한다는 것이 무엇입니까? 인내하고 사랑한다는 것입니다. 남편을 위하여, 아내를 위하여, 자녀를 위하여, 시부모님을 위하여 인내하고 사랑하는 사람은 교회에서도 그렇습니다.

여러분의 가정에 제단이 있습니까? 여러분의 가정에 찬송 소리, 기도 소리, 성경 읽는 소리가 들립니까? 그렇다면 여러분의 가정은 행복할 것입니다. 주님이 행복하게 하실 것입니다. 여러분, 찬송을 부르십시오. 찬송이 가정에서 떠나지 않는다는 것은 지금 감사하고 있다는 말입니다. 하나님의 능력을 체험하고 있다는 말입니다. 여러분 가정에서 기도의 줄을 놓지 마십시오. 기도가 끊이지 않는다는 것은 그 가정에 꿈이 있다는 것입니다. 꿈이 있는 가정, 그 꿈을 이루기 위해 온 가족이 함께 모여 기도하는 가정은 절대로 잘못되지 않습니다.

여러분의 가정은 행복하십니까? 주님을 모시고 사는 가정은 행복합니다. 지금 어려워도 반드시 행복해집니다. 우리 가정은 하나님만을 섬기겠노라는 믿음으로, 주님을 모시고 행복한 가정을 이루는 성도들이 됩시다.

더 생각해 보기: 말씀 이해를 위한 예화

중증장애를 앓고 있는 아들을 둔 한 늙은 아버지가 있었습니다. 아들은 태어나면서부터 혼자서는 움직이지도 못하고, 말은커녕 소리조차 내지를 못합니다. 아버지의 노력 끝에 아들은 머리로 자판을 움직여 컴퓨터를 이용할 수 있게 되었습니다.

어느 날 아들은 컴퓨터를 보고 있다가 아버지와 함께 자선 달리기대회에 나가자고 이야기를 합니다. 그 아들의 소원은 철인 3종 경기에 나가는 것이었습니다. 사람들은 그것은 전혀 불가능한 일이라고 말했습니다. 아버지는 지금까지 달리기를 한 적이 없었습니다. 여섯 살 이후로는 수영을 해 본 적도 없었습니다. 그러나 아버지는 아들을 위해 열심히 연습을 하고 철인 3종 경기에 참여했습니다.

철인 3종 경기는 인간의 극한에 도전하는 아주 힘든 스포츠입니다. 아들이 원하는데 포기하는 것은 아들에게 절망을 가르치는 일이라고 생각했습니다. 중증장애인인 아들이 하겠다고 도전하는데 멀쩡한 아버지가 포기할 수가 없었습니다. 아들이 할 수 있는 일이라고는 아버지가 수영하며 끄는 보트에 누워 있거나 자전거에 누워 있는 것뿐이었습니다.

이들은 지금까지 여섯 차례 철인 3종 경기를 완주했습니다. 철인 3종 경기는 수영 3.9킬로미터, 사이클 180.2킬로미터, 마라톤 42.195킬로미터를 달리는 경기입니다. 그저 적당히 뛴 것이 아닙니다. 아들을 휠체어에 앉히고 밀면서 뛴 이들의 마라톤 최고기록은 2시간 40분 47초 , 손기정 선수가 올림픽에서 금메달을 딸 때에 기록이 2시간 26분 42초인 것을 생각하면 굉장한 기록입니다. 단축 3종 경기를 206차례, 그리고 일반 선수도 하기 힘든 마라톤 풀코스 42.195킬로미터를 64차례나 완주했습니다. 달리기와 자전거로 미국 대륙을 횡단하는 6,000킬로미터를 완주하기도 했습니다.

아들은 컴퓨터를 통해 "아버지가 없이는 할 수 없었다"라고 말했습니다라. 아버지는 "아들이 없었다면 하지 않았다"고 말했습니다. 이들 딕 호이트, 릭 호이트 부자가 미국의 유명한 BBC 방송의 오프라 윈프리 쇼에 등장하자 방청객들은 기립박수로 이들을 맞았습니다.

적용

1) 오늘 말씀의 주제 파악하기

2) 오늘 말씀 중 은혜 받은 부분 나누기

3) 삶에 구체적으로 적용하기

함께 드리는 기도 제목

1. 우리 가정이 주님을 모시고 사랑하는 가정이 되게 하소서.
2. 남편과 아내가 서로 희생하고 사랑하면서 살아가게 하소서.
3. 하나님을 우리 가정의 주인으로 모시고 행복한 가정으로 살아가게 하소서.

제22과

성령 충만한 사람
(성령강림주일)

✣ **본문** : 사도행전 8장 14-24절
✣ **찬송** : 190장(성령이여 강림하사, 통 177장)
✣ **요절** : "시몬이 대답하여 이르되 나를 위하여 주께 기도하여 말한 것이 하나도 내게 임하지 않게 하소서 하니라"(사도행전 8:24).

하나님께서 우리 인류에게 주신 최고의 선물은 예수 그리스도입니다. 우리의 죄를 사하시고 우리를 구원해 주시려고 이 땅에 오신 주님은 우리를 위해 친히 고난을 당하시고 십자가를 지셨습니다. 그리고 주님께서는 승천하시면서 우리에게 귀한 선물을 약속하시고 가셨는데, 그분이 바로 성령님이십니다.

성령님은 어머니와 같이 우리를 낳아서 훌륭한 사람으로 자라게 하십니다. 우리의 죄로 더러워진 옷을 늘 빨아 입히시며 깨끗케 하십니다. 병들어 괴로워할 때에는 함께 괴로워하시며 병이 낫기까지 옆에서 도와주십니다. 악한 영이 범접치 못하도록 우리를 늘 지켜 주시고 천국 길에 이르기까지 우리를 가르쳐 주십니다. 바른 길을 알려 주시며 우리의 마음속에 참 기쁨과 평안을 허락해 주십니다. 성령님의 도우심이 없다면 우리는 벌써 악한 영의 노예가 되고 말았을 것입니다.

사람들은 보물을 귀중히 여기며 그것을 지키려고 애를 씁니다.

그러나 그것을 영원히 지키는 사람은 없습니다. 늘 건강한 것이 아닙니다. 늘 젊은 것도 아닙니다. 인간은 다 약해지게 되어 있고 강한 것도 다 무너지게 되어 있습니다.

1. 성령은 주님께서 보내 주신 선물입니다.

성령님께서 우리와 함께 하시면 문제가 해결됩니다. 우리를 쓰러지지 않게 하십니다. "만군의 여호와께서 말씀하시되 이는 힘으로 되지 아니하며 능력으로 되지 아니하고 오직 나의 영으로 되느니라"(슥 4:6) 했습니다. 세상의 방법은 다 쓰러집니다. 부귀와 영화도 다 바뀝니다. 그러나 성령님께서 인도하시면 그곳에 길이 있고, 생명이 있고, 승리가 있습니다.

기독교의 역사를 보십시오. 인간적으로 보면 패배하는 것 같았으나 성령님께서 함께하시는 사람, 성령님께서 함께하시는 가정, 성령님께서 함께하시는 민족은 결국은 승리합니다. 인생의 주인, 역사의 주인이 바로 우리 하나님이시기 때문입니다. 그러므로 우리는 성령을 받아야 합니다.

오늘 본문에 나오는 시몬이라는 사람은 사마리아 사람으로, 애굽에서 철학과 마술을 배우고 사마리아에 돌아와서 자칭 큰 자라 하며 많은 사람들에게 거짓된 가르침을 주었던 사람입니다. 그런데 우리가 잘 아는 빌립이라고 하는 제자가 이 성에 와서 예수 그리스도를 전파하는데, 많은 사람에게 붙었던 더러운 귀신들이 크게 소리를 지르며 나가고 많은 중풍병자와 앉은뱅이가 나았다고 했습니다. 그것을 보고 시몬은 굉장히 놀랐습니다. 하나님의 역사는 자신이 행하는 마술과는 차원이 달랐기 때문입니다. 그래서 시몬도 세례를 받고 예수를 믿었다고 했습니다.

그러나 시몬은 회심하여 예수를 믿은 것이 아닙니다. 이 사람은 나중에 초대 교회 최고의 이단인 영지주의의 시초가 되었습니다. 이 사람의 문제가 무엇입니까? 자칭 큰 자가 되려 했습니다. 높은 자리에 있고 싶었고 사람들에게 주목을 받고 싶었습니다. 성령을 받지 못했기 때문입니다.

시몬은 전심으로 빌립을 따라다니며 그 나타나는 표적과 큰 능력을 보고 놀랐다고 했습니다. 그러나 교회에 열심히 나와도 성령 받지 못하면 소용이 없습니다. 본문에서도 시몬은 돈을 주고 성령의 권능을 사려 했습니다. 이 사람은 빌립이라고 하는 위대한 제자를 만나고도 불행하게 본질적으로 변화되지 못했습니다. 성령을 통해 변화되어 시몬과 같은 불행을 겪지 않도록 노력하는 성도들이 됩시다.

2. 하나님의 일을 아멘 하며 순종해야 합니다.

하나님 일은 내가 못하겠다가 없습니다. 나에게 축복의 기회를 주신 줄로 믿고 아멘 하며 순종하시기를 바랍니다. 기회를 놓치지 마시기 바랍니다. 시몬의 문제가 무엇입니까? 자신이 큰 자라고 했습니다. 성령 받기를 원한 것도, 자신이 안수하여 다른 사람들이 병이 낫고 자신이 유명해지기를 원했기 때문입니다. 이런 사람에게는 성령님이 오시지를 않습니다. 성령님은 비와 같이 오십니다. 비는 낮은 곳으로 흘러갑니다. 거꾸로 올라가는 법은 없습니다.

서양 격언에 "사람을 시험하려 하면 두 가지가 있다. 많은 돈을 맡겨 보라. 그리고 많은 칭찬을 하여 보라" 했습니다. 가난했던 사람이 많은 돈을 가지고도 변함이 없다면 그 사람은 제대로 된 사람입니다. 칭찬을 하여도 늘 부끄러운 줄을 알면 이 사람은 제대로 된 사람입니다. 높은 자리에 올라도 처음과 다름 없는 마음을 가지고 있다면 이 사람은 귀한 사람입니다.

우리는 시험과 고통이 있어도 핍박이 있어도 기도하면서 잘 이깁니다. 그러나 성공과 칭찬을 이기는 사람은 그리 흔치 않습니다. 이런 사람은 가장 귀한 복받을 기회를 놓친 사람입니다. 하나님께서는 우리에게 많은 축복의 기회를 주십니다. 말씀 위에 순종하여 여러분에게 주시는 말씀의 기회, 은혜 받을 기회, 하나님의 자녀로 복되게 살아갈 기회를 놓치지 않는 성도들이 됩시다.

3. 성령 충만한 사람이 되어야 합니다.

하나님 앞에 서면 자기 자신을 깨닫게 됩니다. 베드로는 예수님께 모든 사람이 다 주를 배신할지라도 자기만은 절대로 배신하지 않겠다고 큰소리쳤습니다. 자기 자신을 신뢰했습니다. 그러나 몇 시간이 지나지 않아 예수님을 모른다고 저주까지 하면서 부인했습니다. 그런 베드로가 성령 충만함을 입고 나서 어떻게 변했습니까? 사도행전 10장을 보면 고넬료가 엎드려 절할 때에 깜짝 놀라 고넬료를 일으키며 "일어나시오, 나도 사람이오"라고 했습니다. 이 말 속에는 자기의 부족함과 참회의 고백이 들어 있는 것입니다.

시몬은 돈으로 성령을 사려 했습니다. 그런데 오늘 우리에게도 이 시몬과 같은 물질이면 다 된다고 하는 생각이 자리 잡고 있습니다. 교회도 큰 교회가 잘난 것으로 생각합니다. 그러나 하나님의 영이 크게 임하는 교회가 큰 교회입니다. 교회는 성령 충만하지 않으면 헛것입니다. 사람도 성령 충만하지 않으면 헛것입니다.

우리가 잘난 것은 하나도 없습니다. 성령님께서 우리를 도와주시지 않으면, 성령님께서 함께하시지 않으면 모든 것이 소용이 없습니다. 성령 받지 못하면 기도도 안 됩니다. 한 시간만 기도해도 힘이 듭니다. 찬송을 불러도 신이 나지 않습니다. 주의 일을 하면 감사하고 기뻐야 하는데 다른 사람을 쳐다보게 됩니다. 여러분, 성령 받으면 다른 사람 쳐다볼 여유가 없습니다. 내가 지금 전능하신 하나님을 만나고 있으니 다른 것 생각할 여유가 없습니다. 일장춘몽 같은 이 인생이 지금 막 지나가고 있으니 이것저것 생각할 여유가 없습니다.

성령님이 임하시면 내가 먼저 변합니다. 그리고 성령님이 나의 길을 인도하십니다. 여러분, 성령님께서 지금 여러분의 마음속에 찾아오셔서 여러분의 길을 인도하시고 계십니다. 성령님의 뜻에 순종하십시오. 성령님이 여러분을 인도하시면 감사하는 마음이 자꾸 생깁니다. 은혜가 쌓입니다. 나의 교만, 나의 생각이 떠나고 주님 앞에 무릎 꿇게 됩니다. 약한 자가 강하게 되고 연약한 사람이 위대한 일을 행하게 됩니다.

성령 충만한 교회는 부흥하는 역사가 일어납니다. 이 땅을 변화시키고 이 민족을 변화시키는 역사가 일어납니다. 여러분, 성령 충만함을 입어 감사함으로 사시기를 바랍니다. 그리하여 여러분의 가정과 일터와 교회를 100배의 결실을 거두는 옥토로 만드시기 바랍니다.

더 생각해 보기: 말씀 이해를 위한 예화

R.A. 토레이 목사님의 글에는 성령 충만이 자주 강조됨을 보게 됩니다. “나는 아침에 일어나면 성령 충만을 위해서 기도합니다. ‘하나님! 성령 충만하게 도와주십시오.’ 왜냐하면 성령 충만하지 않으면 오늘 하루, 나는 너무나 쉽게 흔들릴 수 있는 사람이기 때문입니다.”

그는 또 이렇게 고백합니다. “하나님, 제가 성령 충만하다고 느끼지 못할 때, 함부로 말하지 않도록 도와주십시오. 성령 충만하지 않을 때 말하면 실언이 되기 쉽고, 사람들에게 상처를 주기 쉽기 때문입니다. 하나님, 제가 성령 충만하지 않을 때 제 인생의 중요한 결정을 하지 않도록 도와주십시오. 성령 충만하지 않으면 저의 결정은 잘못될 가능성이 항상 있기 때문입니다."

R.A. 토레이 목사님은 이처럼 성령 충만을 사모했습니다.

적용

1) 오늘 말씀의 주제 파악하기

2) 오늘 말씀 중 은혜 받은 부분 나누기

3) 삶에 구체적으로 적용하기

함께 드리는 기도 제목

1. 성령 충만을 통해 하나님께서 주시는 축복의 기회를 놓치지 않게 하소서.
2. 말씀에 순종하여 하나님의 자녀로 살아가게 하소서.
3. 성령 충만으로 감사하여 많은 열매 맺게 하소서.

제23과 ······

보물을 하늘에 쌓아 두라

❖ **본문** : 마태복음 6장 19-20절
❖ **찬송** : 405장(주의 친절한 팔에 안기세, 통 458장)
❖ **요절** : "오직 너희를 위하여 보물을 하늘에 쌓아 두라 거기는 좀이나 동록이 해하지 못하며 도둑이 구멍을 뚫지도 못하고 도둑질도 못하느니라"(마태복음 6:20).

세계적인 과학자요 철학자요 독실한 신자인 파스칼은, 하나님을 알 수 있는 방법이 여러 가지가 있는데 그중에 자연을 보면 하나님을 저절로 알 수 있다고 했습니다. 세계적인 석학들 중에 자연이나 역사 또는 과학을 연구하다가 독실한 신자가 된 경우들이 굉장히 많습니다. 자연의 신비는 상식이나 과학으로 설명할 수 없는 것들이 참 많기 때문입니다.

1. 우리 자신의 가치를 알아야 합니다.

자연에는 신비가 참 많습니다. 지구가 태양의 주위를 공전하며 또 자전하는데 23.5도가 기울어져서 계속해서 돌아갑니다. 만약에 조금이라도 더 빨리 돌든지 늦게 돌면 지구는 불바다가 되든지 얼음덩어리가 되고 맙니다. 지금 이 순간에도 지구는 초속 29킬로미터 이상으로 태양의 주위를 돌고 있습니다. 그래야 살 수가 있습니다. 이런 것들이 자연히 된 것입니까? 이 세상은 이렇게 신비로 이루어져 있습니다.

파스칼은 하나님을 믿지 않는 사람들에게 다음과 같은 제안을 합니다. 하나님을 믿었는데 하나님이 존재하지 않을 확률 1/2, 그 반대로 하나님을 믿지 않았는데 하나님이 존재할 확률 1/2, 확률은 반반입니다. 이때 하나님을 믿었을 때 하나님이 존재하지 않을 경우의 손해보다 하나님을 믿지 않았는데 하나님이 존재할 경우의 손해가 더 심각한 것이라고 했습니다.

우리 생명이 얼마나 소중합니까? 그래서 모두가 이 생명을 지키려고 애를 씁니다. 조금 더 건강해지기 위해 아침부터 일어나 열심히 운동을 하고 음식을 가려 먹습니다. 그래도 우리의 인생은 반드시 죽는 순간이 옵니다. 이것을 피할 수 있는 인간은 아무도 없습니다. 아무리 뛰어난 의술이 있어도 병든 자의 생명을 조금은 연장할 수 있지만 영원히 살게 하지는 못합니다.

우리는 우리의 소중한 생명을 위하여 많은 투자를 하고 있는 것 같지만 실제로는 많은 사람들이 나의 생명에 대하여 무관심하다는 것입니다. 지금 먹고, 입고, 높은 자리에 올라가고, 사람들에게 인정을 받고, 이런 문제에 대하여는 관심이 있으면서 앞으로 내 생명이 어떻게 될지에 대하여는 무관심하게 살아가고 있습니다.

예수님께서는 한 가지 이야기를 해주셨습니다. 어떤 한 부자가 있었는데 이 부자는 매일 호의호식하며 잘살았습니다. 현실만 바라보고 살았습니다. 그런데 어느 날 갑자기 이 세상을 떠났습니다. 이 세상에서 애써서 모은 것들을 다 놓고 떠나게 되었습니다. 그런데 이 세상을 떠나고 보니 저 세상이 있는 것입니다. 그 부자는 저 세상을 준비하지 못했기 때문에 지옥에서 고통스러워하게 되었다는 것입니다.

우리는 생명의 가치를 잘 알아야 합니다. 우리가 가치를 모르면 그저 무관심하게 지나가고 마는 것입니다. 무슨 일이 있어도 절대로 놓치지 않아야 하는 일이 있습니다. 그것은 여러분의 생명을 관리하는 일입니다. 이 세상의 모든 사람들이 열심히 살다가 이 세상을 떠나갑니다. 이 세상을 떠날 때에는 모든 것을 다 놓고 가야 합니다.

예수 믿지 않는 분의 장례식에서는 관 속에 종이다발을 가득 넣어 줍니다. 그게 뭐냐고 물었더니 돈이랍니다. 그것이 종이지 왜 돈이냐고 했더니 저승에 갈 때 가지고 갈 돈이라고 대답합니다. 그러나 사실은 아무것도 가지고 가지 못합니다. 정든 가족과도 이별해야 합니다. 혼자 가는 것입니다. 그런데 가지고 가는 것이 하나 있습니다. 생명입니다. 하나님께서는 우리 인간에게 영혼을 주셨는데 이 영혼을 가지고 하나님께로 가는 것입니다. 우리는 하나님께로 가야할 가치 있는 사람입니다.

2. 하늘에 보물을 쌓아 두어야 합니다.

오늘 읽은 말씀은 "너희를 위하여 보물을 땅에 쌓아 두지 말라"고 했습니다. "오직 너희를 위하여 보물을 하늘에 쌓아 두라"고 했습니다. 이 예수님의 말씀은 물질을 말하는 것이 아닙니다. 너희가 귀하게 여기는 것, 삶의 가치를 어디에 두고 살 것인가를 말씀하고 있습니다. 예수님께서는 "네 보물 있는 곳에 네 마음도 있다"고 하셨습니다.

지하철이나 붐비는 버스 안에서 소매치기들이 간혹 사용하는 수법이 있는데, 소매치기 중 한 사람이 "내 돈, 내 지갑 없어졌다"고 떠들어 댄다고 합니다. 그러면 사람들은 무의식적으로 지갑 있는 곳을 만지는 사람도 있고 돈이 있는 곳을 살펴본답니다. '내 돈은 무사한가?' 하는 것입니다. 이때를 놓치지 않고 돈이 있는 자리를 잘 보아 두었다가 기회를 보아 소매치기를 한다고 합니다.

사람들은 내 물질이 있는 곳에 마음이 가 있습니다. 권세를 좋아하는 사람은 권세에 마음이 가 있습니다. 명예를 좋아하는 사람은 명예에 마음이 가 있습니다. 정치하는 분들 보면 정치에 생명을 겁니다. 물질 좋아하는 사람은 물질이 많아진다고 해서 만족하지 않습니다. 더 많은 물질을 얻기 위해 애를 씁니다. 정치하는 분들도 지금 자리에 만족하지 않습니다. 더 높은 자리에 가기 위해서 애를 씁니다. 인간의 욕심은 끝이 없습니다. 마치 바닷물을 마시는 것과 같습니다. 마시면 마실수록 더 갈증을 느끼게 됩니다.

어떤 친구가 물었습니다. "야! 술하고, 밥하고, 떡이 있는 데 너는 무엇을 먹을 거냐?" 다시 말하면 세 가지 중에 어느 것을 선택할 것인가 하라는 질문입니다. 그때 그 친구가 하는 말이 "술에다 밥을 말아서 떡을 안주로 먹겠다"라고 했답니다. 사람의 욕심은 한도 끝도 없다는 예를 보여주는 말입니다.

지금까지 어떻게 사셨습니까? 살아갈수록 좀 더 행복해지셨습니까? 오늘 말씀은 우리 인생이 행복해지는 비결을 말씀해 주시고 있습니다. "너희 보물을 하늘에 쌓아 두라." 이 말씀은 예수를 믿고 영원한 생명을 위해 준비하라는 말씀입니다. 예수님을 만나면 이 세상의 방황이 끝납니다. 예수님을 만나면 이 세상의 길이 보입니다. 예수님은 여러분을 영원한 친구로 만나 주십니다. 예수님을 만나면 여러분의 영혼이 깨끗해집니다.

예수님은 우리를 위해 이 땅에 찾아오신 하나님이십니다. 예수님은 우리의 죄를 대신해서 십자가에 못 박히시고, 우리의 죄를 사해 주신 분입니다. 예수님은 "수고하고 무거운 짐 진 자들아 다 내게로 오라 내가 너희를 편히 쉬게 하리라"고 하셨습니다. 이 예수님의 초청에는 제한이 없습니다. 이 세상에서 수고하고 무거운 짐 진 자들은 다 오라는 것입니다. 누구든지 예수님께 나아오면 참 평안이 있습니다. 마음의 상처가 위로를 받고 육신의 질병도 고침을 받습니다. "예수님, 내가 평안하기를 원합니다. 위로받기를 원합니다. 행복하기를 원합니다"라고 기도하면 예수님이 들어 주십니다. 그리고 우리를 영원한 천국까지 인도해 주십니다.

이 지구상에 수많은 사람들이 예수님을 만나고 인생이 바뀌었습니다. 예수님을 만나면 행복합니다. 예수님을 만나면 복을 받습니다. 가정도 예수님을 만나면 불행한 가정이 행복한 가정으로, 분쟁과 고통이 있던 가정이 평안한 가정으로 변화됩니다. 나라도 민족도 예수를 믿으면 복을 받습니다.

예수님을 버리고 교회 문을 닫아 걸었던 나라들이 지금 어떻게 되었습니까? 북한을 보십시오. 교회 문을 닫아 걸었는데, 예수 믿으면 잡아 죽였는데, 사실은 나라 문을 닫아 걸 지경이 되고 말았습니다. 러시아에도 베트남에도 중국에도 지금 다시 교회가 들어가고 있습니다. 하나님을 섬기는 나라는 복을 받습니다. 예수 믿으면 이 땅에서도 행복하고 영원한 생명을 누리게 됩니다.

"하나님이 세상을 이처럼 사랑하사 독생자를 주셨으니 이는 그를 믿는 자마다 멸망하지 않고 영생을 얻게 하려 하심이라 하나님이 그 아들을 세상에 보내신 것은 세상을 심판하려 하심이 아니요 그로 말미암아 세상이 구원을 받게 하려 하심이라"(요 3:16-17)고 말씀하셨습니다. 이 땅에 다른 소중한 것도 많지만 생명은 가장 소중한 것입니다. 우리 생명은 소중합니다. 우리 모두가 예수 믿고 영원한 생명을 누리는 성도들이 됩시다.

더 생각해 보기: 말씀 이해를 위한 예화

어떤 분이 아내가 교통사고를 당했다는 소식을 듣고 병원으로 달려갔습니다. 의사가 수술을 하고 있는데 한참 후에 나온 의사선생님이 "미안합니다. 최선을 다했는데 그만 돌아가셨습니다"고 말했습니다.

이분이 망연자실하여 누구에겐가 전화를 걸려고 수첩을 열었더니 수첩에 97개의 전화번호가 있는데, 어느 누구도 전화 걸 사람이 없더라는 것입니다. 누가 좀 와서 지금 미쳐버릴 것 같은 내 마음을 위로해 주고 붙잡아 주었으면 좋겠는데, 전화 걸 사람이 한 사람도 없더라는 것입니다.

우리에게 있어서 진정한 친구는 예수님밖에 없습니다.

적용

1) 오늘 말씀의 주제 파악하기

2) 오늘 말씀 중 은혜 받은 부분 나누기

3) 삶에 구체적으로 적용하기

함께 드리는 기도 제목

1. 하나님 나라의 백성으로서의 가치를 깨닫게 하소서.
2. 우리의 보물을 하늘에 쌓아 두는 지혜를 허락하소서.
3. 주변의 모든 사람들이 예수 믿고 영원한 생명을 누리게 하소서.

살아 계신 하나님의 말씀

❖ **본문** : 히브리서 4장 12-13절
❖ **찬송** : 200장(달고 오묘한 그 말씀, 통 235장)
❖ **요절** : "하나님의 말씀은 살아 있고 활력이 있어 좌우에 날 선 어떤 검보다도 예리하여 혼과 영과 및 관절과 골수를 찔러 쪼개기까지 하며 또 마음의 생각과 뜻을 판단하나니"(히브리서 4:12).

신앙생활은 하나님의 말씀을 통해 이루어집니다. 하나님의 말씀을 들으면 믿음이 생깁니다. 말씀을 듣고 내 마음속에 하나님의 말씀을 담으면 내 영혼이 깨끗해집니다. 귀신들이 물러갑니다. 말씀을 따라 살면 복을 받습니다. 이 모든 것이 말씀을 통해서 이루어집니다. 예배 시간은 말씀을 중심으로 이루어집니다.

구약 시대에는 하나님께 나아가기 위해 제사를 지냈습니다. 양이나 소를 잡아 제물로 바치고 죄 사함을 받았습니다. 그런데 예수님께서 십자가를 지심으로 이 제사를 없애 주셨습니다. 예배는 바로 구약의 제사와 같습니다. 예수 믿지 않는 분들이 예수 믿으면 제사 안 지낸다 그러는데, 예배드리는 것이 바로 제사입니다. 다만 불신자들의 제사는 귀신들에게 하는 것이지만 예수 믿는 사람들은 살아 계신 하나님께 드리는 것입니다.

그런데 제사와 예배는 다른 점이 있습니다. 첫째, 구약의 제사는 제물을 가지고 제사장을 통해서 드리는 것이지만 예배는 예수 그리스도를 통해서 드리는 것입니다. 둘째, 구약에서는 양과 소 같은 제물이 필요했지만 오늘의 예배에서 제물은 바로 우리 자신입니다. "너희 몸을 거룩한 산 제물로 드리라 이는 너희가 드릴 영적 예배니라"(롬 12:1)라고 말씀하셨습니다. 개역성경에는 "산 제사로 드리라"고 했습니다. 소나 양이 제물이 되려면 죽어야 하듯이 오늘 우리가 진정한 예배가 되기 위해서는 우리의 죄된 모습이 예배를 통해서 죽어야 합니다. 그리고 새로운 생명으로 거듭나는 것이 예배입니다.

1. 하나님의 말씀은 살아 있습니다.

말씀이 살아 있다는 것은 참으로 오묘한 표현입니다. 말씀이 어떻게 살아 있을 수가 있겠습니까? 그런데 하나님은 말씀이시라고 했습니다. 예수님께서 말씀을 하실 때에 "내가 믿습니다" 하는 사람들에게 말씀 그대로 다 이루어졌습니다. 지금도 하나님의 말씀을 전할 때에 이 말씀이 하나님의 말씀임을 믿으면 말씀대로 이루어집니다.

예수 믿는 사람과 믿지 않는 사람과의 가장 중요한 차이점은 성령 받았느냐, 성령을 받지 않았느냐 하는 것입니다. 말씀을 들을 때와 기도할 때에 성령을 받습니다. 하나님의 말씀은 살아 있기 때문에 지금도 말씀을 들으며 "하나님, 나에게도 성령을 보내 주십시오" 하고 믿으면 성령의 사람이 됩니다. 하나님의 말씀을 듣고 그 말씀을 모시고 살면 다른 영이 주장하지 못합니다. 말씀을 들을 때마다 은혜를 받습니다. 말씀을 바르게 들으면 점점 더 예수님께로 가까이 들어가게 됩니다.

신앙생활은 어려운 것이 아닙니다. 예수님께로 가까이 가면 신앙생활은 저절로 됩니다. 그러면 예수님께서 그 인생을 지켜 주시고 가정을 지켜 주십니다. 그러나 예수님으로부터 멀어지면 당연히 시험을 만납니다.

교회 안에서 하나님만 바라보며 은혜를 사모하며 사십시오. 하나님의 말씀을 들을 때에 성령님께서 여러분의 마음에 감동을 주십니다. '그렇다. 내가 앞으로 선하게 살아야지. 죄짓지 말고 살아야지. 내가 하나님의 자녀로 살아야지.' 이런 음성을 주실 것입니다. 이것이 하나님의 음성입니다.

2. 성경을 매일 읽으시기 바랍니다.

성경을 늘 가까이 두고 매일 쉬지 않고 읽어야 합니다. 그러면 그 성경이 여러분을 인도해 주십니다. 성경의 말씀이 여러분을 복된 인생이 되게 합니다. 개인이나 가정이나 국가나 성경을 사랑하면 다 복을 받습니다.

지금부터 200년 전에는 노르웨이라는 나라는 정말 비참하고 가난한 나라였습니다. 나무껍질로 빵을 만들어 먹기도 하였고, 길거리에서 굶어 죽은 사람들의 시체를 보는 일은 너무나 흔한 일이었습니다. 학교는 부족하였고 대학은 아예 하나도 없었습니다. 수백 년간 이웃 나라의 지배를 받아왔습니다.

그런데 1796년 4월 5일 '한스 닐센 헤우게' 라는 젊은이가 회심을 경험하고는 1796년부터 1804년 사이에 나라 전체의 마을 곳곳을 다니며 성경을 보급하였고, 천 개가 넘는 가정교회에서 성경을 가르치기 시작하였습니다. 그리고 그가 가르친 제자들이 다시 사역자로 세워져 나라 곳곳에서 성경을 가르치기 시작하였습니다. 그 결과 마침내 노르웨이는 문맹률이 제로인 나라가 되었고, 현재 1인당 국민소득이 전 세계에서 룩셈부르크 다음으로 높은 나라가 되었습니다. 룩셈부르크도 예수 믿는 사람들이 98퍼센트입니다.

독일의 시인 괴테는 "독일이 위대한 나라가 된 것은 종교개혁 이후 전 독일 사람들에게 독일어로 번역된 성경을 읽고 배우게 했기 때문이다. 그래서 독일이 최고의 민족이 되었다"라고 말했습니다. 성경은 사람의 마음을 변화시킬 뿐 아니라 가정을 변화시킵니다. 복된 나라로 만드는 것은 살아 계신 하나님의 말씀입니다. 여러분은 늘 성경을 가까이 하고 하나님의 말씀 듣는 일을 즐거워하시기 바랍니다.

3. 말씀대로 사시기 바랍니다.

말씀대로 사는 비결이 어디에 있습니까? 늘 '나는 부족합니다. 연약합니다. 하나님께서 내 인생의 길을 인도해 주십시오' 하고 겸손하게 말씀 앞에 엎드리면 여러분을 붙들어 주십니다. 하나님의 말씀은 내가 깨닫을 수 있는 것이 절대로 아닙니다. 연구한다고 공부한다고 해서 깨닫는 것이 아닙니다. '내가 부족합니다' 하고 엎드리면 하나님께서 깨닫게 해주십니다. 하나님 앞에 부족함을 느끼는 사람은 은혜를 받습니다. 내가 잘한다고 생각하십니까? 이것은 하나님으로부터 멀어진 증거입니다.

내가 죄인인 줄 알고 내가 부족한 줄 아는 사람은 늘 은혜를 받습니다. 어떤 사람이 하나님의 영광을 가리고 하나님의 교회를 흔드는 사람이 됩니까? '내가 이 정도 되는데' 하는 사람은 여지없이 교회를 흔듭니다. 성경에 기록된 인물도 말씀대로 살기 위해서 늘 말씀 앞에 겸손했습니다. 하나님의 말씀을 듣고 읽으며 "맞습니다. 감사합니다" 하고 엎드릴 때에 순종하게 됩니다. 교만한 사람의 특징이 무엇입니까? 순종하지 않습니다.

"주의 말씀은 내 발에 등이요 내 길에 빛이니이다"(시 119:105)라고 했습니다. 하나님의 말씀을 내 발에 등으로 길에 빛으로 보는 사람은 그 불빛을 따라가지 어둠 속에서 내 마음대로 가지 않습니다. 하나님의 말씀이 나를 구원하셨고 또 나를 인도하시는 능력인 줄 믿고 말씀대로 순종하며 사시기를 바랍니다.

오늘 말씀에 하나님의 말씀은 "좌우에 날선 어떤 검보다도 예리하여 혼과 영과 및 관절과 골수를 찔러 쪼개기까지 하며 또 마음의 생각과 뜻을 판단하신다"고 했습니다. 혼과 영은 곧 영혼이라는 말입니다. 영혼이 병들었을 때에 치료하는 방법은 다른 것이 없습니다. 말씀만이 영혼을 치료합니다. 관절과 골수를 찔러 쪼개기까지 한다고 했습니다. 이것은 육체를 말합니다. 하나님의 말씀은 영혼만 치료하는 것이 아니라 우리의 육체도 치료하십니다. 병든 자도 와서 말씀을 믿으면 질병이 치료가 됩니다.

하나님의 말씀을 붙들고 말씀대로 순종하며 살아 마지막 날에 결산할 때에 모두가 천국에 들어가는 성도들이 됩시다.

더 생각해 보기: 말씀 이해를 위한 예화

록펠러는 2천 년 교회사에서 많은 복을 받은 사람입니다. 그는 늘 "내 사업의 성공 비결은 하나님께로부터 온 지혜다"라고 했습니다. 그는 늘 성경을 읽었고 성경 속에서 하나님의 지혜를 얻어서 사업에 성공한 사람입니다. 그가 석유왕이 되어 세계 최고의 부자가 될 수 있었던 것도 성경을 읽다가 영감을 받아서 된 것입니다.

그가 창세기 11장 3절을 읽는데 이런 말이 쓰여 있었습니다. "서로 말하되 자, 벽돌을 만들어 견고히 굽자 하고 이에 벽돌로 돌을 대신하며 역청으로 진흙을 대신하고." 역청은 히브리어 '헤마르' 인데 영어성경에는 '아스팔트' 로 번역이 되어 있습니다. 아스팔트는 휘발유나 석유를 증발시키고 남은 찌꺼기입니다.

록펠러가 이 말씀을 읽을 때 영감이 떠올랐습니다. '얼마나 역청이 많았으면 역청으로 벽돌을 만들었을까? 역청이 많다면 지하에는 석유가 있을 것이다.' 그는 즉시 스탠다드라는 석유 회사에 연락을 해서 이라크, 중동, 옛날 고대의 바벨론 일대를 조사하도록 했습니다. 조사 결과 그곳에는 엄청난 양의 석유가 매장되어 있다는 것이었습니다. 그는 그것 때문에 세계 최고의 부호가 되었습니다.

그는 부자가 되어서 자기만 잘 먹고 잘산 것이 아니라 선한 일을 많이 했습니다. 많은 헌신을 했고 아름다운 교회를 많이 지은 그는 정말 값지게 산 부자였습니다. 그는 98세까지 장수하며 평안을 누렸습니다. 그는 주일이 되면 항상 40분 전에 교회에 도착하여 예배시간을 기다렸다가 제일 앞자리에 앉아 말씀을 받고, 날마다 신문보다 성경을 먼저 읽었습니다. 그리고 90세가 넘어 시력이 약해지자 성경을 잘 읽는 사람을 구하여 날마다 성경을 읽게 하고 그것을 들으면서 마음의 평안을 얻고, 그 삶을 이겨나갔습니다.

적용

1) 오늘 말씀의 주제 파악하기

2) 오늘 말씀 중 은혜 받은 부분 나누기

3) 삶에 구체적으로 적용하기

함께 드리는 기도 제목

1. 살아 계신 하나님의 말씀을 모시고 살게 하소서.
2. 매일 성경을 읽으며 늘 성경을 가까이 하고 즐거워하게 하소서.
3. 말씀대로 순종하며 살아가게 하소서.

제25과

부흥의 이유

✣ **본문** : 사도행전 2장 41-47절
✣ **찬송** : 507장(저 북방 얼음 산과, 통 273장)
✣ **요절** : "날마다 마음을 같이하여 성전에 모이기를 힘쓰고 집에서 떡을 떼며 기쁨과 순전한 마음으로 음식을 먹고 하나님을 찬미하며 또 온 백성에게 칭송을 받으니 주께서 구원받는 사람을 날마다 더하게 하시니라"(사도행전 2:46-47).

오늘 말씀에는 초대 교회의 특징 여러 가지가 나옵니다. 그중에 첫 번째가 제자가 되는 교회였습니다. 베드로가 복음을 전하자 하루에 3천 명이 세례를 받고 예수를 믿고 제자가 되었습니다.

오늘도 예수 믿는 사람들은 많습니다. 그러나 예수 믿는다고 다 제자가 되는 것은 아닙니다. 제자란 스승의 가르침을 따르고 순종하는 사람을 말합니다. 42절을 보면 사도들, 즉 스승의 가르침을 따라 복음을 전하는 자가 되었습니다. 사도의 가르침을 받았다고 했는데 누가 가르침을 받습니까? 내가 부족한 것을 깨닫는 사람이 가르침을 받습니다. 나도 다 안다고 생각하는 사람은 가르침을 받지 않습니다. 그런데 우리는 영적으로 늘 부족한 존재인 것을 깨달아야 합니다. 갈증이 나는 사람이 물을 마십니다. 갈증이 많이 나면 날수록 더 많은 물을 마십니다. 복음의 원리가 그렇습니다. 은혜에 목말라 하는 사람이 더 많은 은혜를 사모하게 됩니다.

초대 교회 성도들이 어떻게 했는지 보십시오. 서로 떡을 떼며 기뻠과 순전한 마음으로 음식을 먹으며 교제했습니다. 오로지 기도하기를 힘썼습니다. 믿는 사람이 다 함께 있었습니다. 물건을 서로 통용하고 서로를 위해 나누어주었습니다. 날마다 마음을 같이하여 성전에 모이기를 힘썼습니다. 하나님을 찬미했습니다. 모든 백성들에게 칭송을 받았습니다. 이럴 때에 하나님께서는 구원받는 사람을 날마다 더하여 주신 것입니다.

1. 우리는 밖에 나가서 복음의 씨를 날마다 뿌려야 합니다.

전도는 하는 사람만 하는 것이 아닙니다. 누구나 다 하는 것이 전도입니다. 아니 더 정확히 말하면, 누구나 반드시 해야 하는 것이 전도입니다. 교회의 본질이 무엇입니까? 교회는 구원받은 공동체입니다. 구원받은 성도들이 그 은혜에 감사하여 예배를 드립니다. 그리고 이 구원을 전파하는 공동체가 교회입니다. 교회의 모든 일의 핵심은 복음 전파입니다. 복음 전하는 일에는 결코 인색해서는 안 됩니다. 복음을 전하는 일은 결코 헛되지 않습니다. "울며 씨를 뿌리는 자는 반드시 그 열매를 기쁨으로 단을 거두리라"고 했습니다.

토머스 선교사는 대동강 유역에 들어와 성경만을 전달하고 순교하였습니다. 성경 전하는 일 외에는 한 일이 없습니다. 그때 그의 나이 겨우 26세였습니다. 칼을 들고 사형을 집행하는 병사 박춘권이라는 사람이 춤을 추는 순간에도 토머스 선교사는 둘러선 사람들에게 부지런히 성경책을 나누어주었습니다. 토머스를 죽인 박춘권은 '이 사람이 왜 죽어가면서도 이 책을 나에게 주려고 했을까?' 궁금한 마음이 들어, 집으로 가는 길에 성경을 주워 읽고 예수를 영접한 후 안주교회의 영수, 곧 오늘날로 말하면 목회자가 되었습니다.

그의 조카 이영태도 예수를 믿고 이후 숭실대학교를 졸업하고 전체 한글 성경의 2/3를 번역하였습니다. 당시 불타는 제너럴 셔먼 호를 구경하던 12세 된 소년 최치량은 토머스가 주는 세 권의 성경을 받고 보관하다 영문주사 박영식에게 주었습니다. 박영식은 이것을 뜯어 자기 집 벽지로 발랐는데, 성경을 뜯어 벽지로 바른 이 집이 평양 최초의 교회인 널다리골 예배당이 되었습니다. 널다리골 예배당은 길선주 목사님이 목회하신 장대현교회입니다. 최치량은 이후 예수를 믿어 이후 강서와 평양의 판동교회를 세웠습니다.

하나님께서 하시는 일은 이처럼 신비롭습니다. 토머스 목사님이 뿌린 복음의 씨앗은 결코 헛되지 않았습니다. 오늘 우리가 그 열매로 이렇게 하나님의 자녀가 되었습니다. 여러분이 전하는 복음의 씨앗은 결코 헛되지 않습니다. 하나님께서 반드시 열매를 허락해 주십니다.

2. 성전에 모이기를 힘써야 합니다.

밖에서는 복음의 씨를 뿌리고, 안으로 성전으로 모여야 합니다. 초대 교회 성도들은 부지런히 성전에 모이기를 힘썼습니다. 그리고 무엇을 했습니까? 사도의 가르침을 받았습니다. 말씀을 받았다는 말입니다. 우리의 마음은 하나님의 말씀을 들어 마음의 밭이 옥토로 변화되어야 합니다. 그러면 더 좋은 열매를 맺습니다. 옥토가 되어야 말씀을 잘 받습니다. 여러분이 듣는 말씀이 꿀같이 달아야 영적으로 건강합니다. 구역 공부를 통해서 말씀을 묵상합니다. 수요 예배도 참석하고, 새벽기도회에도 참석하여 말씀을 듣습니다. 이런 성도가 영적으로 건강합니다. 교회에 모이기를 힘쓰시기 바랍니다. 교회는 여러분의 영혼을 살리는 곳입니다.

초대 교회 성도들은 모여서 기도하기를 힘썼습니다. 말씀과 기도는 떨어지려야 떨어질 수 없는 관계입니다. 말씀을 들으면 하나님과의 관계가 이루어집니다. 말씀을 통해서 하나님의 뜻을 깨닫게 됩니다. 하나님의 말씀하시는 것을 들어야 하나님의 뜻을 깨달을 수 있지 않습니까? 그러면 믿음이 생깁니다. 말씀이 내 안에서 역사하시기 때문에 저절로 믿음이 생깁니다. 교회 부흥은 기도 없이는 안 됩니다. 기도 없이 모여도 다 흩어지게 되어 있습니다.

47절에 "주께서 구원받는 사람을 날마다 더하게 하시니라"고 말씀했습니다. 주께서 더하게 하셨다고 했습니다. 부흥은 사람이 하는 것이 아니라 하나님께서 허락하셔야 되는 일입니다. 그래서 기도가 필요합니다. 그리고 초대 교회 성도들은 모여서 거룩한 교제를 했습니다. 물건도 서로 나누어 썼습니다. 집에서는 기쁨과 순전한 마음으로 식사를 했습니다. 밥을 먹어도 맛이 있고 기쁨이 있어야 합니다. 네 것 내 것 따지지 아니하고 복음 전하는 일을 위해서 서로 힘을 합쳤습니다. 초대 교회 성도들을 본받아 교회에 모이기를 힘쓰시기 바랍니다. 교회는 하나님을 만나는 곳입니다.

3. 부흥하는 교회는 이유가 있습니다.

개그 프로그램에서 한 개그맨이 "일등만 기억하는 더러운 세상, 국가가 나에게 해준 게 뭐가 있어"라는 유행어를 만들어 화제가 되었습니다. 세상은 일등만 기억한다고 술에 취해 늘 이야기합니다. 그런데 우리 예수 믿는 사람들이 늘 기억해야 하는 것이 있습니다. 그것은 하나님은 복음 전하는 사람을 기억하신다는 것입니다. 하나님이 기억하시면 됩니다. 세상에서도 힘 있는 사람이 나를 기억하고 있으면 언젠가 잘 풀릴 일이 있습니다. 그런데 하나님의 기억에 있으면 하나님께서 반드시 귀하게 쓰실 날이 오게 됩니다.

교회가 부흥하는 것은 하나님께서 그 교회를 사용하시겠다는 것입니다. 교회를 통하여 선교도 크게 하고, 사회봉사도 크게 하고, 성도들에게 복 주셔서 교회를 크게 사용하시겠다는 것입니다. 그러므로 부흥하는 교회는 축복의 약속이 있습니다.

우리가 전도하는 방법은 많습니다. 길거리에서, 내가 아는 사람을 만나서 전도할 수도 있습니다. 총동원주일을 통해서 전도할 수도 있습니다. 그런데 모든 전도의 방법은 여러분의 입으로 전해집니다. 그러므로 나가서 불신자들에게 예수님을 전해야 합니다. 그저 한 번씩 예수님을 전한다고 해서 다 예수 믿지 않습니다. 자꾸만 전해야 하고 강권해서 전해야 합니다. 남편에게도 자녀들에게도 강권해야 합니다. '때가 되면 나오겠지' 하고 생각하지 마시기 바랍니다. 복음의 기회가 늘 기다리고 있는 것은 아닙니다. 최선을 다해 열심히 복음을 전하는 성도들이 됩시다.

더 생각해 보기: 말씀 이해를 위한 예화

미국소매상협회(National Retail Goods Association)에 따르면, 세일즈맨이 물건을 판매할 때 48퍼센트가 한 번 전화해보고 포기한다고 합니다. 25퍼센트는 두 번 전화해 보고 포기하고, 5퍼센트는 세 번 전화해 보고 포기한다고 합니다. 이 말은 88퍼센트의 세일즈맨은 전화 두세 번 해 보고 포기한다는 것입니다. 그런데 오직 12퍼센트의 세일즈맨은 아주 끈질기게 전화를 하는데, 놀라운 일은 이 끈질긴 12퍼센트가 전체 상품 판매의 80퍼센트를 차지하더라는 것입니다.

적용

1) 오늘 말씀의 주제 파악하기

2) 오늘 말씀 중 은혜 받은 부분 나누기

3) 삶에 구체적으로 적용하기

함께 드리는 기도 제목

1. 하나님 나라 확장을 위한 복음 전파 사역에 최선을 다하게 하소서.
2. 복음의 씨앗을 뿌려 복음의 열매를 맺게 하소서.
3. 교회가 더욱 더 부흥하여 축복의 약속을 누리는 교회가 되게 하소서.

제26과

휴식이 필요합니다

✣ **본문** : 마가복음 1장 35-39절
✣ **찬송** : 417장(주 예수 넓은 품에, 통 476장)
✣ **요절** : "새벽 아직도 밝기 전에 예수께서 일어나 나가 한적한 곳으로 가사 거기서 기도하시더니"(마가복음 1:35).

사람에게는 휴식이 필요합니다. 하나님께서는 하루 24시간을 정해 주시고 밤을 주셨습니다. 낮에는 힘써 일하고 밤에는 휴식을 취하라는 뜻입니다. 사람은 매일 잠을 충분히 자야 건강한 생활을 할 수 있습니다. 밤에만 휴식을 취하는 것이 아니라 일주일 중에 하루를 주일로 안식하며 하나님께 영광을 돌리라고 하셨습니다. 하나님께서도 6일을 일하시고 하루를 쉬셨습니다. 그리고 이 하루를 거룩하다고 하시고 복을 주셨습니다. 이날을 거룩히 지키라고 하셨습니다.

우리가 주일날 하나님 앞에 나와 예배드리는 것은 하루에 날을 그저 정하여 예배드리는 것이 아닙니다. 하나님께서 안식일을 정하여 거룩하게 지키라고 하셨습니다. 6년을 일하면 1년을 쉬게 하셨습니다. 7년이 7번 되는 해에는 큰 안식년을 주셨습니다. 이때는 빚으로 가져왔던 땅도, 노예까지도 다 돌려보내게 하셨습니다. 또 사람만 쉬는 것이 아닙니다. 짐승도 땅도 쉬어야 한다고 하셨습니다.

한국 교회의 거목인 주남선 목사님은 운명 직전에 "나는 쉬는 것도 주님의 일인 줄 미처 몰랐다" 고 했습니다. 이 말은 열심히 일하는 것이 잘못된 것이 아니라 일을 효과적으로 하기 위해서는 쉼이 필요하다는 뜻입니다.

1. 열심히 일한 사람에게는 휴식이 필요합니다.

오늘 성경을 보면 예수님은 새벽, 아직도 밝기 전에 한적한 곳으로 가셔서 기도하셨습니다. 예수님께서는 혼자 있는 시간이 필요하셨습니다. 예수님에게는 늘 많은 사람들이 몰려들었습니다. 그래서 쉴 틈이 없었습니다. 예수님이 한번 움직이시면 수천 명의 무리가 항상 같이 움직였습니다. 어떤 때는 사람들 때문에 강 위에 배를 띄워 놓고 말씀을 전해야 할 정도였습니다. 그래서 예수님은 복음을 전하기 위해 한적한 곳을 찾아가 쉬셨습니다. 오늘 말씀에도 휴식 이후에 찾아온 제자들에게 '이제 다른 마을로 가서 복음을 전하자 내가 이 일을 위하여 왔노라' 고 말씀하셨습니다.

성경에 나오는 하나님의 일꾼들도 틈이 날 때마다 한적한 곳에 가서 기도하고 성전에 가서 기도를 하며 영적인 재충전을 한 것을 볼 수가 있습니다. 쉴 틈이 없을 때에는 하나님께서 강제로 쉬게 하셨습니다. 회심한 사도 바울을 즉시 사도로 쓰신 것이 아닙니다. 3년 동안 중동지역에서 자신을 돌아보며 하나님과 깊은 교제를 하도록 시간을 주셨습니다. 사도 바울이 로마로 복음을 전하러 갈 때에도 하나님은 풍랑을 보내어 멜리데 섬에서 3개월간 지내게 하셨습니다. 로마에서도 왕의 감옥에서 특별한 대접을 받으며 휴식의 시간을 가질 수가 있었습니다.

엘리야도 그렇습니다. 엘리야는 우상을 섬기는 제사장들과 요부 이세벨과 싸우다 지쳐 로뎀 나무 아래 누워 죽기를 원했습니다. 그때 하나님께서는 천사를 보내 떡과 물을 주시고, 하나님과의 교제를 통해 새로운 힘을 주셨습니다. 복음을 전하기 위해서는 쉼이 필요하다는 것을 아시기 때문에 쉬게 하셨습니다. 일에는 쉼이 필요합니다. 여러분, 열심히 일합시다. 땀이 흐르도록 일한 사람만이 쉴 자격이 있습니다. 주 안에서도 열심히 봉사하시고 하나님께서 허락하시는 위로와 새 힘을 받는 성도들이 됩시다.

2. 새로운 도약을 위해서 휴식이 필요합니다.

나무꾼 둘이 산에서 나무를 하는데 도끼로 큰 나무들을 찍어 넘어뜨립니다. 한 사람은 아침부터 쉬지 않고 열심히 나무를 찍습니다. 한 사람은 50분 일하고 10분 동안을 앉아서 쉽니다. 그런데 나중에 보니 쉬면서 나무를 한 사람이 쉬지 않고 일한 사람보다 더 많은 나무를 넘어뜨렸습니다.

그러자 쉬지 않고 일한 사람이 "아니 어떻게 된 일인가? 나는 쉬지 않고 일하고 자네는 놀면서 일했는데 어떻게 자네가 나보다 더 많은 나무를 쓰러뜨렸나?" 하고 묻습니다. 그러자 대답합니다. "나는 10분 동안 쉬면서 쉬는 동안 도끼날을 갈았네." 나무를 넘어뜨리기 위해서는 도끼의 날이 날카로워야 하므로 이 사람은 도끼의 날을 날카롭게 하여 손쉽게 나무를 넘어뜨린 반면, 쉬지 않고 일한 사람은 무딘 도끼로 나무를 찍느라 힘만 더 들었습니다.

현대인들을 괴롭히는 제일의 질병이 스트레스가 될 것이라고 이야기를 합니다. 수많은 질병들이 스트레스로부터 옵니다. 스트레스란 내 몸에서 싫다는 신호입니다. 정신적으로 스트레스가 올 수도 있고 마음으로 스트레스가 올 수도 있고 영적으로 스트레스가 올 수도 있습니다.

이 스트레스에 대한 대처 방법이 다 다릅니다. 엘리야가 우상을 섬기는 자들과 싸우고 이세벨과 싸우다가 로뎀 나무 아래 누웠을 때에 이 세 가지 스트레스를 함께 받았습니다. 그래서 하나님께서는 물과 빵을 주시고, 위로도 주시고, 감싸도 주시고, 용기도 주셨습니다. 육체적인 스트레스가 올 때에는 쉬어야 합니다.

휴식이 그저 휴식으로 끝난다면 이것은 세상 사람들과 별반 다를 바가 없습니다. 기독교인의 휴식은 영적인 재충전의 기회가 되어야 합니다. 영적인 스트레스가 올 때에는 하나님의 위로를 받아야 합니다. 위로를 받는 방법은 바로 하나님 앞에 엎드리는 것입니다. 그러면 하나님께서 어루만져 주시고 위로와 새 힘을 주십니다. 여러분, 낙심할 때나 힘이 들 때나 하나님께서 주시는 은혜와 위로로 항상 새 힘을 얻는 성도들이 됩시다.

3. 삶에 지치고 힘든 자들은 예수님께로 와야 합니다.

예수님께서는 "수고하고 무거운 짐 진 자들아 다 내게로 오라 내가 너희를 쉬게 하리라 나는 마음이 온유하고 겸손하니 나의 멍에를 메고 내게 배우라 그러면 너희 마음이 쉼을 얻으리니 내 멍에는 쉽고 내 짐은 가벼움이라"(마 11:28-30)고 하셨습니다. 예수님의 멍에는 쉽고 가볍다고 했습니다. 멍에는 소나 나귀의 등에 올려놓는 것인데, 이 멍에가 잘 맞아야 짐승이 힘을 쓸 수가 있습니다. 그런데 예수님의 멍에는 우리와 딱 맞습니다.

왜 삶에 지치고 힘이 듭니까? 멍에가 맞지 않아서입니다. 멍에가 맞지 않아 스트레스를 받으니까 힘이 들고 지칩니다. 성경에는 다른 짐승과 멍에를 같이 메지 못하게 하셨습니다. 소와 나귀가 함께 멍에를 메면 소는 힘이 세고 나귀는 약하기 때문에 균형이 깨지기 때문입니다.

그러나 예수님의 멍에를 함께 메면 여러분과 딱 맞습니다. 믿음의 사람들은 긍정적이고 낙천적이어야 합니다. 그래서 성경은 "항상 기뻐하라 쉬지 말고 기도하라 범사에 감사하라"고 했습니다. 항상 기뻐하는 사람은 기뻐할 일이 생깁니다. 쉬지 않고 기도하는 사람은 기도의 능력을 받아 문제가 해결이 됩니다. 범사에 감사하는 사람은 하나님께서 기뻐하시므로 감사의 내용들이 많아집니다.

현대는 스트레스가 참 많은 시대입니다. 여러 모양으로 지치게 만들고 병들게 만듭니다. 영적으로 상처를 받고, 육적으로 병이 듭니다. 그래서 휴식이 필요합니다. 그때에 주님께 나오시기 바랍니다. 그러면 여러분을 편히 쉬게 하십니다. 세상이 줄 수 없는 참 평안을 주십니다. 주님이 주시는 위로와 능력을 받아 매주일 항상 새 힘으로 세상에 나가는 성도들이 됩시다.

더 생각해 보기: 말씀 이해를 위한 예화

유럽 어느 시골 장터에 먼지 쌓이고 줄은 풀어지고 낡아빠진 바이올린 하나를 땅바닥에 놓고 "바이올린 사 가세요, 바이올린 사 가세요" 외치는 소년이 있었습니다. 한 사람이 1마르크에 사겠다고 했습니다. 다른 사람은 2마르크에 사겠다고 했습니다. 세 번째 사람이 3마르크에 사겠다고 했습니다. 그리고는 더 이상 값을 내겠다는 사람이 없었습니다.

그때 한 노인이 앞으로 나서더니 그 낡은 바이올린을 손에 들었습니다. 구석구석 쌓인 먼지를 털어내고 풀어진 줄을 꼼꼼히 조율했습니다. 그리고 한 곡을 감동스럽게 연주했습니다. 그리고 그는 주머니 속에서 깨끗한 수건 한 장을 꺼내 땅바닥에 깔고 그 위에 바이올린을 올려놓았습니다. 그 자리에서 바이올린이 3천 마르크에 팔려 새 주인을 만나게 되었습니다.

우리의 인생도 마찬가지입니다. 우리는 쉼을 통해 하나님을 깊이 만나는 시간을 가지고 흐트러진 믿음의 줄, 찬송의 줄을 조율해야 합니다. 그때에 감동적인 연주를 할 수 있게 됩니다.

적용

1) 오늘 말씀의 주제 파악하기

---

2) 오늘 말씀 중 은혜 받은 부분 나누기

---

3) 삶에 구체적으로 적용하기

함께 드리는 기도 제목

1. 주 안에서 열심히 봉사하여 하나님께서 허락하시는 위로와 힘을 얻게 하소서.
2. 영적 쉼을 통해 새로운 도약을 할 수 있도록 인도하소서.
3. 주님께 나와 주님이 주시는 위로와 능력을 받게 하소서.

7월

제27과 ......

아홉은 어디 있느냐?
(맥추감사주일)

✣ **본문** : 누가복음 17장 17-19절
✣ **찬송** : 569장(선한 목자 되신 우리 주, 통442장)
✣ **요절** : "예수께서 대답하여 이르시되 열 사람이 다 깨끗함을 받지 아니하였느냐 그 아홉은 어디 있느냐"(누가복음 17:17).

예수님께서 마지막으로 예루살렘으로 가는 길이었습니다. 이제 예수님께서는 공생애의 마지막 때가 되어 다시는 이 길로 오실 수가 없었습니다. 그러니까 사람들이 예수님의 은혜를 입을 수 있는 마지막 기회였습니다.

오늘 예수님께서 예루살렘으로 올라가실 때 나병 환자 열 명이 예수님께 나왔습니다. 나병 환자들은 지금이 은혜 받을 기회요, 이 기회를 놓치면 다시는 그 기회가 없을 줄로 알고 목숨을 걸고 예수님께 나왔습니다.

1. 먼저 죄의 문제를 해결해야 합니다.

우리는 신앙생활을 하면서 '언제든지 은혜 받을 수 있겠지? 지금 못 받으면 나중에 받으면 되겠지? 나중에 신앙생활 잘하면 되겠지?' 라고 생각합니다. 그러나 은혜 받을 기회가 늘 있는 것은 아닙니다.

은혜는 기회를 주실 때에 즉시 받아야 합니다. 이 세상에 찾아오는 기회들이 늘 있는 것이 아닙니다. 그래서 '그때 그 기회를 놓치지 않았어야 하는 건데' 하며 후회하게 됩니다. 사탄 마귀는 은혜 받을 기회를 놓치게 만듭니다. '다음에 하면 되지' 라고 생각하게 합니다. 그러나 은혜는 지금, 즉시 받아야 합니다.

본문에 나오는 나병은 한센이라는 사람이 나병의 균을 발견하였기 때문에 요즘은 '한센병' 이라 부릅니다. 나병은 옛날이나 지금이나 죽음의 병입니다. 몸의 피부가 썩어 들어가 입술과 코가 떨어져 나가고 관절을 녹여 손가락 발가락이 떨어져 나가게 하는 무서운 병입니다. 더 무서운 것은 다른 질병은 고통스러울 때에 함께 하는 가족들이 있고 위로해 주는 사람들이 있지만 나병은 일단 발병하기만 하면 남편도 아내도 떠나가고 가족도 떠나가서 정든 사람들과 함께 살아갈 수 없는 무서운 병이라는 것입니다.

예수님 당시 사람들은 나병이 죄를 지어 하나님께서 내린 병이라 생각했습니다. 나병환자는 사람들과 떨어져 성 밖에 살아야 했고, 사람들에게 가까이 갈 수도 없었습니다. 구걸을 하러 성에 가도 멀리서 사람들이 놓고 가는 빵덩어리를 주워다 먹어야 했습니다. 이들이 다시 살 수 있는 길은 기적적으로 나병이 나아서 제사장에게 가서 확인을 받고 예물을 드리는 방법뿐이었습니다.

나병은 죄와 유사성이 많습니다. 나병은 오랜 잠복기간을 거쳐 몸에 발병을 합니다. 죄도 인간의 속에 들어가 서서히 사람을 죄의 늪으로 끌고 갑니다. 나병의 증상을 보면 몸에 헌데가 나고 부스럼이 생깁니다. 그러나 그 부스럼이 죽음의 질병의 시작입니다. 죄도 처음에는 아주 작은 것에서 시작합니다. '이 정도쯤이야' 하고 생각하지만 그 죄와 단절하지 않으면 점점 무서운 죄로 우리를 끌고 갑니다. 나병에 걸리면 점점 감각이 없어집니다. 죄도 우리의 양심을 마비시키고 죄를 지어도 짓는 줄 모르게 만듭니다.

나병은 전염병입니다. 함께 있는 사람들이 나병에 전염이 됩니다. 죄도 전염성이 강합니다. 죄짓는 사람들과 함께 하면 나도 죄짓는 사람이 되고 맙니다. 나병에 걸리면 사람들과 멀어지게 됩니다. 죄도 그렇습니다. 남편에게 죄를 지으면 남편과 멀어집니다. 아내에게 죄를 지으면 아내와 자꾸만 멀어집니다. 나병에 걸리면 사람들과 함께 살 수 없습니다. 죄도 하나님과 가까이 할 수 없도록 만듭니다.

나병에 걸리면 온몸이 썩어 들어가고, 나중에는 눈이 멀고 죽음에 이르게 됩니다. 죄도 그 삯이 사망이라 했습니다. 죄도 그 문제를 해결하지 못하면 영원한 멸망에 이르게 됩니다. 그러므로 우리는 인생의 나병인 죄의 문제를 반드시 해결해야만 합니다.

2. 믿음의 기도를 드려야 합니다.

오늘 말씀의 배경을 보면, 열 명의 나병 환자가 나오는데 아홉은 유대인이요 한 명은 사마리아인입니다. 유대인과 사마리아인은 서로 원수가 되어서 상종도 하지 않는데 이들은 함께 다녔습니다. 나병이라는 무서운 질병이 이들을 그렇게 만들었습니다. 나병 환자가 되고 나니 그토록 대단하게 생각했던 유대인도 소용이 없었다는 말입니다. 우리는 쓸데없는 것을 추구하기 위해 인생을 허비할 때가 많습니다. 명예라는 것도 대단한 것이 아닙니다.

오늘 성경에 나오는 나병 환자들도 이전에는 유대인임을 자랑스럽게 생각하고 살았으나, 몹쓸 나병에 걸리고 나니 그 모든 것이 쓸데없어졌습니다. 그래서 사마리아인과 함께 어울려 구걸하며 살았습니다. 그런데 이들에게 복된 소식이 들려왔습니다. “예수님은 모든 질병을 다 고쳐 주신다더라. 예수님은 죽은 자도 살리신다더라. 예수님은 사람들이 멸시하는 세리나 창녀도 만나 주시고 친구가 되어 주신 다더라" 하는 소식을 듣게 되었습니다. 그렇습니다. 복음은 누구에게나 복된 소식입니다.

유대인이라고 해서 예수님께 나올 수 있는 것이 아닙니다. 우리의 조건으로는 단 한 사람도 예수님을 만날 수가 없습니다. 여러분은 우리의 친구가 되어 주시는 예수님의 소식을 듣고 예수님께 나온 복된 사람들입니다.

이들이 예수님께서 갈릴리와 사마리아로 예수님이 지나가신다는 소문을 듣게 되었습니다. 이들에게는 다시 찾아올 수 없는 기회요 은혜 받을 기회였습니다. 나병 환자들은 멀리서서 소리를 높여 이르되 "예수 선생님이여, 우리를 불쌍히 여기소서"라고 함께 외쳤습니다.

이것은 나병 환자들이 드린 기도입니다. 통성으로 기도한 것입니다. 오늘도 우리가 주님을 부를 때에는 "주님 나를 불쌍히 여기소서"라고 기도해야 합니다. 기도는 낮은 자만이 드릴 수가 있습니다. 기도는 자신이 주님의 긍휼을 입어야 되는 자임을 깨달은 자만이 진정한 기도를 드릴 수가 있습니다. "하나님, 나를 불쌍히 여기소서" 하는 것이 기도입니다. 여러분은 기도할 때마다 "주님, 나를 불쌍히 여기시고 긍휼을 베풀어 주시옵소서" 하는 낮은 자세로 기도할 수 있기를 바랍니다.

예수님은 이들의 기도를 들으셨습니다. 그래서 이들에게 "너희는 가서 제사장에게 너희의 몸을 보이라"고 하셨습니다. 너희가 나은 줄로 믿고 제사장에게 가라는 것입니다. 성경을 자세히 살펴보면 이들이 지금 나은 것은 아닙니다. 이들은 가다가 깨끗함을 입었습니다. 예수님은 믿고 가라는 것입니다. 이들이 제사장에게로 갔다가는 큰일이 납니다. 가다가 사람들에게 돌에 맞아 죽습니다. 그런데 이들이 어떻게 했습니까? 모두가 함께 제사장에게로 갔습니다. 가다가 나음을 입었습니다. 이래 죽으나 저래 죽으나 마찬가지니 결사적인 각오로 나아갔습니다.

기도는 믿음입니다. 기도한 대로 이루어질 줄로 믿고 오늘 나병 환자들과 같이 목숨을 걸고 나아가는 것이 믿음입니다. 그럴 때 하나님은 응답하시기를 기뻐하십니다. 믿음으로 구하여 응답받는 성도들이 됩시다.

3. 감사는 더 큰 감사를 낳습니다.

이들 나병 환자가 믿음으로 제사장에게 가다가 모두가 나음을 입었습니다. 얼마나 기쁘겠습니까? 나은 몸을 보는 순간 아내가 생각나고 자식들이 생각났을 것입니다. 이 기쁜 소식을 전하기 위해 제사장에게 보인 후 단숨에 집으로 달려갔을 것입니다. 성경에는 나타나 있지 않지만 이들이 불평한 것이 아닙니다. 모두가 감사한 마음이 있었을 것입니다. 그런데 성경에 나오는 단 한 사람, 사마리아 사람과 어떤 차이가 있습니까? 사마리아 사람은 집으로 달려간 것이 아니라 예수님께로 달려왔습니다. 하나님께 영광을 돌리며 달려왔습니다.

사마리아 사람은 주의 전에 나와 감사하는 사람이었다는 것이 나머지 아홉과 다릅니다. 예수님께서는 "그 아홉은 어디 있느냐?" 라고 물으셨습니다. 이 질문은 아홉이 어디 갔는지 몰라서 물으시는 것이 아닙니다. "왜 아홉은 감사하지 않느냐?" 하시는 것입니다. 우리는 하나님의 은혜를 입고도 감사하지 않을 때가 많습니다. 정신없이 살다 보니 세상에 정신이 팔려, 하나님께 마땅히 드려야 할 영광도 감사도 잊어버리고 사는 때가 많이 있습니다. 예수님은 바로 이 점을 지적하고 계십니다. 주님께서 각자에게 주신 감사를 헤아려 보시기 바랍니다. 그리고 진정한 감사의 마음으로 주님 앞에 나오시기 바랍니다.

신앙생활하면서도 감사를 잊어버리고 사는 사람들이 있습니다. 지금 매 주일 하나님의 말씀을 들을 수 있고 그 말씀 때문에 무서운 사탄이 나를 끌고 가지 못하는 것을 깨닫지 못하면, 감사를 잃어버리고 불평이 입에서 나오는 것입니다. 사방을 살펴보면 도처에 감사한 것이 많습니다. 남편이 감사하고 아내가 감사합니다.

우리는 날마다 살아갈 수 있는 것을 감사해야 합니다. 감사는 더 큰 감사를 낳습니다. 감사는 감사의 씨앗을 뿌리는 것입니다. 그러면 감사의 열매가 맺힐 것입니다. 여러분의 마음을 감사로 채우는 성도들이 됩시다.

더 생각해 보기: 말씀 이해를 위한 예화

어느 시골 교회의 장로님이 여름 땡볕 아래서 배추밭을 매고 있었습니다. 여름 햇볕은 뜨겁고 잡초는 끝도 없이 이어지고……. 갑자기 짜증스런 마음이 생기더랍니다. 그때 사탄이 나타나 그를 유혹합니다. “김 장로야, 이래도 범사에 감사할 수 있나?” 장로님은 사탄마귀의 유혹을 이겨내려고 한참을 생각하다가 이렇게 감사했습니다. “하나님, 감사합니다. 이 많은 잡초가 메뚜기처럼 이리저리 뛰어 다니지 않고 한 자리에 있어서 제가 단번에 뽑을 수 있도록 하시니 정말 감사합니다.” 그러자 사탄이 슬그머니 사라져버리더랍니다. 감사하면 사탄이 물러갑니다.

적용

1) 오늘 말씀의 주제 파악하기

2) 오늘 말씀 중 은혜 받은 부분 나누기

3) 삶에 구체적으로 적용하기

함께 드리는 기도 제목

1. 신앙생활을 통해 죄의 문제를 해결하게 하소서.
2. 기도한 대로 이루어질 줄 믿고 간절하게 기도하는 기도의 사람이 되게 하소서.
3. 감사를 잊어버리지 않고 감사의 열매를 많이 맺게 하소서.

제28과

사는 길과 죽는 길

✣ **본문** : 에스겔 33장 1-6절
✣ **찬송** : 503장(세상 모두 사랑 없어, 통 373장)
✣ **요절** : "그러나 칼이 임함을 파수꾼이 보고도 나팔을 불지 아니하여 백성에게 경고하지 아니하므로 그중의 한 사람이 그 임하는 칼에 제거당하면 그는 자기 죄악으로 말미암아 제거되려니와 그 죄는 내가 파수꾼의 손에서 찾으리라"(에스겔 33:6).

성경에는 복음서가 네 개 있습니다. 마태, 마가, 누가, 요한복음입니다. 이것을 가리켜 4복음서라고 합니다. 복음이라는 말은 복된 소식, 즉 죽음에서 생명으로 인도하는 복된 소식이라는 말입니다.

성경에는 훌륭한 말씀들이 많이 있지만 다른 성경에는 복음이란 말을 붙이지 않습니다. 창세기복음, 혹은 로마복음이라고 하지 않습니다. 예수님의 삶이 기록된 4복음서만을 복음이라고 하는 것은 예수님이 바로 복음이기 때문입니다. 예수 그리스도의 십자가의 보혈로 생명의 길을 보여주셨습니다. 인생의 길에는 두 가지가 있습니다. 사는 길과 죽는 길, 곧 생명의 길과 죽음의 길입니다. 이 두 가지 길 외에는 다른 길이 없습니다. 누구든지 인생의 자정을 맞이하면 이 두 길 중에 하나를 열고 들어가야만 합니다.

1. 죽음의 길을 벗어나 생명의 길로 나아가야 합니다.

사람들은 이 세상에 사는 동안에는 죽음을 두려워합니다. 그것은 죽음 뒤의 일을 알지 못하기 때문입니다. 임종 심방을 하다 보면, 믿는다고 해서 모두 다 죽음을 담담하게 맞이하는 것은 아닙니다. 죽음을 두려워하는 사람도 있습니다. 왜 두려운 마음이 생깁니까? 그것은 죄 때문에 그렇습니다. 죄가 있으면 죽음 앞에 두려워하게 되어 있습니다. 그런데 우리 인간은 누구나 다 죄를 짓게 되어 있습니다. 살면 살수록 더 많은 죄를 짓게 되어 있습니다.

믿음의 사람도 다 죄를 짓습니다. 그럼에도 믿음의 사람들은 죽음 앞에 용감합니다. 왜냐하면 예수님이 그 모든 죄를 사해 주셨음을 믿기 때문입니다. "그러므로 이제 그리스도 예수 안에 있는 자에게는 결코 정죄함이 없나니 이는 그리스도 예수 안에 있는 생명의 성령의 법이 죄와 사망의 법에서 너를 해방하였음이라"(롬 8:1-2). 그리스도 예수 안에 있는 자에게는 결코 정죄함이 없습니다.

신자와 불신자의 차이점이 무엇입니까? 신자는 죽음의 길을 벗어나서 생명의 길로 가고 있는 사람입니다. 그러나 불신자는 죽음의 길로 나아가고 있는 사람입니다. "죽음의 길을 벗어나서 예수께로 나갑니다. 영원한 집을 바라보고 주께로 갑니다. 멸망의 포구 헤어 나와 평화의 나라 다다라서 영광의 주를 뵈오려고 주께로 갑니다"(찬송가 272장 4절). 우리는 죽음의 길을 벗어나 생명의 길로 나아가는 사람들입니다.

2. 파수꾼의 사명을 잘 감당해야 합니다.

본문의 말씀은 파수꾼에게 주시는 사명의 말씀입니다. 하나님께서는 에스겔을 파수꾼으로 삼고, "내 입의 말을 듣고 나를 대신하여 그들을 경고하라"고 말씀하십니다. 그 경고의 구체적인 말씀이 오늘 본문의 말씀입니다. 파수꾼이란 전쟁 시에 아군이 다 잠들어 있는 동안에도 깨어서 적을 살피고, 만약에 이상이 있으면 아군을 깨워 피해를 입지 않도록 하는 의무를 지닌 사람입니다. 다른 사람들은 모두 파수꾼을 믿고 전쟁터에서도 안심하고 잠을 잘 수 있습니다.

군대에서 훈련받다 졸 수도 있습니다. 심지어 기합을 받다가도 졸 수가 있습니다. 그런데 졸아서는 안 되는 때가 언제입니까? 보초 서는 때입니다. 즉 파수꾼의 역할을 맡았을 때는 졸면 안 됩니다. 그래서 이때 졸다가 지휘관에게 적발되어 영창에 가는 사람들도 가끔씩 있습니다. 파수꾼이 졸면 큰 문제가 일어나기 때문입니다. 2차 세계대전 당시 일본이 진주만을 공격할 때 파수꾼이 제 몫을 하지 못했습니다. 견습병의 레이더 보고를 받은 지휘관들도 술에 취해 있었습니다. 그래서 어떻게 되었습니까? 불과 10여 분만에 함대가 전멸하고 수병들 수천 명이 죽음을 당했습니다. 파수꾼이 자기의 역할을 못했기 때문입니다.

3. 이 시대의 파수꾼의 사명은 복음 전파의 사명입니다.

하나님께서는 우리를 파수꾼으로 세워 주셨습니다. 그래서 우리는 졸면 안 됩니다. 영적인 잠에 빠지면 안 됩니다. 파수꾼이 할 일이 무엇입니까? 하나님의 말씀을 듣고 가서 전하는 것입니다. 죽는 길에서 돌이키라는 것입니다. 까마득한 절벽이 앞에 있는데 사람들이 그 절벽을 향하여 걸어가고 있다면 어떻게 하시겠습니까? 남의 일이니까 그냥 두시겠습니까? 그 사람들이 여러분의 형제나 이웃 사람이면 어떻게 하겠습니까? 따라가서 붙잡지 않겠습니까? 그래도 듣지 않고 앞으로 걸어가는 사람이 있다면 팔을 비틀어 꺾어서라도 데리고 오지 않겠습니까?

여러분의 형제가, 여러분의 이웃이 죽음의 길로 걸어가고 있다면 어떻게 해야 합니까? 그들이 돌이키게 해야 합니다. 이들이 죽는 길에서 돌이키는 약이 무엇입니까? 하나님의 말씀입니다. 죽음의 길에서 돌이키는 방법은 하나님의 말씀을 듣고 돌이키는 것, 곧 회개하는 것입니다. 여러분이 하나님의 전에 나와 말씀을 듣는 것 이것이 별것 아닌 것 같지만 이 말씀이 여러분을 살리는 가장 귀한 선물입니다.

하나님께서는 악인이 죽는 것을 기뻐하지 않으신다고 했습니다. 이들이 돌이키는 것을 기뻐하신다고 했습니다. 무슨 뜻입니까? 죽음의 길로 가던 한 생명이 주님의 품으로 돌아오면 더 기뻐하신다는 말입니다. 본문 6절 말씀을 보시기 바랍니다. "그러나 칼이 임함을 파수꾼이 보고도 나팔을 불지 아니하여 백성에게 경고하지 아니하므로 그중의 한 사람이 그 임하는 칼에 제거당하면 그는 자기 죄악으로 말미암아 제거되려니와 그 죄는 내가 파수꾼의 손에서 찾으리라."

복음을 알지 못하여 죽는 길로 가는 사람에게 네가 복음을 전하여도 그가 그냥 가서 죽으면 그는 자기 죄악 중에 죽을 것이지만, 네가 만약 전하지 아니하여 죽으면 그 죄는 파수꾼의 손에서 찾으리라고 말씀하십니다. 이것이 바로 파수꾼의 사명입니다. 파수꾼에게는 잘못된 것을 보고 외쳐야 하는 사명이 있습니다. 하나님께서는 우리를 파수꾼으로 세우셨습니다. 그래서 이 땅의 죽어가는 심령들을 향하여 계속 그 길로 가면 죽는다는 것을 전하라고 하십니다. 하나님의 말씀을 듣고 가서 돌아오라 전하는 것입니다.

우리 앞에는 죽는 길과 사는 길이 놓여 있습니다. 배고픈 사람에게 빵을 주는 일은 좋은 일입니다. 추위에 떨고 있는 사람에게 옷을 주는 일도 좋은 일입니다. 그러나 최고의 일은 죽음의 길로 가는 사람들에게 사는 길을 알려 주는 것입니다. 이것이 복음을 전하는 일입니다. 주님을 알지 못하는 이들에게 가서 말씀을 전하여 이들을 사는 길로 인도하고 하나님께 큰 기쁨을 드리는 성도들이 됩시다.

더 생각해 보기: 말씀 이해를 위한 예화

바클레이 목사님에게 한 불신 친구가 있었는데, 목사님은 이 친구를 구원시키기 위하여 많은 애를 썼습니다. 그러나 이 친구는 도무지 믿으려 하지 않았습니다. "더 이상 전도하지 말고, 자네나 잘 믿고 잘 살고 천국 가게" 하면서 비웃었습니다.

이 목사님은 그 친구를 찾아가 마지막으로 한 가지 부탁을 들어준다는 허락을 받고 이렇게 말했습니다. "자네는 오늘 밤 잠자리에 들기 전에 종이에 이렇게 써 보게나. '오늘 밤 내가 죽는다면 나는 반드시 지옥에 간다' 라고 말일세." 이 친구는 "그것은 어렵지 않은 일이니 오늘 밤 그리 하겠네" 라고 약속을 한 후에 그날 밤 자기 전에 종이에 쓰기 시작하였습니다.

"오늘 밤 내가 죽는다면……." 이렇게 쓰고 있으니 어쩐지 기분이 이상해지는 것이었습니다. 갑자기 두려운 마음이 생겼습니다. 진짜로 죽으면 어쩌나 겁도 났습니다. 그러나 마음을 가다듬고 "나는 반드시 지옥에 간다" 라고 써버렸습니다. 그때 그의 마음속에서 "이것이 사실이다" 라는 생각이 일어났습니다. "그렇다. 내가 지금 죽는다면 반드시 지옥에 간다. 이것이 틀림없는 사실이다" 라고 생각했습니다.

그는 그날 밤 한숨도 자지 못하고 커다란 공포 속에서 괴로워하였습니다. 한밤을 고통 속에 있었습니다. 하나님이 없다고 고집하던 그가 하나님께 부르짖으며 기도하게 되었습니다. 마침내 그는 예수를 믿고 구원받았습니다.

적용

1) 오늘 말씀의 주제 파악하기

____

____

____

2) 오늘 말씀 중 은혜 받은 부분 나누기

____

____

____

3) 삶에 구체적으로 적용하기

____

____

____

함께 드리는 기도 제목

1. 생명의 길로 나아가는 믿음의 사람이 되게 하소서.
2. 파수꾼의 사명을 잘 감당할 수 있게 하소서.
3. 복음 전파의 사명을 잘 감당하는 이 시대의 파수꾼이 되게 하소서.

제29과 ••••••

불가능의 강을 건너라

✣ **본문** : 여호수아 3장 9–17절
✣ **찬송** : 352장(십자가 군병들아, 통 390장)
✣ **요절** : "여호와의 언약궤를 멘 제사장들은 요단 가운데 마른 땅에 굳게 섰고 그 모든 백성이 요단을 건너기를 마칠 때까지 모든 이스라엘은 그 마른 땅으로 건너갔더라"(여호수아 3:17).

이스라엘 백성들이 40년간의 광야 생활을 정산하고 이제 가나안 땅으로 막 들어가려는 입구에서 큰 문제를 만나게 됩니다. 저기 강 건너에 가나안 땅이 보이지만 지금 이스라엘 백성 앞에는 넘실대는 요단 강물이 흐르고 있습니다. 시기적으로도 4~5월경입니다. 4~5월경이라는 말은 강의 물이 가장 많은 우기임을 의미합니다. 다시 말하면 요단 강을 건너갈 수 없다는 말입니다. 불가능의 강이라는 말입니다.

오늘도 우리의 삶에는 건너가기 힘든 불가능의 강이 있습니다. 이 불가능의 강 때문에 근심도 하고 좌절하는 것이 인생입니다.

오늘 말씀을 보면 이스라엘 백성들이 하나님의 언약궤를 따라갔습니다. 여호수아는 이스라엘 백성들에게 부탁하기를, 지금부터 너희의 눈은 레위 지파의 제사장들이 메고 가는 언약궤를 바라보라고 말씀합니다. 언약궤에는 하나님의 말씀이 들어 있습니다. 이스라엘 백성들은 하나님의 말씀을 바라보며 행진하고 있습니다.

1. 하나님에 대한 경외심을 가져야 합니다.

언약궤는 하나님의 임재의 상징입니다. 그래서 너무 가까이 가지도 말고 너무 멀리 떨어지지도 않아야 합니다. 가까이 하는 것이 좋은 것도 있지만 어느 정도 거리를 유지하는 것이 좋은 것도 있습니다. 마찬가지로 여러분이 주의 종과 너무 멀리 있어도 안 되지만 너무 가까이서 보는 것 역시 좋지 않습니다. 인간적인 약점을 보게 되면 그만 그 약점 때문에 하나님의 말씀을 전하는 통로인 주의 종의 말씀을 말씀으로 듣지 못하게 되기 때문입니다.

엘리 제사장의 두 아들은 늘 성전에서 살았기에 성전에 대한 경외심을 잊어버렸습니다. 늘 보는 제사 물건에 손을 대었다가 그만 온 집안이 불행한 최후를 맞이하게 되었습니다. 사무엘은 성전에 살면서 복을 받았는데 엘리의 아들들은 불행하게 되었습니다.

하나님께는 더 가까이 갈수록 좋습니다. 하나님은 완전하신 분이시기 때문에 가까이 갈수록 더 좋습니다. 그러나 하나님께 대한 두려움과 경외심을 잃어버리면 안 됩니다. 오늘 말씀은 하나님의 언약궤에 대한 경외심을 잃지 않도록 하기 위하여 일정한 거리를 두라고 하셨습니다.

2. 어떠한 일을 만나더라도 하나님의 말씀에서 눈을 떼면 안 됩니다.

백성들은 앞서서 나가는 언약궤를 바라보며 따라가게 되었습니다. 이것이 참으로 중요합니다. 신앙에 있어서 간격이라는 것은 참 중요합니다. 하나님과 거리를 어떻게 유지하느냐 하는 것입니다. 내 생각이 하나님의 말씀을 앞질러 나아가도 안 됩니다. 또한 하나님의 말씀과 너무 멀리 떨어져 말씀을 잊어도 안 됩니다. 신앙생활은 이 관계를 잘해야 합니다.

세상이 아무리 변해도 믿음의 사람들은 내 생각이 기도나 말씀보다 앞서면 안 됩니다. 하나님께서 가나안 땅을 주시기 직전에 언약궤와 일정한 간격을 유지하고 뒤에서 따라오라는 것은 말씀과의 관계를 올바로 가지라는 것입니다. 우리가 내 힘으로 살고, 내 생각으로 살고, 내 능력으로 살고, 내 물질로 살려고 할 때에 풍랑을 만나고 시험에 빠지게 됩니다. 하나님께서는 우리를 약하게 만드셨습니다. 병이 나게도 만드시고 넘어지게도 만드셨습니다. 왜요? 하나님의 말씀을 의지하게 하시기 위해서입니다. 그래서 말씀을 바라보아야 합니다. 말씀을 바라보고 따라갈 때에 하나님의 능력이 함께 하십니다. 반석에서 샘물이 솟아나고, 불속에서도 지켜 주시는 은혜를 입는 줄로 믿습니다.

"여호수아가 이스라엘 자손에게 이르되 이리 와서 너희의 하나님 여호와의 말씀을 들으라 하고 또 말하되 살아 계신 하나님이 너희 가운데에 계시사 가나안 족속과 헷 족속과 히위 족속과 브리스 족속과 기르가스 족속과 아모리 족속과 여부스 족속을 너희 앞에서 반드시 쫓아내실 줄을 이것으로서 너희가 알리라"(9-10절).

여호수아는 이스라엘 백성들에게 믿음으로 선포합니다. 이리 와서 너희의 하나님 여호와의 말씀을 들으라는 것입니다. 말씀을 들을 때에 하나님이 우리 안에 계신 것도 깨닫게 됩니다. 하나님이 우리 안에 계시면 불가능의 강을 건너는 일이 일어납니다.

여호수아는 "너희 앞에 놓인 불가능해 보이는 요단 강, 이 불가능을 가능케 하시는 하나님의 역사를 통해서 앞으로 너희 가운데 일어날 일을 알게 될 것이다. 우리 가운데 계시는 하나님을 너희가 믿게 될 것이다"라고 선포합니다.

인간이 "내 힘으로 할 수 없습니다"라고 고백하는 순간이 하나님의 시작입니다. 내 힘으로는 할 수 없습니다. 그러나 하나님께서 말씀하시니 내가 하겠습니다. 이러한 순종이 있기까지 하나님은 여러분을 훈련시키십니다.

이스라엘 백성들을 광야 40년 동안 훈련시키신 것이 무엇입니까? 순종을 훈련시키셨습니다. 뜨거운 광야에서 구름이 움직이지 않으면 그저 서 있는 것입니다. 일주일이든 한 달이든 서 있는 것입니다. 하나님이 가라고 하셔야 가는 것입니다. 그리고 구름기둥이 계속 움직이면 힘들어도 따라가야 합니다. 밤을 새워 졸면서도 따라가는 것입니다. 내가 힘들다고 멈출 수 있는 것이 아닙니다. 불기둥이 움직이면 밤새도록 걷는 것입니다.

하나님께서 왜 이런 훈련을 시키십니까? 너희가 하는 것이 아니다, 말씀대로 순종해야 산다는 것을 가르치십니다. 여러분, 아직도 내 힘으로 무엇을 할 수 있다고 생각하십니까? 내 계획으로 어떤 일을 꿈꾸고 있다면 여기에 믿음이 자리 잡지를 못합니다. 하나님의 언약궤를 따라 이스라엘 백성들이 걸어갔던 것처럼, 오늘도 말씀하시는 살아 계신 하나님의 말씀을 따라 그 말씀에 순종하며 따라갑시다.

3. 끝까지 순종할 때 최후의 승리를 얻습니다.

"여호와의 언약궤를 멘 제사장들은 요단 가운데 마른 땅에 굳게 섰고 그 모든 백성이 요단을 건너기를 마칠 때까지 모든 이스라엘은 그 마른 땅으로 건너갔더라"(17절)

제사장들은 법궤를 메고 요단 강 복판에 서서 백성들이 다 지나갈 때까지 요단 강물을 막고 있었습니다. 제사장들은 믿음으로 앞장서 요단 강물에 들어가 요단 강이 열리는 체험을 이스라엘 백성들에게 주었고, 이어서 백성들이 다 지나가기까지 넘실거리는 요단 강물 속에서 법궤를 메고 서 있었습니다. 옆에 출렁이는 물결을 보며 두렵기도 하고, 나이가 든 사람들이었기 때문에 피곤하기도 했을 것입니다. 200만 명이 지나가는 길이 얼마나 많이 걸렸겠습니까? 그러나 그들은 먼저 강둑에 올라가 쉬지 않았습니다. 끝까지 변함없이 여호수아의 지시에 순종했습니다.

오늘날 많은 교회들이 믿음으로 살지 못합니다. 하나님의 일은 크든지 작든지 믿음으로 해야 하나님의 일입니다. 그런데 믿음이 아니라 세상적인 방법으로 자꾸만 일하려고 합니다. 왜 그렇습니까? 믿음으로 그 자리에 끝까지 서 있어야 할 사람들이 이미 다 먼저 지나가버렸기 때문입니다. 믿음으로 시작했으면 마지막도 믿음으로 끝내야 합니다. 강을 지나는 이스라엘 백성들은 하나님의 언약궤를 메고 강바닥에 서 있는 나이 많은 제사장들을 바라보면서 많은 감동을 받았고, 은혜를 누렸을 것입니다. 이것이 이스라엘의 200만 무리가 함께 승리한 비결입니다.

여러분과 축복 사이에 불가능의 강이 흐르고 있습니다. 하나님과 여러분 사이를 방해하는 세력들이 흐르고 있습니다. 우리는 그 강을 건너가야 합니다. 문제는 하나님께 있는 것이 아니라 우리에게 있습니다. 문제 없는 가정, 문제 없는 나라, 문제 없는 사람, 문제 없는 교회가 어디 있겠습니까? 문제가 없는 곳은 없습니다. 그러나 문제를 바라보면 문제 가운데 빠져들게 됩니다. 문제를 바라보고 문제만 이야기하는 사람은 문제 속에 살아가고 늘 문제를 이기지 못합니다. 문제가 있어도 문제를 해결한 다음의 행복한 일들을 바라보아야 문제 해결의 길이 열리는 것입니다.

여러분의 심령 속에는 불가능이 아니라 가능의 강들이 흐르고 있는 줄로 믿습니다. '약한 나로 강하게, 가난한 날 부하게, 눈먼 날 볼 수 있게' 내게 행하시는 주님의 능력을 바라보는 성도들이 됩시다.

더 생각해 보기: 말씀 이해를 위한 예화

미국의 초대 대통령 조지 워싱턴의 어머니 생일을 맞아서 많은 축하객들이 참석했습니다. 그중 어느 분이 대통령 어머니에게 "어머님은 어떻게 아드님을 위대하게 만드셨습니까?" 라고 묻자, "예. 저는 아들에게 하나님께 대하여 절대 순종할 것을 가르쳐 주었을 따름입니다" 라고 대답했다고 합니다.

조지 워싱턴은 하나님께 순종하고 복종하는 사람이었기에 위대하고 훌륭한 사람이 되었습니다.

적용

1) 오늘 말씀의 주제 파악하기

2) 오늘 말씀 중 은혜 받은 부분 나누기

3) 삶에 구체적으로 적용하기

____

____

____

함께 드리는 기도 제목

1. 하나님께 대한 경외심을 갖고 더욱 하나님과 가까이 하는 삶을 살게 하소서.
2. 세상을 바라보지 않고 하나님만 바라보면서 살게 하소서.
3. 철저하게 하나님의 말씀에 순종하여 하나님께서 주시는 복을 누리게 하소서.

제30과 ······

은밀한 중에 보시는 하나님

✣ **본문** : 마태복음 6장 1-4절
✣ **찬송** : 289장(주 예수 내 맘에 들어와, 통 208장)
✣ **요절** : "네 구제함을 은밀하게 하라 은밀한 중에 보시는 너의 아버지께서 갚으시리라"(마태복음 6:4).

영국 속담에 "하루 동안 행복하려면 이발을 하라. 일주일 동안 행복하려면 여행을 하라. 한 달 동안 행복하려면 집을 사라. 1년 동안 행복하려면 결혼을 하라. 평생을 행복하려면 이웃을 섬기라"는 말이 있습니다. 좋은 이웃을 만나면 평생이 행복합니다. 여러분들은 서로를 섬기고 서로로 인해 평생 행복한 성도들이 되시기를 바랍니다. 오늘 성경은 이웃을 섬기는 원리에 대하여 말씀하고 있습니다.

1. 구제할 때에 사람에게 보이려고 하지 말라는 것입니다.

교회가 해야 할 대표적인 다섯 가지가 있습니다. 첫째는 예배입니다. 둘째는 선교입니다. 셋째는 교육, 넷째는 봉사, 즉 구제이며, 다섯째는 성도의 교제입니다. 그러므로 구제도 교회가 마땅히 해야 할 지표입니다.

교회의 이 사명들은 모두 기쁨과 감사함으로 감당해야 합니다. 예배드리는 일을 억지로 하면 안 됩니다. 주일성수를 율법적으로 하면 안 됩니다. 사람에게 보이려고 하는 것이 아니기 때문입니다.

예수님은 이 땅에 오셔서 병든 자들을 고쳐 주셨고 불쌍한 자들을 보며 우셨습니다. 세리와 창녀, 가난한 자들의 친구가 되어 주셨습니다. 예수님을 믿는다는 것은 예수님의 마음이 내 마음에 들어오시는 것을 의미합니다. 그래서 예수 믿으면 삶이 바뀌어야 합니다. 병든 자들을 보면 기도해 주고 위로해 주고 싶은 마음이 일어나야 합니다. 억지로 되는 것이 아닙니다. 여러분의 마음에 예수님이 찾아오시면 이렇게 긍휼과 자비의 마음으로 변화됩니다. 이웃을 도우면서 기뻐합니다. 병든 자를 찾아 위로하며 감사하게 됩니다.

한국 교회는 처음에는 주는 교회였습니다. 먹을 것이 없던 시절에 교회는 늘 먹을 것을 나누어 주었습니다. 이 민족이 어려울 때에 먹을 것을 주었고, 학교를 세워 주었고, 병원을 세워 주었습니다. 교회는 자기를 희생하여 한국을 살렸습니다. 오늘 그래서 이 민족이 이렇게 살게 되었습니다.

오늘의 시대에 오늘의 교회는 또다시 이 민족을 위하여 무엇을 주어야 합니까? 무엇을 주어야 이 민족이 다시 살 수가 있습니까? 하나님의 말씀이 거울이 되어야 합니다. 말씀을 들으며 우리 자신을 돌이켜 보아야 생명이 삽니다. 교회가 빛과 소금이 되어야 이 민족이 다시 사는 길이 열리게 됩니다.

오늘날 세상 사람들이 교회에 대하여 손가락질하는 것은 달라는 것입니다. 옛날처럼 교회가 희생하며 섬겨 달라는 것입니다. 교회를 비난하는 자들도 교회는 주는 것임을 알고 있기 때문에 그런 비판을 하는 것입니다. 우리 교회는 주는 교회가 되어야 합니다. 성도들도 주는 성도들이 되어야 합니다.

오늘 성경은 사람에게 보이려고 하는 자는 자기 상을 이미 받았다고 말씀하십니다. 즉 하늘의 상이 없다는 말입니다. 하나님이 살아 계심을 확실히 믿는 사람은 세상의 하찮은 상을 바라보지 않고 하늘의 빛나는 면류관을 바라봅니다. 천국에서는 받을 상급도 다르고, 받을 심판도 선악간에 다르다고 했습니다. 지옥이라고 다 똑같은 지옥이 아니라 선악간에 행한 대로 받는다고 했습니다. 면류관은 다른 것입니다. 그러므로 믿음의 사람은 영원히 찬란하게 빛나는 면류관을 바라보는 것입니다.

2. 오른손이 하는 것을 왼손이 모르게 하라 하셨습니다.

예수님께서는 오른손이 하는 것을 왼손이 모르게 하라고 하셨습니다. 그런데 오른손이 하는 것을 어떻게 왼손이 모를 수가 있겠습니까? 말이 안 되는 이야기입니다.

마태복음 25장에 심판 날에 하나님 앞에 선 의인들은 자기들이 행한 구제를 다 잊어버렸습니다. 그래서 "그때에 임금이 그 오른편에 있는 자들에게 이르시되 내 아버지께 복 받을 자들이여 나아와 창세로부터 너희를 위하여 예비된 나라를 상속받으라 내가 주릴 때에 너희가 먹을 것을 주었고 목마를 때에 마시게 하였고 나그네 되었을 때에 영접하였고 헐벗었을 때에 옷을 입혔고 병들었을 때에 돌보았고 옥에 갇혔을 때에 와서 보았느니라"(34-36절)고 말씀하시니 뭐라고 대답을 합니까?

"우리가 어느 때에 주께서 주리신 것을 보고 음식을 대접하였으며 목마르신 것을 보고 마시게 하였나이까 어느 때에 나그네 되신 것을 보고 영접하였으며 헐벗으신 것을 보고 옷 입혔나이까 어느 때에 병드신 것이나 옥에 갇히신 것을 보고 가서 뵈었나이까"(37-39

절)라고 대답을 합니다. 그때 하나님께서는 "내가 진실로 너희에게 이르노니 너희가 여기 내 형제 중에 지극히 작은 자 하나에게 한 것이 곧 내게 한 것이니라"(40절) 말씀하셨습니다. 오른손이 한 것을 왼손이 모르게 하라는 구제의 정신입니다.

오른손이 하는 것을 왼손이 모르게 하는 것은 은혜 받은 사람의 모습입니다. 은혜 받은 사람은 내가 마땅히 해야 할 바를 했다고 생각합니다. 봉사를 해도 마땅히 해야 할 것을 한 것입니다. 내가 무슨 봉사를 했다고 생각하지 않습니다. 기도를 해도 내가 몇 시간 기도했다고 생각하지 않습니다. 헌금을 드려도 내가 얼마만큼 했다고 생각하지 않습니다. 당연히 할 일을 한 것입니다. 농부가 내 논에 나가 일을 하고 돌아와서 동네 사람들에게 내가 오늘 일을 두 시간 했다고 자랑을 합니까? 하루 종일 일해도 자랑하지 않습니다. 내가 마땅히 해야 할 일을 했기 때문에 일한 것도 다 잊어버리는 것입니다.

은혜가 없으면 내가 한 것을 주장합니다. 내가 무엇을 했다는 것입니다. 교회가 이웃을 섬기는 일은 마땅히 해야 하는 일입니다. 우리가 어려우면서 이웃을 섬기는 마음을 가질 수 있는 것은 감사한 일입니다. 오른손이 하는 것을 왼손이 모르게 하는 것은 자랑하지 않는 것입니다. 감사하면서 섬기는 것입니다. 이 섬김이 우리 교회에 늘 넘치기를 간절히 바랍니다.

3. 하나님께서 갚아 주십니다.

이스라엘에는 두 개의 유명한 갈릴리 바다와 사해가 있습니다. 사해는 물을 받아들이기만 할 뿐 내보내지 않습니다. 그래서 죽은 바다가 되었습니다. 염도가 높아 생명체가 살 수 없는 바다가 되고 말았습니다. 그러나 갈릴리는 늘 새로운 물을 공급받습니다. 그리고 그 물이 흘러나갑니다. 갈릴리 바다에는 수많은 물고기가 있어, 이스라엘의 갈릴리 사람들이 물고기를 잡으며 살았습니다. 하나님께서 이스라엘에 두 개의 대조적인 바다를 주신 이유는 주는 삶을 살라는 뜻입니다.

교회도 주는 교회가 늘 풍성합니다. 오늘 성경은 은밀한 중에 구제하면 은밀한 중에 보시는 하나님께서 갚으신다고 했습니다. 이것은 보화를 하늘에 쌓는 것입니다. 세상에 창고는 다 녹이 슬고 벌레가 침입한다고 했습니다. 그러나 하늘의 창고에 쌓아 두면 하나님께서 필요한 때마다 좋은 것으로 내어주시는 것입니다. 구제는 내 이름으로 하면 내 영광이 나타납니다. 여기에는 받을 상이 없다고 했습니다. 그래서 하나님의 이름으로 하라는 것입니다. 구제는 씨앗을 심는 것입니다. 그러면 30배, 60배, 100배로 열매가 맺히는 것입니다.

저는 학생 시절에 낚시를 많이 다녔습니다. 학교가 끝나면 낚시터에 가서 밤을 새웠습니다. 다른 사람은 고기를 잘 못 잡아도 저는 고기를 늘 많이 잡았습니다. 고기를 잘 잡는 비결이 있었는데, 아침에 낚시터를 떠나면서 가지고 온 떡밥을 다 뿌려 놓는 것입니다. 한 주먹씩 뭉쳐서 적당한 곳에 던져놓는 것입니다. 그리고 저녁에 다시 와서 떡밥을 던져놓은 그 자리에 낚시를 내리면 고기들이 모여 있다가 걸려듭니다. 진수성찬이 하루 종일 있으니 온 동네 고기가 다 모여온 것입니다. 그래서 던지는 대로 다 와서 걸립니다.

줄 때는 아까운 것 같고 안 되는 것 같지만 뿌리면 거둘 때가 있습니다. 저수지의 물고기도 뿌린 대로 응답하는데 하물며 우리 하나님께서 약속하신 일이니 얼마나 정확하겠습니까? 이 땅에 하나님의 영광을 위하여 뿌린 씨앗이 축복의 열매로 여러분의 가정과 기업 위에 풍성하시기 바랍니다.

더 생각해 보기: 말씀 이해를 위한 예화

영국 정부는 국가적으로 크게 공헌을 한 고든 장군을 치하하기 위해 동상을 세우고 기념비를 건립하려고 했지만 장군은 허락하지 않았습니다. 작위(爵位)를 수여하고 포상금을 지급하겠다고 하여도 거절했습니다. 그는 33회나 전쟁터를 누비면서 혁혁한 공을 세워 온 터라 영국 정부는 어떻게 해서든지 기념을 하고 싶어서 금메달에 그 공을 기록하여 증정했습니다.

그 후 장군이 죽은 후 유품을 정리하는데 당연히 있어야 할 메달이 안 보였습니다. 사람들은 그것이 궁금하여 수소문하여 보았더니 가슴 뭉클한 사연이 숨어 있었습니다. 영국에 대흉년이 들었을 때 장군이 그 메달을 녹여 팔아서 굶주리는 자들을 구제하였던 것입니다. 장군의 일기장에는 이 사실에 대해 이렇게 기록하고 있었습니다. "나는 이 세상에서 가장 귀하게 여기던 선물을 그리스도께 바쳤다."

적용

1) 오늘 말씀의 주제 파악하기

____

____

____

____

2) 오늘 말씀 중 은혜 받은 부분 나누기

3) 삶에 구체적으로 적용하기

함께 드리는 기도 제목

1. 하늘의 빛난 면류관을 바라보는 믿음의 사람이 되게 하소서.
2. 항상 겸손하게, 감사하면서, 섬기는 삶을 살게 하소서.
3. 하나님께서 갚아 주시는 축복의 열매를 맺게 하소서.

7월

제31과 ••••••

눈을 열어서 보게 하옵소서

✣ **본문** : 열왕기하 6장 14-17절
✣ **찬송** : 73장(내 눈을 들어 두루 살피니, 통 73장)
✣ **요절** : "기도하여 이르되 여호와여 원하건대 그의 눈을 열어서 보게 하옵소서 하니 여호와께서 그 청년의 눈을 여시매 그가 보니 불말과 불병거가 산에 가득하여 엘리사를 둘렀더라"(열왕기하 6:17).

아람이 이스라엘을 점령하려고 계획을 세울 때마다 번번이 그 계획이 누설되어 실패하였습니다. 아람 왕이 불안하여 우리 가운데 내통하는 자가 있지 않은가 하고 의심하게 됩니다. 그때 한 신하가 엘리야의 갑절의 영감을 받아서 멀리서 일어나는 일도 다 알고 있으며 왕이 침실에서 한 이야기까지 다 알고 있는 엘리사에 대해 보고합니다. 이에 아람 왕은 엘리사부터 처치하기 위해 수많은 군대와 병거를 보내어 엘리사가 있는 도단으로 쳐들어오게 됩니다.

아침에 엘리사의 종이 일어나 성 밖을 보았더니 아람 왕의 군대가 도단 성을 겹겹이 둘러싸고 있는 것입니다. 이것을 본 엘리사의 종은 황급히 엘리사에게 달려와 "아아, 내 주여 우리가 어찌하리이까?" 하고 탄식을 합니다. 그때에 엘리사는 "두려워하지 말라 우리와 함께한 자가 더 많다"고 말하고 "여호와여 원하건대 그의 눈을 열어서 보게 하옵소서"라고 기도하니, 하나님께서는 종의 눈도 열어 주셔서 하나님의 불말과 불병거가 산에 가득하여 엘리사를 지키고 있는 광경을 보게 되었습니다. 비로소 그 종이 두려움에서 벗어나 안심하게 되었습니다.

1. 육신의 눈으로만 보면 이 세상은 두려울 것이 많습니다.

우리는 세상을 바라보는 눈이 세 가지가 있는데 첫째는 육안입니다. 둘째는 지안입니다. 배워서 보는 것입니다. 지식의 눈입니다. 셋째는 영안입니다. 영안은 내 눈으로 보는 것이 아니라 하나님의 눈으로 보는 것을 말합니다. 영안이 열려야 영적으로 평안합니다. 예수님께서는 "너희는 다 소경이다"라고 하셨습니다. "내가 눈먼 자를 보게 하러 왔다"고 하셨습니다. 우리는 육적인 눈도 밝아야 하고 지적인 눈도 밝아야 하지만 반드시 밝아야 할 눈이 있습니다. 다른 눈은 다 감겨도 좋습니다. 그러나 영안만은 열려야 구원의 백성이 되는 것입니다.

세상도 잘 보고 돈도 잘 보는데 하나님이 보이지 않는 사람들이 많습니다. 다른 것은 잘 안 보여도 하나님을 분명히 바라보아야 합니다. 사람들은 아름다워지려고 애를 씁니다. 요즘은 소위 몸짱 만들기가 유행입니다. 사람들의 눈으로 보기에 좋은 몸을 가지고 싶은 것입니다. 좋은 옷을 왜 입습니까? 사람들이 보기에 좋으라는 것입니다. 그런데 우리는 하나님이 보시기에 아름다워야 됩니다.

엘리사의 종은 육안으로는 모든 것을 바라보았지만 영안이 닫혀 있어 보아야 할 것을 보지 못했고, 그 결과 두려움에 빠졌습니다. 두려움은 어디에서 옵니까? 내가 가진 능력보다 나를 해하려는 능력이 더 강함을 느낄 때 두려워하게 됩니다. 내가 준비한 계획이 보잘것없음을 느낄 때에 두려워하게 됩니다. 따라서 무엇을 바라보느냐가 중요합니다. 똑같은 상황에서 엘리사의 종은 아람 왕의 군대를 바라보았지만 엘리사는 하나님의 군대를 바라보았습니다.

로마 병정들이 예수님을 잡으러 왔을 때 베드로는 두려워하여 칼을 들고 대제사장의 종의 귀를 쳤습니다. 예수님께서는 그 떨어진 귀를 다시 붙여 주시면서 "내가 지금 아버지께 구하여 열두 영도 더 되는 천군천사를 보내시게 할 수 없는 줄 아느냐"고 말씀하셨습니다. 열두 영이면 군대의 단위로 약 7만 2천 명의 대부대입니다. 1개 사단이 대략 1만~1만 5천 정도이므로 얼마나 큰 부대인지 알 수가 있습니다. 예수님께서는 하나님의 영이 지금 둘러싸고 함께 하고 있는 상황을 다 보고 계셨지만 베드로와 제자들은 로마 병정만을 바라보았기 때문에 두려워한 것입니다.

2. 하나님의 눈으로 바라보면 문제가 해결이 됩니다.

엘리사도 똑같은 사람입니다. 그도 아람의 군대를 바라보았을 때에 두려웠을 것입니다. 그러나 엘리사는 그 순간 하나님의 군대를 바라보았습니다. 하나님의 군대 앞에 아람의 군대는 보잘것없고 상대가 되지 않는 것입니다. 하나님의 능력을 크게 바라보아야 합니다. 세상의 힘을 크게 바라보는 사람들이 있습니다. 그 차이점이 무엇입니까? 성령님을 모시고 사는 사람과 그렇지 못한 사람의 차이입니다. 성령님을 모시고 살면 이 세상을 성령님의 눈으로 보는 것입니다.

엘리사의 종의 눈은 어떠했습니까? 그동안 엘리사를 수종들었습니다. 겉으로는 하나님을 잘 알았습니다. 그러나 진짜 알지는 못했습니다. 이처럼 우리도 교회는 나오면서도 신령한 눈이 열리지 않으면 보아야 할 것을 보지 못하고 엉뚱한 것만 바라보게 되는 것입니다. 이스라엘 백성들이 가나안 땅으로 들어갈 때에 여호수아와 갈렙을 제외한 열 명의 정탐꾼은 육체의 눈으로 가나안 땅을 바라보고 지식의 눈으로 경험의 눈으로 가나안 땅을 바라보았습니다. 그러나 여호수아와 갈렙은 믿음의 눈으로 가나안 땅을 바라보았습니다. 이것이 영안입니다.

보이는 것만이 전부가 아닙니다. 하나님께서는 이 세상에 우리가 보지 못하는 것들도 많이 두셨습니다. 그러나 이것을 믿음의 눈으로 바라보아야 합니다. 믿음의 눈으로 바라보는 자에게는 복이 있습니다.

3. 기도할 때에 영의 눈이 열렸습니다.

오늘 우리는 두려운 일들이 많습니다. 직장에 대한 두려움, 미래에 대한 두려움, 건강에 대한 두려움, 수많은 두려움이 있습니다. 그러나 성경은 우리에게 '너희가 사방으로 우겨쌈을 당하여도 싸이지 아니한다' 고 말씀해 주십니다. 주님은 "볼지어다 내가 세상 끝날까지 너희와 항상 함께 있으리라"(마 28:20) 말씀하셨습니다. 영의 눈을 열고 보면 여러분을 괴롭히는 원수보다 하나님의 도우심과 은혜의 손길이 더 크고 놀라운 것입니다. 여러분을 하나님의 자녀로 받아 주셨으니, 여러분을 지키시기 위하여 지금도 천군천사를 총동원하여 보호해 주시고 인도해 주십니다.

일제 강점기에 우리가 망할 것 같지만 망하지 않았습니다. 6 · 25 전쟁으로 잿더미가 되고 다시는 못 일어날 줄 알았지만 다시 일어나 세계에서 제일 부흥하는 교회를 가진 대한민국이 되었습니다. IMF로 한국은 다시 못 일어난다고 했지만 다시 일어나고 있습니다. 외국 사람들이 한국을 보면서 "대한민국은 참 신기하다. 망할 것 같으면서도 망하지 않고 살아난다"라고 이야기를 합니다. 그것은 하나님께서 이 민족을 쓰시려고 보호해 주시기 때문입니다.

우리 앞에는 또 어떤 어려움이 닥쳐올지 아무도 모릅니다. 그러므로 우리는 하나님을 바라보아야 합니다. 세상을 바라보면 넘어집니다. 베드로는 물 위로 예수님을 향해 걸어가다가 출렁이는 바다 물결을 보고 겁이 나 믿음이 흔들렸습니다. 그래서 바닷속으로 빠져들어갔습니다.

하나님께로 향하는 시선을 놓치면 안 됩니다. 예배는 매 주일 하나님을 바라보는 훈련입니다. 이 시간 말씀으로 찾아오시는 하나님을 똑바로 바라보시기 바랍니다. 어려울 때에 삶이 힘들고 고통스러울 때에 낙심하고 원망하고 불평하는 것은 하나도 도움이 안 됩니다. 문제가 있을 때 그 문제를 가지고 하나님께 기도로 나아가야 합니다. 기도하면 새로운 은혜를 주십니다. 막혔던 문이 열립니다. 기도하면 여러분이 살아납니다.

여호와를 앙망하는 자에게는 새 힘을 주시고, 영안을 열어 신비한 것을 보게 하십니다. 이 세상은 우리가 보지 못하는 신비한 일들이 많습니다. 당장 오늘 일어날 일도 우리는 알지 못합니다. 그러므로 교만하지 말아야 합니다. 하나님의 은혜가 없이는 단 하루도 살 수가 없는 존재임을 고백해야 합니다. 우리 모두 영의 눈이 열려, 이 세상을 주관하시고 우리의 인생을 보호하시는 하나님을 늘 바라보고 담대히 살아가는 성도들이 됩시다.

더 생각해 보기: 말씀 이해를 위한 예화

소련의 첫 우주비행사 가가린은 "우주에 올라가 아무리 살펴보아도 하나님은 없었다"고 말했습니다. 그러나 미국의 첫 우주비행

사인 올드린은 “나는 우주 한가운데서 하나님을 보았다”고 했습니다.

헝가리의 한 대학에서 올드린이 강연을 할 때 한 학생이 질문을 했습니다. “러시아의 비행사 가가린은 우주에서 하나님을 발견할 수 없었다고 했는데 당신은 어떻게 하나님을 보았습니까?” 이에 올드린은 “하나님은 영의 눈으로만 볼 수 있습니다”라고 대답했습니다.

적용

1) 오늘 말씀의 주제 파악하기

2) 오늘 말씀 중 은혜 받은 부분 나누기

3) 삶에 구체적으로 적용하기

함께 드리는 기도 제목

1. 세상 일들을 육의 눈으로만 바라보지 않고 영의 눈으로 바라보게 하소서.
2. 믿음의 눈으로 우리의 비전들을 바라보게 하소서.
3. 말씀과 기도 생활을 통해 영의 눈이 열리게 하소서.

제32과

오직 예수

✣ **본문** : 마가복음 9장 1–8절
✣ **찬송** : 91장(슬픈 마음 있는 사람, 통 91장)
✣ **요절** : "문득 둘러보니 아무도 보이지 아니하고 오직 예수와 자기들뿐이었더라"(마가복음 9:8).

예수님은 아주 중요한 말씀을 하십니다. "여기 서 있는 사람 중에는 죽기 전에 하나님의 나라가 권능으로 임하는 것을 볼 자들도 있느니라"(1절). 이 말씀은 며칠 뒤에 있을 사건을 말씀하신 것입니다. 이때 제자들이 "아멘, 주님 나에게 그런 은혜를 주십시오. 하나님의 나라가 임하는 것을 보게 해주십시오"라고 기도했으면 얼마나 좋았겠습니까? 기도한 자에게 주님은 은혜를 베푸셨을 것입니다.

하나님은 우리에게 은혜의 기회를 주십니다. 그 기회를 놓치지 않는 성도가 복된 성도입니다. 하나님은 이스라엘 백성 모두에게 가나안 입성의 기회를 주셨습니다. 그러나 모두가 받은 것이 아닙니다. 복을 사모한 자만이 믿음으로 그 땅을 받았습니다.

1. 은혜를 사모하며 하나님을 가까이 해야 합니다.

은혜는 믿음으로 사모하고 기다리는 자가 받는 것입니다. 하나님께서 우리 교회와 우리에게 주실 은혜와 복이 있습니다. 우리는 은혜를 사모하며 기도해야 합니다. "우리의 그릇이 작아 못 받는 일은 없도록 해주십시오. 우리의 비전이 부족해, 혹은 능력이 부족해 못 받는 일은 없도록 해주십시오"라고 기도해야 합니다. 나 때문에 우리 교회와 가정이 받을 놀라운 축복의 문이 막히는 일은 없도록 해달라는 간절한 기도를 해야 합니다. 내가 우리 교회의 부흥을 막는 자는 되지 않게 해달라는 기도가 있어야 합니다.

제자들이 1절에 기록된 예수님의 말씀을 듣고 하나님의 나라가 임하는 것을 기다리며 기도하였더라면 2절 이후에 변화산에서의 사건을 보며 그리 놀라지 않았을 것입니다. 오히려 감사하며 은혜를 누렸을 것입니다. 우리가 하나님의 말씀을 들었으면 그 말씀이 이루어지기를 사모하며 기도해야 합니다. 성경 공부를 하는 목적은 예수 그리스도를 아는 데에 있습니다. 성경 공부를 잘못하면 지식 중심으로 공부를 하게 됩니다. 예수님은 알면 알수록 사모하게 되고 내가 겸손해지게 되는데, 지식 중심의 공부는 내 지식이 자꾸만 크게 보이는 것입니다.

엿새 후에 예수님께서 베드로와 야고보와 요한을 데리고 따로 높은 산에 올라가셨습니다. 이 산에서 예수님의 형상이 변화되었다 해서 변화산이라 말합니다. 베드로와 요한과 야고보를 데리고 높은 산에 오르셨는데, 이들은 평소에 예수님을 가까이에서 모신 자들이었습니다. 예수님께서는 이들에게 특별한 은혜를 허락하셨습니다. 어떤 분은 '하나님은 편애하시는 하나님이 아니시다' 그러는데 그것은 잘못된 생각입니다. 하나님은 편애하시는 하나님입니다. 사울 왕보다 다윗을 더 사랑하셨고 에서보다 야곱을 더 사랑하셨습니다.

예를 들면 어떤 부모에게 열 자녀가 있는데 그 열 자녀를 다 사랑합니다. 내 자녀를 사랑하는 것이 부모의 마음입니다. 그러나 자녀 중에도 마음이 더 가는 자녀가 있고 섭섭한 자녀도 있습니다. 하나님께서는 모든 백성들을 다 사랑하시지만 특별히 사랑하는 자녀가 있습니다. 베드로와 야고보와 요한은 평소에 주님의 가까이에 있었습니다. 그래서 특별한 은혜를 받았습니다. 우리 성도들도 평소에 하나님의 은혜를 사모하며, 주님과 가까이 함을 통해 주님의 사랑을 받는 성도들이 되어야 합니다.

2. 기도하는 가운데 하나님을 만나야 합니다.

오늘의 말씀은 마태, 마가, 누가복음에 다 나오는데, 누가복음을 보면 예수님께서 기도하는 중에 그 모습이 변화되었습니다.

예수님은 세 제자들을 데리고 기도하러 산에 가셨습니다. 예수님은 특별한 일이 있으실 때에 산에 가서 기도하셨습니다. 이것을 보면 우리 민족과 문화적으로 참 닮은꼴이 많습니다. 서양 사람들이 한국 교회가 부흥한 비결을 찾다가 산 기도를 발견했습니다. 한국 사람들은 산에 가서 기도합니다. 산은 예로부터 한국 사람들에게 신령한 느낌을 주었습니다. 절도 다 산에 있고, 치성을 드릴 때도 산에 가서 했습니다. 또 산에는 산신령이 있다고 생각했습니다. 이런 문화 때문에 산에 가 앉기만 하면 기도할 분위기가 됩니다. 이것을 보면 한국은 참 복 받은 민족입니다.

산에서 예수님이 기도하실 때에 제자들은 졸고 있었습니다. 예수님께서 감람산에서 기도하실 때에도 제자들은 자고 있다가 시험을 당했는데, 오늘도 제자들은 졸고 있었습니다. 기도하러 간 것까지는 좋았는데 졸았습니다. 졸다가 예수님의 영광을 보았습니다. 졸다가도 은혜 받았습니다. 그렇다고 이제부터 졸지 마시기 바랍니다. 조는 것은 습관이기 때문입니다. 예수님과 함께 기도하다가 예수님의 영광에 함께 참여하는 자가 되었으면 얼마나 좋았겠습니까? 그런데 졸고 있었습니다.

예수님은 기도 중에 "그 옷이 광채가 나며 세상에서 빨래하는 자가 희게 할 수 없을 만큼 매우 희어졌더라"(3절)고 했습니다. 이 말은 하나님의 영광이 나타났다는 말입니다. 기도는 하나님과의 영적인 호흡입니다. 기도는 내 뜻을 구하는 것이 아니라 하나님의 뜻을 깨닫는 것입니다. 그래서 예수님께서는 기도를 가르쳐 주실 때에 '뜻이 하늘에서 이루어진 것같이 땅에서도 이루어지길 기도하라' 고 하셨습니다. 기도는 내가 약함을 고백하는 것입니다. 기도하면 하나님께서 찾아오십니다. 예수님이 빛과 같이 희어졌는데 이것은 하나님께서 찾아오신 것입니다. 오늘도 우리가 기도하면 하나님께서 찾아오십니다.

하나님을 가까이 하지 못하는 원인이 두 가지가 있는데 첫째, 교만입니다. 교만은 내가 하나님보다 높은 자리에 서는 것입니다. 그러면 하나님께서는 가까이 오시지 않습니다. 둘째, 죄입니다. 우리 인생은 누구나 다 죄가 있습니다. 그러나 말씀을 듣고 그 말씀을 믿고 죄 사함을 구해야 합니다. 하나님은 우리에게 말씀으로 오십니다. 주시는 말씀을 믿으면 이것이 하나님을 믿는 것이고, 하나님은 하나님을 그렇게 믿는 자에게는 죄를 덮어 주십니다. 그래서 하나님을 만날 수 있습니다.

하나님은 전능하신 분이십니다. 세상에서 할 수 없는 일들을 할 수 있도록 하시고 세상에서 막힌 일들을 풀어 주십니다. 기도의 능력이라는 것은 하나님의 능력을 내가 끌어오는 것입니다. 기도는 잠깐 하는 것이지만 그 기도는 성도의 평생을 이끌어 주는 능력이 됩니다.

3. 오직 예수입니다.

예수님께서 기도하실 때에 엘리야와 모세가 나타나 함께 이야기를 했습니다. 베드로가 어떻게 엘리야인 줄 혹은 모세인 줄 알았겠습니까? 베드로는 한 번도 모세와 엘리야를 본 적이 없습니다. 이것이 천국의 비밀입니다.

모세는 구약의 율법을 상징하는 인물이며, 엘리야는 선지자를 상징하는 인물입니다. 모세는 구약에서 예수님이 여자의 후손으로 오실 것을 예언한 인물입니다. 모세와 엘리야가 예수님께서 오실 것을 예언한 대표적인 인물이기 때문에 이들이 나타나 예수님과 대화하신 것입니다. 이들은 히브리인들이 가장 존경하는 대표적인 인물들입니다. 이것을 베드로가 보고 눈이 확 뜨였습니다.

그래서 "랍비여 우리가 여기 있는 것이 좋사오니 우리가 초막 셋을 짓되 하나는 주를 위하여, 하나는 모세를 위하여, 하나는 엘리야를 위하여 하사이다"(5절)라고 고백합니다. "우리끼리 여기서 집을 짓고 행복하게 삽시다"라는 이야기입니다. 지금 베드로는 엉뚱한 이야기를 하고 있습니다. 우리가 날마다 교회에서만 있으면 얼마나 좋겠습니까? 그러나 성도는 주의 전에 나와 은혜를 받고 그 다음에는 세상으로 나아가야 합니다. 성도에게는 사명이 있기 때문입니다. 오늘도 교회에서 엉뚱한 이야기를 하는 분들은 영적으로 졸아서 그렇습니다. 영적으로 조는 사람들이 많은 교회는 참 어렵습니다. 성도 여러분, 말씀을 똑바로 듣고 주님께서 주신 사명을 바라볼 수 있기를 바랍니다.

제자들이 잠에서 깨자마자 구름이 와서 그들을 덮고 구름 속에서 "이는 내 사랑하는 아들이니 너희는 그의 말을 들으라"(7절) 하는 소리가 들렸습니다. 구름 속에서 음성이 들리니 얼마나 신비했겠습니까? 계속해서 놀라운 일이 일어나는 것입니다. 제자들이 내려가서 다른 제자들에게 있었던 일을 상세히 이야기했을 것입니다. 그런데 구름이 나타나며 "이는 내 아들이라 너희는 그의 말을 들으라" 하는 음성이 들리는 것입니다. 그래서 마태, 마가, 누가 복음에 이 사건이 동시에 실린 것입니다. 구름이 지나가고 나니 예수님만 보였습니다.

오직 일에 집중하는 사람도 훌륭한 사람입니다. 오직 공부에 집중하는 학생도 훌륭한 학생입니다. 그런데 예수님이 없으면 모두가 헛것입니다. 가장 훌륭한 인생을 살아가는 사람은 누구입니까? 예수님께 집중하고, 예수님 중심으로 살아가는 사람입니다. 오직 예수님을 붙들고 살면 인생이 승리합니다. 오직 예수님을 붙들고 살면 시험을 이기고 환난을 이깁니다. 오직 예수님으로 살면 이 땅에서도 복을 받고 영원한 상급을 받습니다. 이것이 성경의 약속이요, 수많은 신앙의 선배들이 걸어간 길입니다.

오직 예수, 오직 예수, 오직 예수 바라보고 사는 성도들이 됩시다.

더 생각해 보기: 말씀 이해를 위한 예화

군 시절에 교회에 사병들이 오면 다 좁니다. 절반 가까이가 좁니다. 부대에 남아 있으면 일하러 나가야 하고 선임들 눈치 보아야 하니, 마음 편하게 교회에 와서 자는 것입니다. 그것을 보고 예수 믿는 선임 병장들이 저에게 깨워야 한다고, 기합 줘야 한다고 이야기를 했지만 저는 못 하게 했습니다. "잠을 자도 절에 가서 자는 것보다는 교회에 와서 자는 것이 낫지 않습니까? 교회에 와서 빵을 하나 먹어도 다 잠재적인 신자가 됩니다. 이것도 은혜입니다"라고 말했습니다. 군 시절에 교회에서 졸다가 신자가 된 사람이 많습니다.

적용

1) 오늘 말씀의 주제 파악하기

2) 오늘 말씀 중 은혜 받은 부분 나누기

3) 삶에 구체적으로 적용하기

함께 드리는 기도 제목

1. 항상 은혜를 사모하며 주님과 가까이 하는 삶을 살게 하소서.
2. 쉬지 않고 기도하여 주님을 만나게 하소서.
3. 내 삶의 중심이 오직 예수 중심이 되게 하소서.

8월

제33과

미래를 위해 기도합시다

- **본문** : 시편 126편 1-6절
- **찬송** : 516장(옳은 길 따르라 의의 길을, 통 265장)
- **요절** : "눈물을 흘리며 씨를 뿌리는 자는 기쁨으로 거두리로다 울며 씨를 뿌리러 나가는 자는 반드시 기쁨으로 그 곡식 단을 가지고 돌아오리로다"(시편 126:5-6).

민족적 고통을 많이 당한 민족이라면 유대인이 세계적입니다. 오늘 말씀에도 이스라엘 민족의 고통이 잘 나타나고 있습니다. 바벨론 포로 생활을 마치고 돌아왔을 때 그들 앞에 있는 것은 다 부서져 폐허가 되어버린 예루살렘 성이었습니다. 남아 있는 동족들은 비참한 모습으로 용기와 희망을 잃어버린 채 헐벗고 굶주리고 있었습니다. 주변의 국가들은 호시탐탐 이스라엘을 노리고 있었습니다.

그래서 에스라 선지자를 비롯하여 포로 생활에서 돌아온 이스라엘은, 한 손에는 창을 들고 한 손에는 농기구를 잡고 농사를 지었습니다. 예루살렘 성벽을 쌓고 성을 중건했습니다. 그러니 눈물이 안 나올 리가 있겠습니까?

그때에 한 고백이 오늘 본문의 말씀 "눈물을 흘리며 씨를 뿌리는 자는 기쁨으로 그 단을 거두리라"는 것입니다. 이 말씀은 "하나님, 바벨론의 노예 생활에서 해방시켜 주신 분도 하나님이시니 여기서도 이기게 하실 줄 믿습니다. 지금은 눈물을 흘리며 씨를 뿌리지만 기쁨으로 단을 거두게 하실 줄 믿습니다"라는 고백입니다. 이 고백이 바로 우리 천만 기독교인들의 고백이 되어야 합니다.

1. 하나님을 믿는 이들은 나라와 민족을 사랑합니다.

성경에 나오는 인물들을 보면 애국자들이었습니다. 복음에는 국경이 없습니다만 크리스천에게는 조국이 있습니다. 현대는 다문화 시대이기 때문에 여러 나라에서 오신 분들이 신앙생활을 하고 있습니다. 우리는 자기의 조국을 진정으로 사랑하는 크리스천들이 되어야 합니다. 오늘 성경에 열매가 거두어져 포로 생활을 마치고 고국에 돌아올 수 있었던 것은 신앙의 선조들이 눈물로 민족을 위해 씨앗을 뿌렸기 때문이라는 것입니다. 눈물의 선지자 예레미야가 뿌린 씨앗, 에스겔이 뿌린 눈물의 씨앗, 다니엘이 뿌린 눈물, 에스라, 느헤미야가 많은 눈물의 씨앗을 뿌렸다는 것입니다.

우리 민족은 역사 이래로 가장 잘사는 나라가 되었습니다. 우리는 신앙의 선조들이 눈물로 씨를 뿌려 그 열매를 우리가 먹고 있다는 것을 알아야 합니다. 기독교인은 나라와 민족을 사랑의 눈으로 바라보아야 합니다. 앞으로 내 자녀들이 살아갈 나라이기에 아끼고 사랑해야 합니다. 그리고 후손들에게 잘 가르쳐야 합니다. 요즘 아이들은 한국이 얼마나 어렵게 살았는지를 잘 모릅니다. 그저 쉽고 편하게 살다 보니 나라가 얼마나 소중한지 모르는 것입니다.

"눈물을 흘리며 씨를 뿌리는 자는 기쁨으로 거두리라"고 했습니다. 이 이야기는 이스라엘 민족의 역사이야기요 우리 민족의 이야기입니다. 지혜가 없어도, 힘이 없어도 하나님께서 긍휼히 여기시면 잘 살 수 있습니다. 교회는 하나님께서 주신 최고의 선물입니다. 교회의 바닥에는 눈물이 있어야 진짜 교회입니다. 눈물의 기도를 들으시고 하나님께서 채워 주시는 것입니다.

가정에 부족한 것이 있습니까? 가정을 위해 주의 전에 나와 눈물로 바닥을 적시면 하나님께서 도와주십니다. 여러분의 사업에 부족한 것이 있습니까? 사업을 위해 직장을 위해 주의 전에 나와 눈물로 바닥을 적시면 하나님께서 도와주십니다. 나라와 민족의 미래를 향해 눈물로 주의 전의 바닥을 적시며 하나님께 기도하고 지금은 힘들지라도 기도하며 일할 때에 이 나라와 민족이 복을 받게 됩니다.

2. 복음의 씨앗을 더 열심히 뿌리십시다.

애국심 하면 한국 사람을 이야기합니다. 월드컵 때에도 보면 다 애국자입니다. "대~한민국!" 하면서 굉장하지 않습니까? 스포츠에서는 이렇게 민족을 사랑하는 우리가 복음으로 민족을 이렇게 사랑해야 하지 않겠습니까? 우리는 모든 곳에서, 운동하는 곳에서, 연예계에서, 정치계에서, 학계에서 복음을 전해야 합니다. 우리 크리스천들은 모든 곳에서 잘되어야 합니다.

믿음의 사람들에게는 사람들이 불쌍한 영혼으로 보여야 합니다. 민족이 부패하고 사람들이 썩어갈 때 병든 세상을 살리며 고치는 것이 복음입니다. 오늘날 많은 사람들이 방황하고 죄악으로 병들어 가고 있습니다. 그들을 하나님 앞으로 인도해야 합니다. 말씀으로 그들의 심령 골수를 쪼개고 치료해야 합니다. 이 땅에 하나님을 알지 못하는 수많은 사람들, 이들이 하나님께 나와야 삽니다.

씨앗을 뿌리는 것은 다 때가 있습니다. 복음 전하는 데에도 다 때가 있습니다. 은혜 받는 데에도 다 때가 있습니다. 복 받는 데에도 다 때가 있습니다. 부흥하는 데에도 다 때가 있습니다. 이때를 놓치지 말아야 합니다. 지금 우리 민족 앞에 주어진 과제는 복음의 씨앗을 열심히 뿌리는 것입니다. 하나님께서 기회를 주실 때에 열심히 뿌려야 합니다. 이 민족의 살길이 복음 전파에 있는 줄로 믿고 열심히 복음의 씨를 뿌려야 합니다. 나가서 나의 생명 다하기까지 열심히 복음을 전합시다. "예수 믿으면 삽니다. 예수 믿으면 구원을 얻습니다." 이렇게 외치는 성도들이 됩시다.

3. 북한 동포를 위해 기도하시기 바랍니다.

오늘 본문 3-4절을 보면 "여호와께서 우리를 위하여 큰 일을 행하셨으니 우리는 기쁘도다 여호와여 우리의 포로를 남방 시내들 같이 돌려보내소서"라고 기도하고 있습니다. 우리를 포로 생활에서 해방시키신 일이 너무나 크고 놀라운 일인데 그 일이 기쁘다는 것입니다. 감사하다는 것입니다. 그런데 그 기쁨은 여기서 그치는 것이 아닙니다. "여호와여 우리의 포로를 남방 시내들같이 돌려보내소서." 남방 시내들은 황무지로 유명한 네게브 사막을 말합니다. 이곳에 우기가 되면 비가 와 시내가 생깁니다. 아직도 포로로 남아 있는 사막 같은 곳에서 고통을 겪고 있는 내 동족들이 있는데, 그들도 구원의 빛줄기를 맛보게 해달라고, 구원시켜 달라는 기도입니다. 이 기도가 우리의 기도가 되어야 할 줄로 압니다.

지금 북한 땅에 합법적인 교회는 두 군데밖에 없습니다. 봉수교회와 칠곡교회입니다. 북한에는 선전용으로 두 개의 교회를 지어 외국인들에게 자기들도 신앙의 자유를 보장한다고 선전하고 있는데 이곳에는 진짜 신자가 없습니다. 그러나 북한에는 지금도 수많은 사람들이 가정에서 예배를 드립니다. 근래에 중국을 왕래하면서 복음을 받아들인 사람들이 점점 많아지고 있다고 합니다. 가정예배 드리는 사람만 약 10만 명 이상이 될 것이라고 추측하고 있습니다.

지금도 북한의 기독교인들은 찬송 한번 목청껏 불러보고 죽는 게 소원이라고 합니다.

그러므로 감사할 줄 알아야 합니다. 복에는 책임과 의무가 따릅니다. 이 복을 누리기 위해서 우리가 할 일이 있다는 말입니다. 이 민족의 통일이 언제 올 것입니까? 천만 크리스천들이 눈물 흘려 이 민족의 통일을 위하여 기도하고 그 기도의 그릇이 쌓일 때 통일이 오리라 믿습니다. 8 · 15를 맞이하면서 우리는 일제의 식민지 시절을 잊지 않아야 합니다. 오늘날 유대인들이 세계 곳곳에서 잘사는 이유가 어디에 있습니까? 그들은 히틀러에 의해 행해졌던 유대인 대학살을 결코 잊지 않는 것입니다. 그들은 "용서는 하되 잊지는 않는다"는 유명한 말을 남겼습니다.

우리도 민족의 환난 가운데에서 이 민족을 지켜 주시고 인도하신 하나님께 감사합시다. 그리고 남은 우리의 형제들이 함께 자유를 얻고 마음껏 예배드릴 수 있는 그날이 오도록 쉬지 말고 기도합시다. 기도하되 눈물로 기도합시다. 교회는 눈물이 마르면 안 됩니다. 민족을 위하여 눈물을 흘리고, 이웃을 위하여 눈물을 흘리는 성도들이 됩시다. 눈물의 기도가 하나님의 마음을 움직일 줄로 믿습니다. "눈물로 씨를 뿌린 자는 반드시 곡식단을 가지고 돌아온다"고 하나님은 약속하셨습니다. 하나님께서 오늘 우리에게 명하신 전도의 씨앗, 기도의 씨앗을 열심히 뿌려 이 땅에 그 열매를 기쁨으로 거두는 성도들이 됩시다.

더 생각해 보기: 말씀 이해를 위한 예화

시골에서는 5월 초에는 벼농사 짓느라 바쁩니다. 5월 말에는 과수원 하는 사람들이 눈코 뜰 새 없이 바쁩니다. 꽃가루를 옮겨 수정을 시켜 주어야 하는데, 요즘은 벌들이 많이 없어 사람이 하다 보니 참 바쁘다고 합니다. 그래서 밤늦게까지 일을 합니다. 그 시기를 놓치면 안 되기 때문입니다. 7월쯤에 벼를 심어놓고 농사가 잘되기를 기다리는 사람 보셨습니까? 왜 안 됩니까? 다 시기가 있기 때문입니다. 복음 전파에도 시기가 있습니다.

적용

1) 오늘 말씀의 주제 파악하기

2) 오늘 말씀 중 은혜 받은 부분 나누기

3) 삶에 구체적으로 적용하기

함께 드리는 기도 제목

1. 이 나라, 이 민족을 사랑하는 마음을 주소서.
2. 이 민족이 살길은 복음 전파임을 기억하여 열심히 복음의 씨를 뿌리게 하소서.
3. 눈물로 전도의 씨앗, 기도의 씨앗을 뿌려 기쁨으로 열매 맺게 하소서.

8월

제34과

여호와를 기대하는 자

✣ **본문** : 시편 37편 4-9절
✣ **찬송** : 413장(내 평생에 가는 길, 통 470장)
✣ **요절** : "진실로 악을 행하는 자들은 끊어질 것이나 여호와를 소망하는 자들은 땅을 차지하리로다"(시편 37:9).

우리의 인생에는 포기하는 일들이 참 많습니다. 상대가 너무 강하다고 생각하기 때문에, 가능성이 없다고 생각하기 때문에, 노력이나 열정이 부족하기 때문에 등의 이유로 꿈을 포기합니다. 성경에 나타난 인물들이 별과 같이 빛나는 이유가 어디에 있습니까? 그들은 포기하지 않았습니다. 야곱은 야밤에 집을 떠나 친척집에 얹혀 살면서 그 꿈을 포기하지 않았습니다. 요셉은 종살이하면서 감옥에 갇히면서도 꿈을 포기하지 않았습니다. 왜 힘들지 않았겠습니까? 눈물 나는 일도 많았고 두려움도 있었을 것입니다. 그때마다 그만두고 싶었을 것입니다. 그러나 끝까지 포기하지 않고 별과 같이 빛나는 인물들이 되었습니다.

오늘 본문에 나오는 다윗은 특별히 많은 고난을 겪었던 사람입니다. 다윗은 오늘 "여호와를 기뻐하라. 여호와께 맡기라. 잠잠하고 참고 기다리라. 노를 버리고 불평하지 말라"고 하는데 왜 이런 이야기를 합니까? 지금 어려운 상황에 있다는 것입니다. 다윗은 시편

37편과 시편 73편을 기록했습니다. 37편과 73편은 숫자로도 거꾸로 되어 있지만 상황도 그렇습니다. 37편은 하나님께서 함께하신다는 확신을 가지고 기록한 시편이고, 73편은 악인의 형통을 보며 낙망하고 염려하다가 하나님의 뜻을 발견하고 감사하게 되는 내용입니다. 이 시편의 공통 주제는, 결국에 악인은 하나님께서 심판하신다는 것입니다.

1. 여호와를 기뻐하라고 말씀합니다.

기뻐하는 것의 반대는 슬퍼하는 것입니다. 슬퍼하는 이유는 세상이 불공평하다고 생각되기 때문입니다. 나는 열심히 살았는데 늘 고생합니다. 어떤 사람들은 열심히 일하지도 않는데 편안하게 삽니다. 사기 치고 악하게 사는 사람들이 잘삽니다. 이것을 보면 억울한 것입니다. 그래서 성경은 우리에게 항상 기뻐하라고 말하십니다. 기뻐할 일이 있을 때만 기뻐하는 것이 아니라 항상 기뻐하는 법을 배우라는 것입니다. 여기에 영적인 진리가 있습니다. 늘 기뻐하는 사람에게는 기뻐할 일이 자꾸만 찾아오게 됩니다. 그래서 기뻐하는 사람이 됩니다.

불평하는 사람은 결코 성공하는 인생이 되지 못합니다. 늘 불행하고 늘 불평하게 됩니다. 그리고 불평하는 사람들의 특징은 그 불평을 다른 사람들에게 전달하려 합니다. 왜요? 같이 불평하자는 것입니다. 불평의 전염력이 참 무섭습니다. 착하고 순한 사람도 불평하는 사람 옆에 있으면 어느새 불평하는 입이 되어버립니다. 별일이 아닌 것도 함께 앞서서 불평하게 되는 입술이 되고 맙니다. 그래서 성경은 불평하는 자를 제거하라는 것입니다.

성도 여러분, 인생을 기쁨의 눈으로 바라볼 수 있기를 바랍니다.

교회를 바라볼 때에도 기쁨의 눈, 긍정의 눈으로 바라볼 수 있기를 바랍니다. 교회의 비전을 만들어 나가는 사람은 불평하는 사람이 아니라 기뻐하는 사람입니다. 하나님께서는 기뻐하는 사람을 사용하시고 이들을 통하여 하나님의 뜻을 이루어 나가십니다.

오늘 말씀에 "악을 행하는 자들 때문에 불평하지 말라"(1절), "자기 길이 형통하며 악한 꾀를 이루는 자 때문에 불평하지 말지어다"(7절), "분을 그치고 노를 버리며 불평하지 말라 오히려 악을 만들 뿐이라"(8절)고 말합니다. 불평하는 것은 유익이 없다고 하나님은 말하십니다. 욥기서에는 불평은 어리석음이요 범죄라고 했습니다. 이 사실을 깨달았기에 욥은 불평할 수 있는 상황에서 불평을 거두고 축복의 사람으로 변화되었던 것입니다.

2. 너의 길을 여호와께 맡기라고 말씀합니다.

맡긴다는 말은 히브리어로 '갈랄' 인데 돌을 굴려버린다는 뜻입니다. 완전히 던져버린다는 뜻입니다. 무거운 돌을 들고 가다가 바다에 던져버리는 것을 말합니다. 어차피 내가 고민한다고 해서 되는 일이 아닙니다. 우리의 미래는 하나님께 있으니 하나님께 맡기는 것입니다. 지나고 나면 다 하나님 뜻대로 되는 것입니다. 하나님께서는 이 세상이 악한 자들이 득세하도록 내버려두시지 않습니다. 하나님은 우리에게 좋은 것을 주시려고 이 세상을 만드셨습니다.

미국의 과학자인 나폴레옹 힐은, 자연에는 보상의 법칙이 있다고 했습니다. 좋은 씨앗을 심으면 좋은 열매를 거두고 많이 심으면 더 많이 거두게 된다는 것입니다. 자연은 심은 대로 보상하는데 하나님께서도 행한 대로 갚아 주신다고 했습니다.

예수님께서는 "수고하고 무거운 짐 진 자들아 다 내게로 오라 내가 너희를 쉬게 하리라 나는 마음이 온유하고 겸손하니 나의 멍에를 메고 내게 배우라 그리하면 너희 마음이 쉼을 얻으리니 이는 내 멍에는 쉽고 내 짐은 가벼움이라 하시니라"(마 11:28-30)고 말씀하셨습니다. 어떤 분들은 보면 기도할 때는 참 믿음이 좋습니다. "믿습니다. 가정도 나라도 다 믿습니다." 그런데 이렇게 기도해놓고 일어날 때는 다시 주섬주섬 기도했던 것들을 찾아가지고 갑니다. 믿지 못하는 것입니다.

사람은 실패할 때가 있습니다. 세상은 안전하지 않은 곳이 많습니다. 그러나 하나님의 창고는 안전합니다. 그러므로 하나님께 맡기라는 것입니다. 여러분의 불완전한 것들을 안전하신 하나님께 맡기시기를 바랍니다.

3. 참고 기다리라고 말씀합니다.

이 세상에서는 하나님을 두려워하지 않는 자들이 악한 방법으로 살기도 하고 잘되기도 하는 것을 보게 됩니다. 그러나 아무리 형통한 일이 있고 높은 자리에 올라가도 인간의 힘으로 할 수 없는 일들을 만나게 됩니다.

이러한 일들을 보며 두 가지를 분명히 기억하시기 바랍니다. 첫째는 이 땅에서 하나님께서 이들을 처리하신다는 것입니다. 오늘 말씀에도 진실로 악을 행하는 자들은 끊어질 것이라고 말씀합니다. 이 말씀대로 악한 일을 행한 자들에게는 다 종말이 찾아왔습니다. 악한 자들이 대를 이어 잘되는 법이 없습니다. 본문 앞 2절에도 "그들은 풀과 같이 속히 베임을 당할 것이며 푸른 채소같이 쇠잔할 것임이로다"라고 말씀합니다. 둘째는 이들은 지옥의 권세 앞에 다 무너지는 날이 온다는 것입니다. 강한 자도 무너지고 부자도 무너집니다. 아름다운 것도 다 무너지는 날이 옵니다. 그러므로 하나님은 "참고 기다리라 내가 생명의 면류관을 예비하고 있다" 고 말씀하시는 것입니다.

우리는 악한 사람들의 방법을 따라가지 말아야 합니다. 성경을 통해서 악한 사람들의 결말을 바라볼 수 있어야 합니다. 다윗은 자기를 죽이려고 따라다니는 사울 왕을 죽일 수 있는 기회에도 그의 옷자락만을 베었습니다. 그리고 하나님께서 세우신 사람의 옷자락에 상처를 내었다는 사실 때문에 괴로워했습니다. 인생을 하나님께 맡긴 모습입니다. 하나님께서 때가 되시면 위로해 주시고 복 주실 줄을 믿었습니다. 그래서 "진실로 악을 행하는 자들은 끊어질 것이나 여호와를 소망하는 자들은 땅을 차지하리로다"(9절)라고 고백하는 것입니다.

우리도 이 믿음을 가져야 합니다. 하나님의 역사, 하나님의 손길을 바라보고 믿고 믿음으로 인생의 길을 걸어가는 성도들이 됩시다.

더 생각해 보기: 말씀 이해를 위한 예화

미국의 제임스 페니는 친구와 함께 백화점에 취직을 했습니다. 백화점에서 시킨 일은 엘리베이터에서 손님에게 인사하는 일이었습니다. 친구는 며칠 일하다가 "내가 백화점에서 이런 일을 하려고 취직한 줄 아느냐?" 불평하고는 그만두었습니다. 그러나 페니는 있는 자리에서 기도하면서 최선을 다했습니다. 손님들이 무엇을 원하는지 파악하기에 힘을 썼습니다.

그러다가 백화점 체인사업을 시작하게 되었는데, 하나님께 감사하는 마음으로 십일조를 드렸습니다. 처음에는 수입의 15퍼센트를 하나님께 드렸는데, 수입이 늘어날수록 십일조도 늘려서 점점 20퍼센트, 30퍼센트, 나중에는 50퍼센트를 하나님께 드렸습니다. 그랬더니 하나님께서 복 주셔서, 전국 1,660개의 백화점을 세우는 놀라운 성공을 거두고, 결국에는 미국의 백화점 왕이 되었습니다. 하나님께서 심은 대로 거두게 하시고 행한 대로 갚아 주신 것입니다.

적용

1) 오늘 말씀의 주제 파악하기

2) 오늘 말씀 중 은혜 받은 부분 나누기

3) 삶에 구체적으로 적용하기

함께 드리는 기도 제목

1. 여호와를 기뻐하는 삶을 살게 하소서.
2. 나의 길을 안전하신 하나님께 맡길 수 있는 믿음을 주소서.
3. 하나님의 역사, 하나님의 손길을 믿고 인내하여 믿음의 삶을 살게 하소서.

8월

제35과 ••••••

하나님의 날을 하나님께

✣ **본문** : 신명기 5장 12-15절
✣ **찬송** : 43장(즐겁게 안식할 날, 통 57장)
✣ **요절** : "너는 기억하라 네가 애굽 땅에서 종이 되었더니 네 하나님 여호와가 강한 손과 편 팔로 거기서 너를 인도하여 내었나니 그러므로 네 하나님 여호와가 네게 명령하여 안식일을 지키라 하느니라"(신명기 5:15).

주 5일 근무제가 실시되면서 교회에서 걱정들을 많이 했습니다. 서구사회가 주 5일 근무를 하면서 교인들이 떠나기 시작했다는 것입니다. 이러한 현상이 우리나라에도 일어날 수가 있습니다. 교회가 마이너스 성장을 하고 있다는 보도가 나왔습니다. 그 후 IMF를 겪으며 다시 회복이 되었지만 사람들은 살 만하면 교회를 떠납니다. 3D 업종에 일할 사람이 없으니 외국인들이 들어와 일하기 시작했습니다.

이것이 성경에 나온 이야기와 같습니다. 이스라엘 백성들이 늘 그랬습니다. 먹고 살 만하면 우상을 숭배하고 예배를 소홀히 했습니다. 그러다가 채찍을 맞고 다시 하나님을 찾았습니다. 하나님께서는 너희가 주일을 소홀히 하고 예배드리지 않았으니, 어디 한번 예배드리고 싶어도 못 드리는 삶을 살아 봐라 하면서 타국의 노예로 삼으셨습니다. 우리는 말씀을 통해서 하나님께서 주신 주일의 소중함을 다시 한 번 깨닫고 주일을 성수하는 성도들이 됩시다.

1. 주일을 지키는 것은 하나님의 명령입니다.

오늘 말씀에도 "네 하나님 여호와가 네게 명령한 대로 안식일을 지켜 거룩하게 하라"(12절)고 하셨습니다. 안식일은 십계명 중 제 4 계명으로 하나님께서 명하신 제도입니다. 그러므로 우리에게는 순종이 필요합니다. 안식일은 무거운 것이 아닙니다. 안식일은 복된 날입니다. 하나님께서는 6일 동안 천지를 창조하시고 제7일에 쉬셨습니다. 이날을 복 주시고 거룩하게 하셨습니다. 그리고 너희도 이 날을 거룩하게 지키라고 명령하셨습니다. 여기에는 몇 가지 중요한 의미가 있습니다. 하나님께서 6일 동안 일하셨다는 것은 너희도 열심히 일하라는 것입니다. 진정한 예배를 드리기 위해서 일주일 동안 열심히 일하는 것이 크리스천의 경제윤리관입니다. 그리고 거룩히 지키라고 하셨습니다.

믿음의 사람들에게 안식일은 거룩한 날이지 노는 날이 아닙니다. 거룩히 지키라는 말씀은 예배드리라는 것입니다. 이 예배를 통하여 하나님께서 천지를 창조하셨음을 잊지 말아야 합니다. 예수님께서 우리를 위해 죄 사함의 은총을 주셨음을 잊지 말아야 합니다. 오늘도 우리에게 은혜와 복을 주셔서 하나님을 찾을 수 있게 된 것을 잊지 않아야 합니다. 15절에는 "너는 기억하라 네가 애굽 땅에서 종이 되었더니 네 하나님 여호와가 강한 손과 편 팔로 거기서 너를 인도하여 내었나니 그러므로 네 하나님 여호와가 네게 명령하여 안식일을 지키라 하느니라" 말씀하셨습니다.

안식일은 하나님께서 천지를 창조하시고 쉬셨기 때문에 주신 날일 뿐 아니라 이스라엘 백성들에게 출애굽의 역사와 관련이 있음을 말씀해 줍니다. 주일의 핵심은 하나님의 휴식이 아니라 구원입니다. 안식일을 지키면서 너희를 애굽의 노예에서 구원하여 주신 하나님을 기억하라는 것입니다. 더 나아가 이것은 오늘날 예수님의 이 땅에 오심을 의미하는 말씀입니다. 예수님께서 오셔서 죄의 노예로 있던 우리들을 구원해 주셨습니다. 그러므로 우리는 주일을 지키며 우리가 죄에서 해방된 것을 잊지 말아야 합니다.

예수님은 유월절 어린 양이 되어 스스로 제물이 되어 주셨습니다. 예수님께서 안식일을 지나 3일 만에 부활하신 날이 주일입니다. 그래서 초대 교회 성도들은 승리의 날로 주일에 하나님께 감사하며 예배드린 것입니다. 중요한 것은 우리가 오늘날 주일을 지키며 안식일의 정신이 약해졌다는 것입니다. 유대인들이 안식일을 지키듯 있는 힘을 다하여 주일을 지켜야 합니다. 이것이 주일성수의 정신입니다. 우리 주님은 진정으로 주일의 주인이 되시기를 원하십니다. 주일을 거룩히 지키라는 것은 하나님의 명령입니다. 우리 도림의 성도들은 주일을 성수하며 거룩히 지키는 하나님의 자녀들이 됩시다.

2. 주일은 휴식을 위한 날입니다.

어떤 성악가가 발표회를 하는데, 열심히 노래를 부르다가 갑자기 쓰러져 죽었습니다. 죽을 만한 이유도 없고 병원에 가서 조사를 해보아도 사인이 없는 것입니다. 그런데 성악가가 불렀던 노래의 악보를 살펴보니 악보에 쉼표가 없었다고 합니다. 노래를 부르다가 숨을 쉬지 못해 죽은 것입니다.

이 세상의 모든 만물은 휴식이 필요합니다. 기계도 쉬지 않고 돌아가면 문제가 생기게 마련입니다. 가끔씩 쉬면서 기름을 쳐 주어야 합니다. 러시아 혁명 이후에 공산주의자들은 일주일 중에 주일에 쉬는 것을 깨뜨리려고 열흘을 일한 후에 하루를 쉬게 했습니다.

그러면 더 많은 생산을 거둘 수 있을 것이라고 생각했습니다. 그런데 결과는 엉망이었습니다. 사람들이 아프고 탈이 났습니다. 그래서 1년 만에 주일을 환원시켰습니다.

학자들의 연구에 의하면 인간의 몸은 일주일을 일하면 하루를 쉬어야 하도록 만들어져 있다는 것입니다. 왜 그렇습니까? 하나님께서 그렇게 만드셨기 때문입니다. 하나님의 원리대로 살아가면 여기에 승리가 있고 복이 있습니다. 하나님께서는 안식일에 쉴 것을 명하시면서 객들과 종들과 짐승들까지 쉬게 할 것을 명하셨습니다. 안식년에는 땅들까지 쉬게 할 것을 명하셨습니다. 왜냐하면 우리를 그렇게 창조하셨기 때문입니다. 땅도 쉬지 않고 농사를 짓게 되면 지력이 약해지게 됩니다. 땅을 쉬게 하면 지력을 회복하여 아주 건강한 땅이 됩니다.

구약에서 안식일은 주로 육체적인 휴식입니다. 그런데 오늘 주일은 영적인 휴식입니다. 육체가 쉼을 얻어야 일을 잘할 수 있는 것처럼 영적인 쉼이 있어야 하는 것입니다. 하나님의 전에 나와 신령한 양식을 먹어야 우리가 힘이 납니다. 우리는 육신의 안식을 위해서도 쉬어야 하지만 영원한 생명을 위하여 주일을 지켜야 하는 것입니다. 그러므로 주일을 감사하며 기쁨으로 지키시기 바랍니다. 이날은 내가 사는 날이므로 이 주일을 통하여 내가 영적으로 건강해짐을 감사하시기 바랍니다. 우리 성도들은 하나님께서 주신 주일을 기쁨으로 감사함으로 즐거움으로 지내는 성도들이 됩시다.

3. 주일은 하나님의 날입니다.

하나님은 거룩하신 하나님이요 주일은 거룩한 날입니다. 성일입니다. 하나님께도 성부 성자 성령, 이렇게 거룩할 '성(聖)' 자를 붙입니다. 여러분도 거룩하다는 뜻으로 성도라고 부릅니다. 그러므로 우리는 그 이름대로 거룩하게 살아야 합니다. 물론 나머지 6일도 우리는 거룩하게 살아야 합니다. 그러나 하나님께서 명하시는 것은 주의 날을 구별하여 드리라는 것입니다.

거룩이라는 뜻은 원래 히브리어에서 '카도쉬'로 '구별한다'는 의미를 가지고 있습니다. 주일성수라는 말은 주일을 거룩하게 구별하여 지킨다는 뜻입니다. 하나님은 주일을 구별하여 드리는 것을 원하십니다. '주일은 원래 하나님의 날이다. 이날은 예배를 통하여 하나님을 만나고, 내 죄의 용서를 받고 복을 받는 날이다. 영의 양식을 먹는 날이다.' 기억하고 사시기 바랍니다.

주일 예배에는 일찍 오시기 바랍니다. 평소보다 20분만 서둘러 출발하면 하나님 만나는 시간에 늦지 않을 수 있습니다. 지금은 늦어도 괜찮지만 천국의 나팔이 울리고 하늘 문이 열릴 때에 늦으면 큰일이 납니다. 열 처녀의 비유에서 미련한 다섯 처녀는 늦어서 그만 혼인잔치에 참여하지 못했습니다. 혼인잔치는 천국을 의미합니다. 예배는 천국 문에 들어가기 위한 훈련입니다. 그래서 늦으면 안 되는 것입니다.

옷도 제일 좋은 옷으로 입고 오시기 바랍니다. 좋은 옷 장롱 속에 넣어 두어도 입을 날이 얼마 남지 않았습니다. 하나님 만날 때 제일 좋은 옷을 입고 오시기 바랍니다. 면도도 하고 화장도 하고 하나님 만날 준비를 하고 오시기 바랍니다. 미리미리 기도하면서 감사로 예물을 준비하고 회개하는 마음도 미리미리 준비하고 찬양도 준비된 마음으로 드릴 때에 예배를 통하여 은혜가 임하게 됩니다.

6일 동안 세상에서 힘들었어도 거룩한 날인 주일에는 하나님께서 주시는 안식을 받아야 합니다. 주일에 하나님의 전에 나와서는 더 조심해야 합니다. 하나님 앞에서 불평하면 안 됩니다. 남을 해하는 이야기도 하지 말아야 합니다. 거룩한 양식을 먹고 더러운 입술이 되면 안 됩니다. 주일은 찬양하는 입술, 기도하는 입술이 되어야 합니다. 이것이 거룩한 날을 구별하여 주신 하나님의 명령이기 때문입니다. 이스라엘을 애굽에서 해방시키신 것을 기억하여 거룩히 안식일을 지키라고 하셨습니다. 오늘 우리는 영원히 사함 받을 수 없는 죄에서 해방되어 구원의 자녀가 된 것을 기억하며, 매 주일의 예배를 기쁨으로 하나님께 드리는 성도들이 됩시다.

더 생각해 보기: 말씀 이해를 위한 예화

세계에서 가장 근면한 민족을 말할 때에 독일 사람들을 이야기합니다. 전쟁에 패하고 나서 독일 사람들은 담배를 피우기 위해 성냥 한 개비를 켤 때에도 몇 사람이 모여야 성냥을 켰습니다. 그 정도로 근검하게 생활하여 라인 강의 기적을 이루어 냈습니다.

70년대, 80년대를 지나면서 살 만해지니까 어렵고 힘든 일들을 주변의 폴란드, 헝가리, 루마니아 등 약소국의 사람들에게 소위 3D 직종을 맡기고 자신들은 차를 타고 휴가를 즐겼습니다. 그러다 보니 독일의 교회가 비어가기 시작했습니다. 세계대전 후 암담한 현실 앞에서 교회에 나와 기도하며 독일의 재건을 힘썼던 이들이 하나님을 멀리하기 시작했습니다. 개혁교회의 상징이었던 독일교회가 지금은 텅텅 비어가고 있습니다.

주일을 빼앗겨버린 교회는 죽은 교회입니다. 이름은 있으나 실상은 죽은 교회입니다. 이미 하나님의 축복이 떠나간 교회입니다.

적용

1) 오늘 말씀의 주제 파악하기

2) 오늘 말씀 중 은혜 받은 부분 나누기

3) 삶에 구체적으로 적용하기

함께 드리는 기도 제목

1. 주일을 거룩히 성수하는 믿음의 자녀가 되게 하소서.
2. 하나님께서 주신 주일을 기쁨으로 감사함으로 즐거움으로 지내게 하소서.
3. 매 주일 하나님께 기쁨으로 예배를 드리게 하소서.

제36과

죄를 이기는 성도

✣ **본문** : 창세기 3장 1–7절
✣ **찬송** : 261장(이 세상의 모든 죄를, 통 195장)
✣ **요절** : "동산 중앙에 있는 나무의 열매는 하나님의 말씀에 너희는 먹지도 말고 만지지도 말라 너희가 죽을까 하노라 하셨느니라"(창세기 3:3).

오늘 말씀은 인류가 최초로 죄를 지은 사건입니다. 행복한 에덴 동산에서 천사가 그만 교만해져 사탄이 되었습니다. 이것은 무엇을 말합니까? 교만하면 천사가 사탄이 될 수도 있다는 말입니다. 천사가 하나님과 같이 높아지고자 하여 죄를 지었고 사탄이 되었습니다. 그런데 이 사탄이 아담과 하와를 보니 시기가 났습니다. 사탄은 행복한 것을 못 봅니다. 잘되고 형통한 것을 못 봅니다. 어떻게 하든 인간을 고통스럽게 하고 망하게 하는 자가 사탄입니다.

1. 교만하면 사탄의 통로가 됩니다.

이 사탄이 아담과 하와를 시험하기 위하여 택한 짐승이 뱀입니다. 오늘 말씀에 '하나님께서 창조하신 에덴 동산의 들짐승 가운데 뱀이 가장 간교하다' 고 했습니다. '간교' 라는 말은 히브리어로 '아름' 인데 이 단어는 '아주 총명하다' 는 뜻을 가지고 있습니다. 그저 처음부터 뱀이 간교하였다면 아담과 하와의 범죄는 하나님 때문에 일어난 것이 됩니다. 하나님께서 범죄의 요인을 제공한 것이 됩니다. 그러나 하나님께서는 창조물들을 로봇으로 만드신 것이 아닙니다. 천사에게도 자유의지를 주셨는데, 루시퍼를 중심으로 한 천사들이 타락했습니다. 이 타락한 천사 루시퍼를 사탄이라 부릅니다.

사탄이 아담과 하와를 유혹하기 위하여 가만히 생각을 하다가 '뱀을 이용하면 되겠다' 고 판단했습니다. 사탄은 영물이라 지혜가 있습니다. 머리 좋은 것으로 따지면 사탄보다 머리 좋은 사람은 없습니다. 세상의 힘으로도 지혜로도 사탄을 이길 수 없습니다. 믿음으로만이 이길 수가 있습니다. 이 뱀에게 사탄이 들어왔습니다. 그래서 뱀을 도구로 사용합니다. 뱀이 하와를 유혹한 것이 아닙니다. 사탄이 뱀을 통로로 사용한 것입니다.

오늘도 마귀의 방법은 동일합니다. 하나님의 백성들을 무너뜨리기 위하여 사람을 통로로 사용합니다. 교회 안에도 어떤 사람이 다른 성도들을 괴롭게 하고 고통스럽게 만들고 상처를 줍니다. 그런데 이것은 그 사람이 악해서 그런 것이 아닙니다. 마귀 사탄이 그 사람을 통로로 사용하는 것입니다. 그러므로 그 사람을 미워해서는 안 됩니다. 기도해야 합니다. 예수님을 팔아먹는 일을 한 가룟 유다에게 사탄이 들어갔다고 했습니다. 가룟 유다는 자신의 마음을 제대로 지키지 못하여 사탄의 도구가 되었습니다. 우리는 사탄의 통로가 되어서는 안 됩니다.

사탄이 왜 뱀을 이용했습니까? 뱀이 지혜로웠기 때문입니다. 바다에 있는 생물 중 돌고래가 지능이 제일 좋다고 합니다. 그런데 당시 짐승 중 뱀이 제일 지혜로웠습니다. 성경에 지혜를 나타내는 '아름' 이라는 단어는 긍정적인 의미와 부정적인 의미를 다 가지고 있습니다. 머리 좋은 것을 어떻게 사용하느냐에 따라서 지혜롭게 될 수도 있고 간교하게 될 수도 있다는 것입니다. 물질이 많다고 다 좋은 것은 아닙니다. 그 물질이 나와 내 자녀를 망하게 하는 것이 될 수도 있고 행복하게 만드는 것이 될 수도 있습니다.

수많은 짐승 중에서 왜 하필이면 뱀이 사탄의 도구가 되었습니까? 우리는 성경을 통해서 이 비밀을 깨달아야 합니다. 죄를 이기는 비결을 깨달아야 합니다. 뱀은 자신이 모든 짐승 중에서 가장 지혜롭다고 생각했습니다. 이것이 교만입니다. 뱀이 사탄의 통로가 된 것은 교만 때문입니다. 교만은 무서운 것입니다.

2. 좋은 것만 바라보아야 합니다.

사탄은 하와에게 와서 "뱀이 여자에게 물어 이르되 하나님이 참으로 너희에게 동산 모든 나무의 열매를 먹지 말라 하시더냐"(1절)라고 묻습니다. 하와는 뱀과 대화하면서 시험에 빠지게 됩니다. 사탄과 대화하면 결국은 시험에 빠지게 됩니다. 사탄은 수많은 일들 가운데 우리에게 자꾸만 대화를 요구합니다. 이 대화에 응하면 무너지게 되는 것입니다.

하나님과 대화하면 하나님의 사람이 됩니다. 하나님의 말씀을 늘 대하며 사는 사람은 사탄이 유혹하지 못합니다. 성경의 위인들은 어려운 일을 만날 때마다 하나님께 나아왔습니다. 그리고 하나님께 부르짖었습니다. "하나님 도와주십시오. 피할 길을 주시고 능력을 주십시오." 하나님과 대화하면 문제가 해결되기 시작하는 것입니다.

사탄의 질문을 보십시오. "하나님이 참으로 너희에게 동산 모든 나무의 열매를 먹지 말라 하시더냐?" 사탄이 몰라서 묻는 것이 아닙니다. 하나님께서는 아담과 하와에게 동산의 모든 열매를 먹되 동산 중앙에 있는 선악을 알게 하는 나무의 열매를 먹지 말라고 하셨습니다. 모든 나무의 열매는 다 먹으라고 하셨는데 먹지 말라고 한 것은 일부분입니다. 아담과 하와가 하나님께서 먹으라고 한 수많은 나무를 바라보았다면 시험에 들지 않았을 것입니다. 오히려 감사할 것입니다. 그런데 먹지 말라고 하신 그 나무를 바라보게 되었습니다. 불만은 내게 준 것에 감사하지 않고 갖지 못한 것만을 바라보게 합니다.

행복하게 사는 비결은 잘한 것을 계속해서 바라보는 것입니다. 주의 종을 바라볼 때에도 잘한 것을 자꾸만 바라보십시오. 그러면 감사하게 됩니다. 남편을 바라보아도 아내를 바라보아도 자꾸만 잘한 것을 바라보시기 바랍니다. 그러면 감사하게 됩니다.

하나님께서 우리에게 주신 것이 얼마나 많습니까? 가정을 보아도 교회를 보아도 이 세상을 보아도 감사할 조건이 너무나 많습니다. 우리는 주신 것을 바라보아야 합니다. 그러면 감사하게 됩니다.

불평하는 사람들을 보면 그 수많은 감사의 조건 가운데서 아주 보이지도 않는 작은 점 같은, 내가 갖지 못한 것을 바라보게 합니다. 마귀 사탄으로부터 시작된 시험은 이기기가 참 어렵습니다. 작은 것이 자꾸만 커집니다. 가정에서 감사할 조건이 얼마나 많습니까? 감사할 것을 찾아 감사하는 성도들이 됩시다.

3. 하나님의 말씀에 집중해야 합니다.

"동산 나무의 열매를 우리가 먹을 수 있으나 동산 중앙에 있는 나무의 열매는 하나님의 말씀에 너희는 먹지도 말고 만지지도 말라 너희가 죽을까 하노라 하셨느니라"(2-3절). 사탄의 질문에 대한 하와의 대답입니다. 하나님은 "네가 먹는 날에는 반드시 죽으리라" 하였는데 하와는 "죽을까 하노라" 했습니다. 반드시 죽으리라 하셨는데 죽을지도 모른다는 것입니다. 하와는 사탄과 대화하면서 마음이 벌써 흔들리고 있습니다. 그 열매를 한번 먹어 보고 싶었습니다. 의심의 병이 들었습니다. 욕심이 생겼습니다. 하나님의 말씀을 자기에게 유리하게 해석을 합니다. 하와는 하나님의 말씀을 자기 마음대로 바꿨습니다.

여기에서 이미 시험이 시작된 것입니다. 하나님의 말씀을 바꾸면 안 됩니다. 오늘 예수 믿는 사람들 중에 많은 사람들이 왜 병이 들었습니까? 하나님의 말씀을 그대로 받아 순종해야 하는데 자기에게 유리한 것만 듣고 행하는 것입니다.

신명기 28장에는 우리 인생이 복받는 비결에 대한 말씀이 나옵니다. "하나님의 말씀을 듣고 좌로나 우로나 치우치지 아니하면"이라고 말씀합니다. 시편 1편에 "복 있는 사람은 오직 여호와의 율법을 즐거워하여 그 율법을 주야로 묵상하는 자로다"라고 했습니다. 인생이 복 받는 비결은 말씀에 집중하는 것입니다. 말씀에 집중한 민족은 복을 받았습니다. 말씀에 집중한 가정은 모두 복을 받았습니다. 말씀에 집중하면 은혜 받게 되어 있고, 은혜 받으니 복 받게 되어 있는 것입니다. 이 복의 원리를 깨달아야 합니다.

인류 최초의 죄악은 하와의 교만한 마음에서부터 시작되었습니다. 교만한 마음이 있으면 불평이 나오고 죄악이 시작이 됩니다. 성경이 가르치는 원리입니다. 아담과 하와가 범죄한 원인이 어디에 있습니까? 하나님의 말씀을 떠났기 때문입니다. 불순종했기 때문입니다. 죄를 이기는 비결은 하나님의 말씀을 굳게 순종하는 데에 있습니다. 매 주일 주시는 하나님의 말씀을 굳게 붙들고 좌로나 우로나 치우치지 아니하며 죄악을 이기는 성도들이 됩시다.

더 생각해 보기: 말씀 이해를 위한 예화

오래전 원자력발전소를 세우는 일 때문에 야당에서 반대를 많이 했습니다. 학자들이 반대하고 국민들까지 반대를 했습니다. 원자력 발전소를 세워 이 대한민국을 망하게 하는 것처럼 생각했습니다.

지금 전세계에 원자력 발전소가 442개가 있는데, 미국이 104개로 제일 많습니다. 그다음 프랑스가 59개, 일본이 54개를 가지고 있습니다. 우리나라는 19개를 가지고 있는데 이곳에서 우리나라 전기 공급의 40퍼센트를 책임지고 있습니다.

얼마전 원자력 발전소를 중동에 수출을 했는데 원자력 발전소 하나를 수출하여 벌어들이는 금액이 400억 달러, 현대자동차가 소나타 100만 대를 팔아야 벌어들일 수 있는 금액입니다. 또한 향후 이 발전소를 운영하기 위하여 추가로 200억 달러를 수출할 수가 있고 향후 10년간 노동자 11만 명을 고용하게 된다고 합니다.

지금 한국을 먹여 살리는 아주 중요한 자원이 된 것이 원자력 기술입니다. 원자력 기술은 아주 위험한 것이지만 어떻게 사용하느냐가 중요합니다. 지혜를 잘 사용하면 모두에게 유익하지만 잘못 사용하면 모두에게 불행을 주게 됩니다.

적용

1) 오늘 말씀의 주제 파악하기

2) 오늘 말씀 중 은혜 받은 부분 나누기

3) 삶에 구체적으로 적용하기

함께 드리는 기도 제목

1. 신앙생활 하면서 교만하여 사탄의 도구가 되지 않도록 인도하여 주소서.
2. 항상 감사함으로 좋은 것만 바라보는 긍정의 눈을 주소서.
3. 하나님의 말씀을 굳게 붙들고 죄를 이기는 성도의 삶을 살게 하소서.

제37과 ••••••

각 사람의 공적

✣ **본문** : 고린도전서 3장 10–15절
✣ **찬송** : 453장(예수 더 알기 원하네, 통 506장)
✣ **요절** : "만일 누구든지 그 위에 세운 공적이 그대로 있으면 상을 받고 누구든지 그 공적이 불타면 해를 받으리니 그러나 자신은 구원을 받되 불 가운데서 받은 것 같으리라"(고린도전서 3:14–15).

성경은 인생을 장막에 비유하고 있습니다. 인생은 장막과 같이 오래되면 낡고 쇠하는 것이요, 시간이 지나면 장막을 뜯어 새로운 곳으로 이사를 가야 하고, 언젠가 새로 지어야 할 집입니다. 그런데 또 하나의 집이 있습니다. 그 집은 하늘에 짓는 것입니다. 하늘에 짓는 집이 어디에 있습니까? 바로 여러분입니다. 여러분 모두가 하나님의 전입니다. 살아 움직이는 전입니다. 이 집을 잘 지어야 합니다.

1. 우리는 하나님이 거하시는 성령의 전입니다.

"너희는 너희가 하나님의 성전인 것과 하나님의 성령이 너희 안에 계시는 것을 알지 못하느냐 누구든지 하나님의 성전을 더럽히면 하나님이 그 사람을 멸하시리라 하나님의 성전은 거룩하니 너희도 그러하니라"(고전 3:16-17).

하나님을 믿는 고린도 교인들 중에도 구원받기 이전의 온갖 죄악 생활을 그대로 되풀이하는 이들이 있었습니다. 성령님이 거하시는 하나님의 성전에서까지 당파를 만들어 분쟁을 일삼고 있었습니다. 그들은 구원받은 나를 통해 이루시는 하나님의 능력을 체험하지 못하고, 이 몸을 통해 해야 할 일들을 알지 못하고 있었습니다. 여전히 죄악 가운데 있음으로 구원받은 자기를 더럽히고, 또 파괴하고 있었습니다. 그래서 사도 바울은 오늘 이 말씀을 주는 것입니다. 눈으로 보이는 하나님의 성전이 거룩하니 성령님이 거하시는 너희 몸도 거룩하다는 것입니다.

구원은 내가 주님을 구주로 고백할 때 주시는 일회적인 사건입니다. 그래서 여러분은 다 구원받았습니다. 그러나 성화는 구원받은 성도가 평생을 통하여 자신을 갈고 닦아 예수 그리스도를 닮아가는 과정입니다. 내 안에 성령께서 계신 것을 깨달으니 모든 것이 조심스러워집니다. 내 손이 내 손이 아니요, 내 입이 내 입이 아니니 말 한마디도 조심스러워집니다. 나뿐만이 아니라 내 아내가 내 자녀가 하나님의 성령이 거하시는 전임을 깨달으니 함부로 대하여 그 마음을 상하게 할 수가 없습니다. 교회에서도 서로가 하나님의 전임을 느낄 때 함부로 할 수 없습니다. 성도는 하나님의 전입니다.

그래서 성령님께서 내 안에 계신 것을 느끼며 살아가는 크리스천은 생활이 변화가 됩니다. 이 깨달음이 있는 성도가 거룩하게 살아갈 수가 있는 것입니다. "누구든지 하나님의 성전을 더럽히면 하나님이 그 사람을 멸하시리라 하나님의 성전은 거룩하니 너희도 그러하니라"라고 하였습니다. 구원받은 교인이 죄악된 생활을 계속하면 하나님께서 멸하신다고 했습니다. 그래서 사랑하시는 사람에게는 계속해서 경고를 주십니다.

죄악과의 싸움은 쉬운 싸움이 아닙니다. 죄악의 싸움은 사탄과의 싸움입니다. 그래서 쉽지 않습니다. 우리가 그리스도의 평안을 누리기 위해서는 쉴 새 없이 싸움을 해야 합니다. 내 정욕과도 싸워야 하고, 부조리와도 싸워야 합니다. 이 영적인 싸움이 처음에는 얼마나 힘이 드는지 모릅니다. 그러나 거룩하게 되어갈 때, 성화되어 갈 때 주 안에서 오히려 자유함을 누리게 됩니다.

2. 하나님의 전을 반석 위에 지어야 합니다.

본문의 말씀은 하나님의 전을 어떻게 지어 나갈 것인가에 대한 비유의 말씀입니다. 먼저 좋은 터 위에 집을 지어야 합니다. 좋은 터 위에 집을 지어야만 집이 튼튼하게 유지될 수 있습니다. 이 터가 좋아야 합니다.

오늘 본문에서의 터는 예수 그리스도를 의미합니다. 예수 그리스도의 반석 위에 지은 터는 안전합니다. 육신의 장막집이 육신의 건강을 지켜 준다면 이 터는 우리의 영혼을 지켜 줍니다. 그런데 육신의 장막집은 시간이 가면 다 무너집니다. 아무리 오래 살아도 백 살이면 다 무너집니다. 또 오래 살아도 나이가 먹으면 몸도 마음도 약해집니다. 이 세상의 집은 다 낡아지는 것입니다. 그런데 우리에게는 날이 갈수록 더 빛나고 더 든든해지는 집이 있습니다. 더 강해지는 집이 있습니다. 그것은 예수 그리스도의 터 위에 세운 영혼의 집입니다.

사람은 누구나 자기 나름대로의 인생관과 가치관이 있습니다. 그래서 사람들은 저마다 다른 기초를 찾아 그 위에 인생의 집을 짓고 있습니다. 사도 바울은 과거에는 참된 기초를 발견하지 못한 채 인생을 살았지만 그러나 이제는 참 기초이며 반석이신 예수 그리스도를 발견하고 그 위에 인생을 다시 세웠습니다. 왜냐하면 이 땅에서 세운 모든 가치는 인간의 죽음과 세상의 멸망과 함께 소멸되고 사라지지만 반석의 기초 위에 세운 인생은 세상이 끝나고 죽음이 와도 영원하기 때문입니다.

하나님의 말씀은 영원합니다. 아무리 훌륭한 정치가도 예술가도 사라지고 맙니다. 명예도 물질도 권세도 아무것도 가지고 갈 수가 없습니다. 그래서 이 반석 위에 인생의 집을 지으라고 합니다.

반석 위에 짓는 집은 어떤 집입니까? 그 집은 본문 12절 이하에 나오는 집입니다. 건축을 하는데 어떤 사람은 금이나 은이나 보석으로 집을 짓는데 어떤 사람은 나무나 풀이나 짚으로 집을 짓는다고 합니다. 금이나 은이나 보석으로 집을 짓는다는 것은 정성껏 짓는다는 말입니다.

금이나 은이나 보석은 구하기도 어렵고 또 집이 잘 지어지지를 않습니다. 반면에 풀이나 나무나 짚은 쉽게 구할 수 있는 것을 의미합니다. 금이나 은이나 보석은 하나님의 말씀을 가리킵니다. 그리고 나무와 풀과 짚은 인간의 생각과 지혜를 말합니다. 집을 짓는다는 의미는 신앙생활의 과정을 의미합니다. 마치 보석으로 집을 짓는 것과 같이 희생과 땀과 노력이 있는 신앙생활을 하는 사람이 있고 반면에 대충 적당히 희생 없이 신앙생활을 하는 사람이 있습니다. 이런 집은 하나님의 심판대 앞에서 순식간에 무너지고 부끄러움을 당하게 됩니다.

금이나 은이나 보석으로 집을 짓는 것은 시간이 필요합니다. 신앙생활도 시간이 필요합니다. 훌륭한 신앙은 금방 만들어지는 것이 아닙니다. 자기 자신과의 끊임없는 싸움 속에서 조금씩 조금씩 만들어집니다. 끊임없이 말씀을 듣고 배우고 기도하는 가운데서 만들어집니다. 믿음 생활 가운데 가장 큰 적은 외부에 있지 않습니다. 다른 사람 때문이 아닙니다. 바로 나 자신 때문입니다.

다른 사람 때문에 시험 드는 것이 아닙니다. 목사님 때문에, 장로님 때문에 시험 드는 것이 아닙니다. 같은 자리에 앉아 같은 설교를 들어도 어떤 사람은 눈물 흘리며 은혜 받는 시간이 되는데 어떤 사람은 시험에 듭니다. 왜 그렇습니까? 나 때문인 것입니다. 그래서 나를 잘 지켜야 합니다. 부지런히 말씀을 보며 기도할 때 싸워서 승리할 수 있지만 방심하면 여지없이 하늘의 집이 부실공사가 되고 맙니다.

3. 우리는 하나님의 전을 지어가고 있는 사람들입니다.

사람의 인생은 집을 지어가는 것과 같습니다. 지금 여러분은 여러분의 몸으로 성전을 지어가고 있습니다. 어떤 분은 절반쯤 지어갔고 완공 단계에 있는 분도 있을 것입니다. 우리 인생의 집이 다 지어지면 하나님께서는 불러가십니다. 그 인생의 집이 언제 지어질지 우리는 모릅니다. 그러나 언제 지어지든지 하나님께서 여러분을 향해 전이 아름답다는 칭찬을 받을 수 있게 되기를 바랍니다.

다이아몬드는 여성들이 좋아하는 고가의 보석입니다. 그런데 다이아몬드를 쪼개고 쪼개서 원자 단위까지 분석하면 그 찬란한 빛으로 감탄사를 만들어내던 다이아몬드가 흑연과 똑같은 탄소로 이루어져 있는 것을 볼 수 있습니다. 결국 흑연덩어리와 다이아몬드는 같은 원소로 구성되어 있습니다. 그런데 다른 점이 있습니다. 그것은 탄소 원자의 결합 질서가 다릅니다. 어떠한 질서로 결합하느냐에 따라 보석이 되기도 하고 시커먼 흙덩어리에 불과하기도 한 것입니다.

여러분 모두에게 같은 인생과 같은 시간을 주셨습니다. 이것을 잘 조합해야 합니다. 이것을 성경은 달란트라고 말합니다. 달란트는 다 똑같지 않습니다. 각자 받은 달란트가 다릅니다. 그 달란트를 어떻게 사용하느냐에 따라 다이아몬드처럼 빛나는 집을 짓기도 하고 시커먼 흙덩어리 집을 짓기도 하는 것입니다.

여러분에게는 같은 교회를 주셨습니다. 같은 시대에 같은 사명을 주셨습니다. 이 사명을 어떻게 사용하실 것입니까? 하나님께서 지금 우리에게 요구하시는 사명이 무엇입니까? 무슨 집을 지으라고 하십니까? 오늘 성경은 마지막 날에 공력으로 시험한다고 했습니다. 이것은 심판의 날이 반드시 옴을 말씀하는 것입니다. 주의 전에서 하나님의 말씀을 들으며 함께 지어가는 집이 거룩한 전으로 지어져 공력으로 시험을 당할 때에 하나님 앞에서 찬란하게 빛나는 복된 집의 소유자가 되는 성도들이 됩시다.

더 생각해 보기: 말씀 이해를 위한 예화

어떤 할아버지가 TV를 켰는데 건강 프로그램이었습니다. 그 프로그램을 보다가 점점 얼굴 표정이 심각해집니다. 그때 외출했던 할머니가 들어오면서 물었습니다. "당신 어디 아프세요? 왜 그렇게 얼굴 표정이 다 죽어가요?" 그러자 할아버지가 힘없이 대답했습니다. "아무래도 내가 저 병에 걸린 것 같아. 가끔씩 머리가 띵하고, 쉽게 피곤하고 요즘에는 밥맛도 없는 것이 저 병 증세와 똑같아."

할머니도 걱정되어 곁에 앉아 TV를 보는데 마지막에 아나운서가 프로를 마치면서 이렇게 말했습니다. "끝까지 시청해 주셔서 감사합니다. 지금까지 유방암에 대하여 알아보았습니다." 이 할아버지는 성급하게 판단하고 미리 걱정한 것입니다.

적용

1) 오늘 말씀의 주제 파악하기

2) 오늘 말씀 중 은혜 받은 부분 나누기

3) 삶에 구체적으로 적용하기

함께 드리는 기도 제목

1. 우리 스스로가 하나님이 거하시는 거룩한 성령의 전임을 기억하게 하소서.
2. 반석이신 그리스도 위에 하늘의 집을 잘 건축하게 하소서.
3. 모든 성도들이 찬란하고 빛나고 복된 하늘의 집의 주인이 되게 하소서.

제38과 ······

두 번째 기회

✣ **본문** : 요나 3장 1-4절
✣ **찬송** : 309장(목마른 내 영혼, 통 409장)
✣ **요절** : "여호와의 말씀이 두 번째로 요나에게 임하니라 이르시되 일어나 저 큰 성읍 니느웨로 가서 내가 네게 명한 바를 그들에게 선포하라 하신지라"(요나 3:1-2).

성경은 모든 일에는 때가 있다고 말씀합니다. 모든 기회 중에서 놓치지 않아야 할 기회가 바로 회개에 대한 기회입니다. 하나님께서 회개의 기회를 주실 때에 그때를 놓치지 않아야 합니다. 오늘 본문의 요나도 첫 번째 기회에는 실패했습니다. 하나님께서 니느웨로 가라고 하셨는데 그 명령을 어기고 다시스로 갔습니다. 그것이 자기에게 유익해 보였을 것입니다. 그러나 다시스로 가는 길은 실패하는 길이었습니다.

하나님께서는 요나에게 또다시 기회를 주시는데 이것이 본문의 말씀입니다. 1절에 보면 "여호와의 말씀이 두 번째로 요나에게 임하니라"고 기록되어 있습니다. 하나님께서 여러분에게 주시는 첫 번째 기회를 놓쳤더라도 두 번째 주시는 기회, 축복의 기회, 회개의 기회, 은혜의 기회를 놓치지 않아야 합니다.

1. 두 번째 기회를 놓치지 않으려면 절망하지 말아야 합니다.

오늘 요나가 하나님의 두 번째 음성을 들었습니다. 요나가 회개하니까 하나님께서 다시 쓰시려고 기회를 주시는 것입니다. 가룟 유다는 한 번 실패한 후 회개할 기회를 주셨으나 회개하지 못했습니다. 가룟 유다는 껍데기 신앙인이었습니다. 겉으로는 예수님의 열두 제자 중 한 사람이었지만 그의 마음속에서는 예수님을 믿지 않았습니다. 겉모양이 중요한 것이 아닙니다. 가룟 유다는 용서하시고 다시 기회를 주시는 주님의 은총을 알지 못했습니다.

여러분, 믿음이 있으면 주님의 그 사랑을 압니다. 나를 용서하시고 기회를 주시는 하나님의 은혜를 압니다. 여러분을 사랑하시고 불러 주신 그 믿음을 소유해야 합니다. 기독교는 절망 가운데 시작된 종교입니다. 예수님도 십자가에 못 박혀 죽으셨습니다. 모든 것이 다 끝난 것으로 보였습니다. 그러나 예수님은 죽음을 이기고 다시 살아나셨습니다. 제자들도 절망 가운데 있었습니다. 그러나 예수님의 부활을 보며 확신을 가지고 용기를 얻었습니다. 실패의 자리에 그대로 있으면 영원히 실패합니다. 실패가 망하는 것이 아니라 절망하는 것이 망하는 것입니다. 실패해도 낙심하지 아니하면 다시 성공할 수 있습니다.

믿음의 사람들은 장례식장에서도 찬송을 부릅니다. 사람 죽었는데도 노래 부르는 사람은 기독교인밖에 없습니다. 기독교인은 죽음 앞에서도 절망하지 않습니다. 장례식장에서 보면 불신자들은 좌절합니다. 사랑하는 사람의 죽음 앞에서 오열하며 울부짖습니다. 그러나 믿음의 사람들은 다시 만날 것을 확신하며 찬송을 부릅니다. 슬플 때에도 찬송을 부릅니다. 기쁠 때에도 찬송을 부릅니다. 믿지 않는 사람들은 이것을 이해하지 못하지만 믿음의 사람에게는 소망이 있기 때문에 이것이 가능합니다.

우리 가운데 늘 시험이 있습니다. 그러나 믿음의 사람은 이 순간을 연단의 시간으로 봅니다. 그래서 고통 중에도 절대로 포기하거나 절망하지 않습니다. 여러분, 지금 연단의 시간 가운데 있습니까? 절대로 절망하지 마십시오. 왜냐하면 우리 하나님께서는 반드시 다시 기회를 주시는 분이시기 때문입니다.

2. 하나님께서는 두 번째 기회를 주십니다.

인생에는 기회가 한 번만 있는 것이 아닙니다. 한 번의 기회를 놓쳐도 또 때가 있습니다. 그러나 계속해서 기회가 있는 것도 아닙니다. 지금 오는 기회가 마지막 기회일 수도 있습니다. 요나는 두 번째 기회를 잡았지만 가룟 유다는 두 번째 기회를 놓쳤습니다. 어떤 사람은 한 번 기회를 놓치고 절망합니다. 우리 옛 속담에 "호랑이에게 물려가도 정신만 차리면 산다"는 말이 있습니다. 우리가 호랑이에게 물려가는 어려운 시험을 당해도 정신을 차리고 하나님의 말씀을 들으면 살 수가 있습니다.

성경의 인물들도 실패를 했습니다. 다윗은 얼마나 실패를 많이 한 사람입니까? 아브라함도 실패하는 사람이었습니다. 야곱도 실패하는 사람이었습니다. 베드로도 예수님을 세 번씩이나 부인하며 실패하였지만 회개할 때에 주님이 다시 기회를 주셨고, 마침내 제자 중의 가장 훌륭한 제자가 되었습니다. 가톨릭에서는 초대 교황으로 모시는 인물이 되었습니다. 우리는 누구나 다 실패합니다. 실패하지 않는 사람은 없습니다. 성령 받은 사람도 실패하고 은혜 받은 사람도 실패합니다. 그러나 우리의 잘못을 뉘우치고 회개하면 하나님께서 두 번째 기회를 우리에게 주십니다.

하나님께서는 우리의 연약한 심성을 잘 아십니다. 우리가 실패하는 것도 아십니다. 하루에도 몇 번씩 실패합니다. 새벽기도 시간에 다짐하지만 하루를 살고 보면 또 실패하는 것이 우리 인생입니다. 주일성수를 하겠다고 다짐하지만 실패합니다. 십일조를 드리겠다고 작정하지만 실패합니다. 기도하며 살겠다고 결심하지만 실패합니다.

욥기서를 보십시오. 욥은 죄가 없음에도 많은 고난을 당했습니다. 그러므로 고난당하는 사람을 죄가 있어서 그렇다고 함부로 정죄하지 않아야 합니다. 그러나 우리 하나님께서는 여러분이 하나님 앞에 나와 머리 숙일 때에 다시 기회를 주시는 분이심을 믿으시기 바랍니다. 예배드릴 때 그냥 드리지 마십시오. 하나님의 음성을 듣고 약속을 받으시기 바랍니다.

3. 순종하면 하나님께서 이루어 주십니다.

요나는 하나님의 말씀에 순종하여 40일이 지나면 니느웨가 무너지리라고 선포했습니다. 이것은 쉬운 일이 아닙니다. 니느웨는 고대 세계의 도시 중 가장 큰 도시로 앗수르 왕국의 수도였습니다. 지극히 큰 성읍이므로 걸어서 가는 데에만 3일 길이 되었습니다. 니느웨는 범죄와 악행의 중심지였고, 선지자 나훔은 니느웨 사람을 잔인하고 굶주린 사자로 비유하였습니다. 당시 속국인 이스라엘 사람이 니느웨로 가서 하나님의 저주를 전한다고 하는 것은 당연히 생명에 위협을 받는 일이었습니다. 그래서 요나가 니느웨로 가는 것을 꺼려한 것입니다.

그러나 요나가 회개하고 나서 니느웨 성에서 하나님의 말씀을 전할 때에 예상하지 못했던 일들이 벌어지기 시작했습니다. 니느웨 사람이 무론대소하고, 즉 어린이나 어른이나 모두 베옷을 입고 회개하기 시작했습니다. 왕도 왕복을 벗고 베옷을 입고 재 위에 앉아서 회개했습니다. 왕이 조서를 내려 사람이나 짐승들까지 모두 금식을 명하였습니다. 아마도 니느웨 성에는 배고파 울부짖는 아이들과 짐승들의 소리가 가득했을 것입니다. 이렇게 철저한 회개를 했다는 말입니다. 이것이 어찌 상상할 수 있는 일입니까? 이 상상할 수 없는 일이 요나의 순종으로부터 시작되었습니다.

우리 하나님은 불가능을 가능케 만드시는 하나님이십니다. 문제는 우리가 미리 포기하는 것입니다. 부흥이 안 되는 교회를 보십시오. 왜 안 됩니까? 하나님께서는 가서 전하라고 하시는데 내가 미리 포기하고 전도하지 않으니 안 되는 것 아닙니까? 안 된다고 믿는 것입니다.

여러분, 인생의 실패는 믿음의 사람들에게는 다시 일어서라는 신호입니다. 실패의 원인이 어디 있는지 돌이켜 회개하고 다시 일어서라는 신호입니다. 여러분의 인생에 실패했던 것들이 있습니까? 그것 때문에 좌절하지 마시기 바랍니다. 지금 실패하고 있는 것들이 있습니까? 하나님께서는 다시 기회를 주십니다. 그리하여 다시 주시는 두 번째 기회를 바라보고 놀라운 축복의 길로 나아가는 성도들이 됩시다.

더 생각해 보기: 말씀 이해를 위한 예화

어떤 성도 한 분이 관절염에 걸려 외출을 못하고 간호사의 간호를 받으며 집 안에서 꼼짝없이 지내게 되었습니다. 어느 날 심심하기도 해서 프라이팬으로 요리를 만들다 하나도 먹지 못하고 다 태워버리고 말았습니다. 엉겨 붙은 프라이팬을 세척제로 닦아도 닦아지질 않았습니다.

그때 간호사가 달려오더니 "음식 찌꺼기가 그대로 눌러 붙었군요. 이건 비누로는 안 돼요" 하고는 프라이팬을 불에 빨갛게 달구었습니다. 그러니까 음식 찌꺼기들이 깨끗이 떨어져 나가더라는 것입니다. 이 모습을 지켜본 성도가 '그렇다. 내가 관절염에 걸렸다고 불평할 것이 아니라 성령의 불로 달구어 내야지' 하는 순간 눈물이 쏟아지며 회개가 터져 나왔습니다. 이어 성령 충만한 찬송이 입가를 떠나지 않았고, 고통의 관절염도 녹았습니다.

적용

1) 오늘 말씀의 주제 파악하기

2) 오늘 말씀 중 은혜 받은 부분 나누기

3) 삶에 구체적으로 적용하기

함께 드리는 기도 제목

1. 하나님께서 주시는 두 번째 기회를 놓치지 않게 하소서.
2. 고통 중에도 절대로 포기하거나 절망하지 않는 믿음을 주소서.
3. 두 번째 기회를 바라보고 축복의 길로 나아가는 삶을 살게 하소서.

제39과 ······

네 손에 든 것

✣ **본문** : 출애굽기 4장 1-4절
✣ **찬송** : 312장(너 하나님께 이끌리어, 통 341장)
✣ **요절** : "여호와께서 모세에게 이르시되 네 손을 내밀어 그 꼬리를 잡으라 그가 손을 내밀어 그것을 잡으니 그의 손에서 지팡이가 된지라"(출애굽기 4:4).

위인전을 읽다 보면 위인의 어린 시절이 대부분 특이했음을 기록하고 있습니다. 될 성싶은 나무는 떡잎부터 알아본다는 것입니다. 그런데 성경에 나타난 위인들의 이야기를 보면 어렸을 적에 뛰어난 인물들이 그리 흔치 않습니다. 이 두꺼운 성경책에는 성서의 수많은 인물들이 철저하게 영웅시되는 것을 금하고 있습니다. 성경은 거의 대부분 보잘것없는 사람을 하나님께서 쓰셨다는 사실을 말씀하고 있습니다. 하나님께서는 사람을 쓰실 때 하나님의 마음에 흡족하게 만드신 다음에 쓰십니다.

1. 하나님의 방법에 주목해야 합니다.

세상은 준비되어 있지 않은 사람은 써 주지를 않습니다. 그런데 하나님이 쓰시는 방법은 먼저 일꾼을 키우시는 것입니다. 아무것도 준비되어 있지 않은 사람을 세우고자 하시면 그를 준비시켜 주십니다. 그래서 우리는 첫째, 감사해야 합니다. 우리가 사는 이 세상과 같다면 우리는 감히 하나님의 일꾼으로 쓰임 받는 사람이 없기 때문입니다. 훈련받고 연단 받으며 하나님의 일꾼으로 세워지는 것이기 때문입니다. 둘째, 교만하지 않아야 합니다. 나도 처음에는 형편없는 사람이었기 때문입니다. 하나님의 은총이 아니었다면 내가 이 자리에 있을 수가 없기 때문입니다.

오늘 본문에 나오는 모세는 하나님의 예정과 섭리 가운데 출생했고 자라난 사람입니다. 그저 강가에 띄워진 것이 아니라 모두 하나님의 섭리 가운데 이루어진 일입니다. 모세의 일생을 돌이켜 보면 하나님께서 출애굽이라는 놀라운 일을 행하시기 위해서 모세라는 사람을 준비시키고 계셨음을 알 수가 있습니다.

모세는 400년간 노예 생활을 하던 이스라엘 백성들을 이끌고 40년이라는 긴 세월 동안 광야 생활을 해야만 했습니다. 400년간 노예생활을 했다고 하면 이미 민족적 자존심과 사회성을 잃어버린 지 오래되었습니다. 그야말로 오합지졸의 무리입니다. 이런 백성들을 이끌고 일사분란하게 광야를 행진하며 수많은 부족들과의 전쟁을 하기 위해서는 모세의 절대적인 능력이 필요했습니다. 이 모세를 훈련시키시기 위하여 하나님께서는 80년간을 준비시키셨습니다.

고통과 역경이 올 때는 '하나님께서 왜 나에게 이러한 시련을 주시는가?' 하는 회의에 빠지기도 하지만 오랜 세월이 지난 후 '아, 이것이 하나님의 뜻과 섭리였구나' 하는 사실을 깨닫게 됩니다. 성도는 지금 겪는 어려움을 부정적으로만 볼 것이 아니라 믿음의 눈으로 바라보아야 합니다. 하나님께서 이 어려움을 통하여 나에게 어떤 훈련을 시키시려고 하시는지 긍정적으로 바라보는 성도들이 됩시다.

2. 부르심에 순종해야 합니다.

40년간의 왕궁 생활을 통해서 모세가 얻게 된 것이 무엇입니까? 교만입니다. 하나님께서는 다시 모세를 꺾으시고 맨몸으로 광야로 보내어 40년간 목동으로 지내게 하셨습니다. 모세는 '내 인생은 여기서 다 끝났구나. 이제 나는 이곳에서 그저 양이나 치며 살다가 죽겠구나' 라고 생각했을 것입니다. 그러나 하나님께서 섭리하신 사람은 하나님께서 그냥 두시지 않습니다. 40년이 지나고 옛날의 생활이 다 잊혀져 갈 무렵 하나님은 호렙 산 불꽃 가운데 찾아오셔서 그에게 소명을 주셨습니다.

오늘 본문의 앞 3장을 보면 모세는 이 모양 저 모양으로 하나님의 부르심을 회피해 보려고 합니다. "나는 안 됩니다. 말주변이 없습니다. 보낼 만한 자를 보내소서." 여러 가지로 핑계를 합니다. 한마디로 말하면 자신이 없다는 것입니다. 마침내 하나님께서는 노를 발하시고 모세는 순종을 하게 됩니다. 모세가 처음부터 순종했더라면 굳이 아론이라는 사람도 내세울 필요가 없었습니다.

모세가 "나는 말주변이 없다"고 했기에 하나님께서는 아론을 세우셨습니다. 모세는 아론에게 말하고 아론은 나가서 백성들에게 말합니다. 그러다 보니 아론의 인기가 하늘 높이 치솟게 되었습니다. 그래서 일어난 일이 무엇입니까? 아론이 교만해졌고, 결국은 백성들이 아론을 따르다가 많은 백성들이 광야에서 죽음을 당하게 되고 말았습니다. 이 일로 인해서 모세가 얼마나 많은 마음의 고통을 겪습니까?

왜 이런 일이 일어났습니까? 순종하지 못해서입니다. 처음부터 순종했더라면 하나님께서 모세를 들어 쓰셨을 텐데, "못합니다, 다른 사람을 쓰십시오" 하니 하나님께서 아론을 쓰시어 이 일로 인해

결국 고통을 당하게 되었습니다.

내가 못한다고 하는 것도 사실은 교만입니다. 왜냐하면 내가 한다고 생각하니 못한다고 하는 겁니다. 내가 하나님의 일을 하는 것으로 생각하기 때문입니다. 내가 순종하면 하나님께서 나를 도구로 써 주십니다. 내가 순종할 때 부족한 자를 들어 넉넉하게 하십니다. 내가 순종할 때 약한 자를 들어 강하게 하십니다. 하나님께서 기회를 주실 때에 순종해야 합니다. 기회 주실 때에 충성해야 합니다. 기회가 있을 때에 하나님께서 주시는 음성에 순종하는 성도들이 됩시다.

3. 우리의 정체성을 깨달아야 합니다.

오늘 본문의 말씀은 "모세 네가 누구냐?" 라는 사실을 깨닫게 해 주시는 대목입니다. 우리가 하나님의 일을 하려면 내가 하나님 앞에서 누군지를 깨달아야 합니다. 나의 정체성을 알아야 합니다. 이 사실을 깨닫지 못하면 하나님 앞에서 함부로 행동하게 됩니다. 내가 누군지 모르기 때문입니다.

그래서 하나님은 모세에게 이 사실을 깨닫게 하시기 위하여 물으십니다. "네 손에 든 것이 무엇이냐?" 이 말은 하나님께서 지팡이를 물으시는 것이 아닙니다. "모세야 네 나이가 몇이냐? 네가 80년 동안 한 것이 무엇이냐? 네가 애굽의 왕궁에서 공부하고 훈련받은 그 결과가 무엇이냐? 너의 손으로 하려고 했던 결과가 무엇이냐? 나에게 한번 보여 봐라. 네 손에 지팡이밖에 남지 않았느냐?" 하는 말씀입니다. 너를 돌아보라는 말씀입니다.

이 지팡이는 모세가 양치기를 하면서 가지고 다니던 지팡이입니다. 오랫동안 사용하여 정이 든 지팡이입니다. 매일같이 들고 다니는 가장 잘 아는 물건입니다. 그 지팡이를 던져 보라 하셔서 땅에 던졌더니 뱀이 되었습니다. 이제는 하나님께서 모세를 시험하십니다. 그 뱀의 어디를 잡으라고 하셨습니까? 꼬리를 잡으라 하셨습니다. 뱀을 잡을 때는 뱀의 머리를 잡아들어 올려야 합니다. 머리를 잡아야 물리지 않기 때문입니다. 성경에서 '잡는다' 는 표현은 원어에서는 '과감하게 집었다' 는 말입니다. 사나운 독사의 꼬리를 잡으면 어떻게 됩니까? 물리게 됩니다. 모세는 내가 매일같이 들고 다니던 지팡이가 뱀이 되는 것을 본 순간 하나님의 도우심을 확신했습니다. 그래서 믿음으로 과감하게 집었습니다. 다시 집는 순간 뱀이 지팡이가 되었습니다.

하나님께서 여러분에게 사명을 주실 때에 과감하게 뱀의 꼬리를 붙잡는 믿음이 있기를 원합니다. 이런 사람은 하나님께서 크게 사용하십니다. 모세는 이 지팡이 하나를 가지고 다시 애굽으로 떠나갑니다. 애굽의 바로와 잘 훈련된 수많은 군대로부터 노예살이 하는 이스라엘 백성들을 구출하기 위해 돌아갑니다. 모세가 가진 무기는 단 하나 지팡이입니다. 이 지팡이를 들고 애굽 땅으로 떠나갑니다. 수많은 창칼 앞에 지팡이를 들고 싸울 수는 없는 일입니다. 수백만 대군을 혼자서 상대할 수도 없습니다. 그러나 모세는 이제 깨달았습니다. "하나님께서 나를 들어 쓰시는구나." 이 깨달음이 있을 때 두려움을 이기고 승리할 수 있습니다.

성도 여러분, 하나님께서 지금 여러분을 쓰고 계십니까? 여러분이 하나님의 도구라는 확신이 있습니까? 이 사실을 확신하며 사실 때 여러분의 인생에 승리가 있습니다. 하나님은 없는 것을 가지고 일하라고 하시지 않습니다. 네 손에 든 것을 가지고 일하라고 하십니다. 보잘것없는 목동의 지팡이, 마른 막대기 같은 존재를 통해서 하나님은 역사하십니다. 우리가 가진 것이 보잘것없는 것일 수도 있습니다. 그러나 보잘것없는 것이라고 해도 그것을 믿음으로 하나님께 던지시기 바랍니다. 하나님께서 사용하실 수 있도록 해야 합니다. 그리하면 모세를 사용하신 하나님께서 여러분의 삶에도 믿음대로 큰 역사를 이루어 주십니다.

더 생각해 보기: 말씀 이해를 위한 예화

세계적인 바이올린 연주자인 파가니니가 파리에서 연주를 하게 되었는데, 연주를 시작하려는 순간 줄이 하나 끊어졌습니다. 사람들은 이 연주는 끝이 났다고 생각했습니다. 그러나 파가니니는 나머지 세 줄로 다시 연주를 시작했습니다. 파가니니는 남은 세 줄로 전 악장을 훌륭히 연주했습니다. 이 사건을 통해 파가니니는 세계적인 바이올린 연주자로 명성을 나타내게 되었습니다.

이것이 신앙인의 자세입니다. 없는 것을 불평하지 않고 있는 것을 감사드리며 그것을 최선을 다해 사용할 때 기적은 일어납니다. 역사를 통하여 볼 때에 인류를 위해서 큰일을 한 사람은 많은 것을 가진 사람이 아닙니다. 자기의 손에 있는 것을 믿음으로 하나님께 내어 맡기고 "하나님께서 원하시는 대로 사용하여 주십시오" 하고 믿고 헌신할 때 큰 결과가 나타났습니다.

적용

1) 오늘 말씀의 주제 파악하기

2) 오늘 말씀 중 은혜 받은 부분 나누기

3) 삶에 구체적으로 적용하기

함께 드리는 기도 제목

1. 하나님의 뜻과 섭리를 깨달을 수 있는 긍정의 눈을 주소서.
2. 기회를 놓치지 않고 철저하게 순종하며 살아가는 성도의 삶이 되게 하소서.
3. 하나님이 함께하심을 믿고 믿음의 열매를 맺어 하나님께 영광 돌리게 하소서.

제40과 ······

믿음이 작은 자들아

✣ **본문** : 마태복음 6장 25-34절
✣ **찬송** : 543장(어려운 일 당할 때, 통 342장)
✣ **요절** : "오늘 있다가 내일 아궁이에 던져지는 들풀도 하나님이 이렇게 입히시거든 하물며 너희일까보냐 믿음이 작은 자들아 그러므로 염려하여 이르기를 무엇을 먹을까 무엇을 마실까 무엇을 입을까 하지 말라"(마태복음 6:30-31).

현대인은 많은 질병을 안고 살아갑니다. 위장병, 관절염, 정신병, 백혈병, 병의 종류만 만 가지가 넘는다고 합니다. 또 병 하나를 치료하는 데도 많은 방법이 있습니다. 그런데 병 중에 가장 골치 아픈 병이 염려병입니다. 위장병이나 정신병이나 관절염은 실제로 아파서 골치 아픈 병인데 염려병은 실제로 일어나지도 않을 일을 미리 염려해서 일어나는 골치 아픈 병입니다. 학교에서 자녀들이 조금만 늦으면 이거 불량학생들에게 어디서 맞지나 않나 걱정하고, 남편이 늦는데 휴대폰도 안 되면 교통사고라도 나지 않았나 하면서 남편이 올 때까지 염려합니다.

1. 염려하지 말라 말씀하십니다.

왜 염려하지 말라 하셨습니까? 우리가 사는 이 세상에는 염려할 일이 실제로 많으니까 염려하지 말라고 하십니다. 현대인에게 찾아오는 질병의 70퍼센트가 심인성 질병이라고 합니다. 마음에서 시작되는 병입니다. 염려하면 질병이 찾아옵니다. 염려는 육체에 질병을 가져오는 것뿐 아니라 영혼을 병들게 합니다.

이 세상에는 염려할 일들이 많습니다. 찬송가 486장에 나타나듯이 이 세상에는 근심된 일이 많고, 곤고한 일도 많고, 죄악된 일도 많습니다. 쉬는 날도 없고, 죽을 일이 쌓여 있습니다. 그런데 이렇게 끝나면 이것은 찬송이 아닙니다. 후렴에 뭐라고 고백합니까? "주 예수의 구원의 은혜로다 참 기쁘고 즐겁구나." 이러한 세상에서 주님의 구원의 은혜가 내게 임하시니 참 기쁘고 즐겁구나 하고 찬송을 부르는 것입니다.

염려는 필수가 아니라 선택입니다. 염려해도 되고 안 해도 되는 일을 우리가 염려하기 때문에 문제가 생깁니다. 염려한다고 문제가 해결되는 것도 아닙니다. 이 세상에 염려로 문제를 해결할 수 있는 사람이 누가 있습니까? 자식이 대학에 합격해야 하는데 염려를 남보다 두 배나 더 한다고 해서 좋은 대학에 들어가는 것이 아닙니다.

그래서 예수님께서는 "너희가 염려한다고 너희 키를 한 자나 더 할 수 있느냐"고 말씀하신 것입니다. 이 말씀은 유대인들의 정곡을 찌르는 말씀이었습니다. 유대인들은 키에 대한 열등감이 있었습니다. 로마인들은 상대적으로 키가 컸습니다. 그래서 유대인들은 키에 대한 관심이 많았습니다. 키가 작은 분들을 보면 대개 키에 대한 걱정이 있습니다. 그래서 키 작은 사람치고 꾸부정한 사람이 없습니다. 키 작은 사람이 걷는 것을 보면 다 꼿꼿합니다.

예수님께서는 아무리 키에 대해 염려를 하여도 염려한다고 키가 크는 것이 아니라고 하십니다. 예수님께서 하시는 말씀은 키에 대한 말씀이 아니라 "너희가 염려하는 키가 염려한다고 바뀌는 것이 아니다. 그러니 백해무익한 염려 하지 마라" 하시는 말씀입니다.

2. 하나님을 바라보아야 합니다.

"공중의 새를 보라, 들의 백합화를 보라" 말씀하십니다. 이 말씀은 하나님을 바라보라는 것입니다. "공중의 새를 보라 너희처럼 농사짓지 않아도 다 먹고 살지 않느냐? 하나님께서 먹이시는 것이다. 들의 백합화를 보라. 수고도 아니 하고 길쌈도 아니 하지만 아름다운 옷을 입지 않느냐? 이들을 먹이시고 입히시는데 하물며 너희는 하나님의 아들이 아니냐? 그런데 왜 염려하느냐 믿음이 작은 자들아"라고 말씀하십니다. 우리 인생에 염려가 찾아오는 원인을 잘 알아야 합니다. 예수님께서는 염려는 믿음이 작기 때문에 온다고 하십니다.

사람을 보면 염려가 옵니다. 환경을 보면 염려가 옵니다. 여러분이 당하는 염려의 대부분이 사람과 환경에서 오는 것이 아닙니까? 그러므로 사람을 볼 때에도 믿음의 눈으로 보아야 합니다. 환경을 볼 때에도 믿음의 눈으로 보아야 합니다. 믿음의 눈으로 바라보면 그 순간 염려가 사라집니다. 아무리 캄캄하고 어두운 길이라도 헤드라이트를 비추면 앞이 환하게 보이는 것처럼 믿음의 문으로 보면 염려가 사라지고 갈 길이 보입니다.

염려는 헬라어로 '메림나오' 인데 그 의미는 '근심한다, 마음이 찢어진다, 분열한다' 입니다. 염려하면 마음이 찢어집니다. 축복받아야 할 마음이, 평안해야 할 마음이 분열됩니다. 같은 것을 볼 때에도 믿음으로 볼 수도 있고 불신앙으로 볼 수가 있습니다. 어떤 역사학자가, 홍해는 당시에 갈대밭이었는데 모세가 지리를 잘 알아서 이스라엘 백성들을 홍해의 얕은 곳으로 인도하여 홍해를 건널 수 있었다고 말했습니다. 그러므로 이것은 기적이 아니라 얼마든지 가능한 일이라고 했습니다. 그 이야기를 듣던 학생이 한마디 했습니다. “그러니까 기적이 아닙니까? 그 얕은 갈대밭 사이에 애굽 병사와 수레가 다 빠져 죽었으니 그것이 기적이 아닙니까?”라고 했다고 합니다. 믿음으로 보면 모든 일이 믿음으로 보입니다.

신앙생활하면서도 시험에 들 일이 생깁니다. 그때 어떻게 해야 합니까? 문제를 바라보는 것이 아니라 주님을 바라보아야 문제를 이길 수가 있습니다. 주님은 손을 내미는 주의 자녀를 외면하시지 않습니다. 오늘 주님은 공중의 새와 들의 백합화를 비유로 말씀하시면서 “너희는 이것들보다 귀하지 아니하냐” 말씀하십니다. 우리는 이 믿음을 가져야 합니다. 신앙생활하다가 넘어지는 것은, 세상일에 지쳐 더 이상 못하겠다는 생각이 드는 것은 믿음이 작기 때문입니다. 그때에 우리는 빨리 주님을 바라보아야 합니다. 온 우주만물을 다 입히시고 먹이시는 하나님께서 나를 이 우주만물보다 더 사랑하신다는 믿음의 확신이 있어야 합니다.

3. 먼저 그의 나라와 그의 의를 구해야 합니다.

이것은 우선순위를 말씀하시는 것입니다. 우리가 구해야 할 것이 많습니다. 가정을 위해서도 하나님께 구하라고 하셨습니다. 일터를 위해서, 건강을 위해서, 내 믿음을 위하여 구하라고 하셨습니다. 우리가 구할 때 우리 주님은 인색하지 않으십니다. 그런데 먼저 구해야 할 것이 있습니다. 이 우선순위를 잊지 않아야 하나님께서 기뻐하십니다.

어느 집에 거실에 수를 놓은 액자가 있는데 ‘God First’ 라고 쓰여져 있었습니다. ‘하나님이 먼저’ 라는 것입니다. 엘리 제사장은 이스라엘의 선택받은 제사장이었습니다. 그런데 왜 망하는 집안이 되었습니까? ‘God First’ 가 아니라 아들이 먼저였습니다. 그의 아들들은 성전에서 봉사하는 여인들을 범하였고, 하나님께 제사 드리는 고기들을 쇠갈고리로 꺼내다 먹었습니다.

우리는 먼저 그의 나라와 그의 의를 구해야 합니다. 하나님의 나라가 무엇입니까? 복음의 나라입니다. 하나님의 의가 무엇입니까? 하나님의 의로운 통치가 이 땅에 이루어지는 복음이 전파되는 나라를 먼저 구하라는 것입니다. 복음을 전하는 것이 그의 나라와 그의 의를 구하는 길입니다. "그리하면 이 모든 것을 너희에게 더하시리라"고 했습니다.

우리는 이 모든 것 때문에 염려하고 근심합니다. 이 모든 것이 우리에게 괴로움을 주고 고통에 빠지게 합니다. "네 짐을 여호와께 맡기라 그가 너를 붙드시고 의인의 요동함을 영원히 허락하지 아니하시리로다"(시 55:22)라고 했습니다. 의인의 기도는 응답을 받습니다. 기도하는 사람이 잘됩니다. 기도하는 부모 밑에 있는 자녀들이 평안합니다. 기도하는 가정은 사탄 마귀가 흔들지 못합니다. 우리는 이 세상에서 잘되어야 합니다. 그래야 하나님께서도 영광을 받으십니다.

하나님 앞에 나아와 늘 기도해야 합니다. 먼저 하나님의 나라를 위하여, 주님의 몸 된 교회를 위하여, 복음을 위하여 기도하고, 그 의로운 기도를 통하여 여러분에게 필요한 이 모든 것의 축복이 더하여지는 성도들이 됩시다.

더 생각해 보기: 말씀 이해를 위한 예화

어느 보험회사 직원이 나이 많은 어른을 따라다니며 생명보험을 들라고 했답니다. "드십시오, 드십시오" 하니까 그 어른이 묻더랍니다. "그래, 그 생명보험에 들면 내가 안 죽소?" "그런 것은 아닙니다. 그러나 돌아가신 후에 다른 사람이 도움을 받게 되지요." "그렇다면 생명보험이라는 것이 내 생명과는 아무 관계가 없구만."

그 어른과 보험회사 직원이 생명보험에 대하여 몇 마디 더 주고받다가 나이 드신 분이 말했습니다. "정 권한다면 내가 그 보험에 들터이니 자네도 내가 말하는 진짜 생명보험에 들게." "그게 무엇입니까?" "하늘 나라 생명보험일세." 내 생명과 관계없는 생명보험이 아니라 영원히 자네 생명을 살리는 진짜 생명보험에 들라고 말해서 그 청년을 전도했다는 이야기입니다.

적용

1) 오늘 말씀의 주제 파악하기

---

2) 오늘 말씀 중 은혜 받은 부분 나누기

---

3) 삶에 구체적으로 적용하기

함께 드리는 기도 제목

1. 세상 살아가면서 염려하지 않고 기쁨과 감사로 살게 하소서.
2. 세상의 것들을 바라보지 않고 하나님만을 바라보게 하소서.
3. 먼저 그의 나라와 그의 의를 구할 수 있는 믿음을 주소서.

제41과 ······

그리스도의 향기

✣ **본문** : 고린도후서 2장 14-17절
✣ **찬송** : 436장(나 이제 주님의 새 생명 얻은 몸, 통 493장)
✣ **요절** : "항상 우리를 그리스도 안에서 이기게 하시고 우리로 말미암아 각처에서 그리스도를 아는 냄새를 나타내시는 하나님께 감사하노라"(고린도후서 2:14).

사도 바울은 인생을 싸움으로 보았습니다. "우리 주 예수 그리스도로 말미암아 우리에게 승리를 주시는 하나님께 감사하노니 그러므로 내 사랑하는 형제들아 견실하며 흔들리지 말고 항상 주의 일에 더욱 힘쓰는 자들이 되라 이는 너희 수고가 주 안에서 헛되지 않은 줄 앎이라"(고전 15:57-58)고 외쳤습니다. 예수 그리스도로 말미암아 승리를 주신다고 했습니다. 오늘 말씀에도 사도 바울은 우리를 그리스도 안에서 이기게 하신다고 했습니다.

1. 이기는 성도가 되시기 바랍니다.

우리는 세상에서의 싸움도 이겨야 하지만 영적인 싸움에서는 항상 이겨야 합니다. 전쟁에 패하면 적국의 포로가 됩니다. 두 손을 끈으로 묶어 끌고 가서 죽이든지 살리든지 노예로 부리든지 마음대로 합니다. 영적인 싸움에 패해도 마찬가지입니다. 원수 마귀는 우리를 끌고 가서 마음대로 부리기 때문에 끌려가지 않아야 합니다. 어떤 사람은 시기심 때문에, 어떤 사람은 명예욕 때문에 또 물질욕 때문에 마귀에 끌려 다닙니다. 참 괜찮은 사람인데, 멋지게 신앙으로 승리할 사람인데 늘 끌려 다니는 사람들이 있습니다. 끌려 다니는 이유를 분명히 알아야 합니다. 그것은 죄 때문입니다. 죄는 우리의 약점을 공격하여 우리를 끌고 갑니다. 끌려 가면 그 문제로 인해 여러분을 망하게 하는 것입니다.

오늘 성경은 "주 예수 그리스도 안에서 이긴다"라고 말씀합니다. 우리 인생은 강한 것 같지만 약합니다. 그래서 성경은 인생을 질그릇으로 표현합니다. 질그릇의 특징은 깨지는 것입니다. 아무리 강한 것 같고 아름다운 것 같아도 깨지면 내 힘으로는 회복이 불가능한 것이 인간입니다. 그러므로 주 예수를 붙들어야 합니다. 문제가 있어도 붙들어야 합니다. 병들어도 붙들어야 합니다. 돈이 없어도 붙들어야 합니다. 주 예수를 붙들면 약한 나로 강하게 하셔서 이기게 하십니다.

성경은 왜 우리에게 이기라고 말씀합니까? "이기는 그에게는 내가 내 보좌에 함께 앉게 하여 주기를 내가 이기고 아버지 보좌에 함께 앉은 것과 같이 하리라"(계 3:21). 이기는 자에게는 영원한 생명과 하늘의 상급이 있기 때문입니다. 예수님도 이기셨습니다. 예수님은 십자가를 이기시고 사망의 권세를 이기셨습니다. 그리고 부활하셔서 우리에게 생명의 약속을 주셨습니다.

여러분, 사탄은 여러분을 이기지 못하게 하려고 합니다. 그러나 하나님께서 여러분에게 이김을 주신다고 약속하셨습니다. 하나님의 말씀을 붙들고 믿음으로 이기는 성도들이 됩시다.

2. 그리스도의 향기를 나타내시기 바랍니다.

고대 로마에서는 전쟁에 나가 5천 명 이상을 죽이고 영토를 확장한 장군이 돌아올 때면 '콜로세움' 으로 들어가면서 사제들이 향을 준비했습니다. 승리한 장군이 개선 행진을 하면 온 도시에 승리의 향기가 퍼져나가는 것입니다. 사도 바울은 이런 점을 염두에 두면서 오늘의 말씀을 기록했으리라 보입니다. 우리가 세상을 이기며 나아갈 때 각처에서 그리스도의 향기를 나타낸다는 것입니다.

향수는 적당히 뿌리면 사람을 향기나게 합니다. 그런데 성경이 말씀하는 향기는 뿌려진 향기가 아니라 안에서 나는 향기입니다. 술을 먹으면 술 냄새가 납니다. 양파를 먹으면 양파 냄새가 납니다. 속에서 나는 냄새를 감출 수가 없습니다. 저절로 납니다. 예수 믿는 사람은 말씀을 먹기 때문에 예수 그리스도의 향기가 저절로 나는 것입니다.

오늘 성경은 "우리는 구원받는 자들에게나 망하는 자들에게나 하나님 앞에서 그리스도의 향기니"라고 말씀합니다. 믿음의 사람에게서는 믿음의 향기가 납니다. 첫째는 구원받은 자들에게 나타납니다. 교회에는 예수의 향기가 나타나야 합니다. 작은 교회나 큰 교회나 늘 은혜가 넘쳐야 합니다. 그러면 저절로 부흥합니다. 사탄은 은혜를 빼앗아가려고 힘씁니다. 사탄은 교회 안에 자꾸만 더러운 냄새가 나게 하려고 애를 씁니다. 그래서 문제를 일으키는 것입니다. 무엇이든 부정적으로 보게 합니다. 그러나 불평하게 하고 원망하게 합니다. 불평하면 안 됩니다. 내가 손해 보게 됩니다. 한 가지 불평보다 열 가지 감사할 것을 바라보고 인생의 초점을 감사에 맞추어야 행복한 신앙생활, 복된 신앙생활이 되는 것입니다.

둘째는 망하는 자들에게 나타납니다. 지방에 다녀오다 보면 산마다 많은 묘지들이 있습니다. 비석을 세우고 화려하게 만들어 놓은 무덤들이 있습니다. 그런데 죽으면 인생은 아무리 화려하게 해놓아도 소용이 없습니다. 죽음은 망하는 자들에게는 다시는 기회가 없이 영원히 망하는 날입니다. 오늘 성경은 "망하는 자들은 망하는 냄새가 난다"고 했습니다. 겉으로 아무리 향수를 뿌리고 좋은 옷으로 치장하고 좋은 차를 타고 다녀도 소용이 없습니다. 그 속에서 냄새가 나는 것입니다.

예수 믿는 사람은 삶에서 향기가 나타나야 합니다. 예수 믿는 사람들은 예수님을 모시고 살기 때문에 세상에서도 빛과 소금이 되어야 합니다. 정직하게 살아야 합니다. 어려운 사람들을 예수님의 마음으로 바라보고 긍휼을 베풀어야 합니다.

오늘 성경이 말씀하는 향기는 윤리적인 문제를 말씀하는 것이 아닙니다. 그 영혼에서 냄새가 난다는 것입니다. 사망으로 가는 사람에게는 사망의 냄새가 있다는 것입니다. 그러므로 "이 일을 누가 감당하겠느냐?" 말씀하고 있는 것입니다. 그러므로 믿음의 사람들은 어느 곳에서나 복음을 전해야 하는 것입니다.

생명의 길로 가는 사람과 망하는 길로 가는 사람은 냄새가 다릅니다. 생명의 길로 가는 사람은 늘 감사가 있고 구원받은 감격이 있습니다. 찬송을 부르면서 봉사합니다. 그러나 망하는 길로 가는 사람은 세상 방법으로 일합니다. 서로 이기기 위해 분열이 있고, 시기심이 있고, 서로에게 상처를 줍니다. 그러므로 세상의 싸움과 선한 싸움은 다릅니다. 선한 싸움을 싸우는 성도들이 됩시다.

3. 순전한 신앙인이 되시기 바랍니다.

오늘 성경은 "우리는 수많은 사람들처럼 하나님의 말씀을 혼잡하게 하지 아니하고 곧 순전함으로 하나님께 받은 것 같이 하나님 앞에서와 그리스도 안에서 말하노라"(17절)라고 말씀합니다. 당시 고린도교회에는 하나님의 말씀을 혼잡하게 하는 무리들이 있었습니다. 그래서 복음을 변질시키고 비복음적으로 만들어 버렸습니다.

오늘도 하나님의 일을 하면서 순전하지 못하면 시기와 질투로 하나님의 일을 하려고 합니다. 명예와 욕심으로 일을 하려고 합니다. 세상의 기준으로 하나님의 일을 하려고 합니다. 성경은 이런 사람을 나무와 풀과 짚으로 집을 짓는 자라고 말하고 있습니다. 집을 짓는 자는 신자를 말하는 것입니다. 불신자에 대한 이야기가 아닙니다. 같이 집을 짓지만, 지금은 잘 모르지만 심판 날에 하나님께서 공력을 심판하실 때에 다 타버리고 없다는 말씀입니다. 그러므로 우리는 순전한 신앙, 성경 중심의 신앙이 되도록 애를 써야 합니다.

미국에서는 동성애법이 통과되어 교회에서도 동성애에 대한 반대를 설교하면 법으로 문제가 된다고 합니다. 한국에도 그런 날이 오게 될 것입니다. 현재 미국인의 10퍼센트 가량이 동성애자라고 이야기를 합니다. 문제는 꾸준히 동성애자들이 늘어나고 있다는 것입니다. 아버지의 폭력을 경험하고 원만하지 못한 부모 밑에서 자란 아이들이 동성애자들이 되어 가고 있다는 것입니다. 우리는 성경으로 돌아가야 합니다. 성경을 바꾸면 안 됩니다.

세상은 악해진다고 성경은 말씀했습니다. 이 세상에는 참 악한 사람들이 많습니다. 심지어 교회 안에도 악한 사람들이 있습니다. 그러나 같이 악해지면 안 됩니다. 같이 따라가면 안 됩니다. 이런 때일수록 나를 잘 지켜야 합니다. 말씀을 붙들고 그리스도의 향기를 내어 더러운 냄새가 내게 달려들지 못하게 해야 합니다.

이 일은 혼자서는 할 수 없습니다. 그래서 함께 모여 부르짖어 기도하는 우리 교회가 되어야 합니다. 하나님께서는 기도하는 사람을 살립니다. 기도하는 교회를 은혜로 채워 주시고 주의 향기가 나타나게 하십니다. 여러분을 통해 예수 그리스도의 향기가 우리 교회와 우리가 속한 모든 곳에 퍼져 나가기를 바랍니다.

더 생각해 보기: 말씀 이해를 위한 예화

낚시를 하면 그 가느다란 낚싯줄에 물고기가 입이 꿰어 나옵니다. 몸부림을 쳐도 소용이 없습니다. 시골에서 커다란 황소를 주인이 마음대로 부립니다. 왜냐하면 어릴 적부터 가장 약한 코를 뚫어 그 코에 줄이 꿰어져 있기 때문입니다. 줄만 끌고 가면 황소가 코가 꿰어 따라옵니다. 꼼짝 못합니다. 영적으로도 약점이 있으면 사탄 마귀가 그곳에 줄을 꿰어 끌고 가는 것입니다.

적용

1) 오늘 말씀의 주제 파악하기

2) 오늘 말씀 중 은혜 받은 부분 나누기

3) 삶에 구체적으로 적용하기

함께 드리는 기도 제목

1. 치열한 영적 전투에서 말씀 위에 굳게 서서 늘 승리하게 하소서.
2. 삶의 현장에서 그리스도의 향기를 나타내게 하소서.
3. 나의 신앙이 순전한 신앙, 성경 중심의 신앙이 되게 하소서.

제42과

용서하라

- **본문** : 누가복음 17장 1-4절
- **찬송** : 455장(주님의 마음을 본받는 자, 통 507장)
- **요절** : "너희는 스스로 조심하라 만일 네 형제가 죄를 범하거든 경고하고 회개하거든 용서하라 만일 하루에 일곱 번이라도 네게 죄를 짓고 일곱 번 네게 돌아와 내가 회개하노라 하거든 너는 용서하라 하시더라"(누가복음 17:3-4).

우리는 일생을 살아가면서 많은 사람들에게 기쁨을 주고 위로를 주기도 하고 상처를 주고 고통을 주기도 합니다. 지난 한 주간 동안에도 서로에게 많은 것을 주었을 것입니다. 인생은 서로 주고받는 삶입니다. 예수님께서는 이 땅에 오셔서 우리에게 자유를 주셨습니다. 죄의 용서를 주셨습니다. 행복과 기쁨을 주셨습니다. 축복의 비결을 주셨습니다. 사람들은 서로를 행복하게 만들기도 하고 불행하게 만들기도 합니다. 우리 성도들이 있는 곳마다 행복한 역사가 일어나기를 원합니다.

1. 실족하게 하면 화가 있습니다.

오늘 예수님께서는 "실족하게 하는 것이 없을 수는 없으나 그렇게 하는 자에게는 화로다"라고 하셨습니다. 실족하게 한다는 것은 다른 사람으로 하여금 신앙으로부터 멀어지게 하는 것을 말합니다.

교회는 많은 사람들이 모이는 곳입니다. 그래서 봉사하다 보면 서로에게 상처를 주기도 합니다. 사람은 감정적인 존재이기 때문에 좋은 일을 하면서도 서로에게 상처를 줄 수 있습니다. 전도하면서, 차량 봉사를 하면서, 식당 봉사를 하면서 서로에게 상처를 줄 수도 있습니다. 예수님은 이러한 문제를 다 아시기 때문에 "없을 수는 없으나" 하고 말씀하신 것입니다. 그러나 "실족하게 하는 자는 화로다" 라고 말씀하셨습니다. 상처를 줄 수는 있으나 실족하게 하는 일로 나아가서는 절대 안 된다는 것입니다.

성격적으로 다른 사람에게 상처를 잘 주는 분이 있습니다. 예수님은 그럴 수 있다는 것입니다. 그러나 이것이 다른 사람을 실족하게 하면 화라고 하셨습니다. 그래서 예수 믿으면 변화되어야 하는 것입니다.

기독교는 변화되는 종교입니다. 옛것을 떠나는 종교입니다. 단순히 하나님께서는 아브라함에게 네 고향 친척 아버지의 집을 떠나라고 했습니다. 이것은 고향을 떠나라는 의미가 아닙니다. 너의 과거를 떠나라는 말입니다. 죄의 길에서 돌이켜 새로운 땅으로 가라는 말씀입니다. 아브라함은 고향을 떠나 새 이름을 얻었습니다. 믿음의 조상이 되었습니다. 예수를 믿어도 자신의 힘으로 옛사람을 벗어날 수 있는 사람은 아무도 없습니다. 예수님이 내 인생을 주장해 주셔야만이 새사람이 될 수가 있습니다.

기독교는 회개하는 종교입니다. 회개는 후회와는 다릅니다. 후회는 자기의 잘못을 깨닫는 것이고, 회개는 내가 가던 길을 돌이키는 것입니다. 회개는 여러분의 영혼을 살리는 비결입니다. 회개가 있어야 주님께로 돌아가게 됩니다. 후회만 가지고는 안 됩니다.

오늘 말씀은 소자 하나라도 실족하게 하는 자에게 화가 있다고 했습니다. 이런 사람은 차라리 연자맷돌이 그 목에 매여 바다에 던져지는 것이 낫다고 하셨습니다. 우리는 다른 사람의 영혼을 귀하게 여길 줄 알아야 합니다. 말 한마디를 해도 조심스럽게 하십시오. 다른 사람을 축복하고 그 영혼이 잘되는 말을 해야지, 다른 사람을 실족하게 하는 말을 하면 화가 임하는 것입니다. 우리 성도들 모두가 주의 전에서 은혜를 받고 변화된 사람으로 복된 말과 행동의 주인공들이 됩시다.

2. 선교하는 교회가 되어야 합니다.

오늘 예수님이 말씀하시는 중심에는 한 영혼에 대한 소중함이 담겨 있습니다. 한 영혼을 귀하게 여기라는 말씀입니다. 다른 사람의 한 영혼, 대수롭지 않게 여기는 작은 소자의 한 영혼이 네 생명과 바꿀 만큼 소중하다는 것입니다. 이 세상은 물질과 권세와 명예로 가치를 계산합니다. 그러나 하나님은 사람의 가치를 영혼으로 보십니다. 아이의 영혼이나 어른의 영혼이나, 잘난 자의 영혼이나 부족한 자의 영혼이나 하나님께는 다 똑같습니다. 그러므로 오늘의 교회는 이 영혼의 가치를 귀하게 여길 수 있어야 합니다.

드라마를 보면 큰 회사의 회장님의 아들이 경영수업을 위해 계열 기업의 일선에 배치됩니다. 그런데 아무도 회장님의 아들인지 모릅니다. 이 아들은 물건 판촉을 위해 길거리에 나서기도 하는 등 회사업무를 하면서 많은 고생을 합니다. 그런데 드라마마다 이 회장님 아들을 괴롭히는 못된 상사가 빠지지 않고 나옵니다. 그래서 일을 방해하고 못살게 굽니다. 야단을 치고 서류를 집어던지고 모욕을 줍니다. 그런데 이 아들이 어떻게 합니까? 꿋꿋하게 잘 참고 일을 합니다. 왜냐하면 이제 조금만 있으면 이 회사가 다 자기 것이 되기 때문입니다.

우리 삶이 그렇습니다. 지금은 힘이 들어도 인내하는 이유는 머지않아 하늘의 상급이 있기 때문입니다. 그것을 분명히 알고 있기 때문입니다.

하나님께서는 복음을 위해서 교회를 세우셨습니다. 여러분을 성도로 세우시고 직분을 주신 이유가 복음을 전하라는 것입니다. 복음을 전하는 일은 절대로 후회가 없습니다. 잘못되지 않습니다. 하나님이 하시는 일은 정확합니다. 복음 전하는 일은 하나님이 주장하시는 일입니다. 복음을 위해서 많은 사람들에게 달란트를 주셨습니다. 직장도 주시고 능력도 주셨습니다. 그리고 복음의 기회를 주십니다. 오늘 우리 교회에 주신 복음의 기회, 축복의 기회를 놓치지 마십시오.

3. 용서하시기 바랍니다.

오늘 예수님은 두 가지의 경우를 말씀하십니다. 첫째는 네 형제가 죄를 범하거든 경고하라, 둘째는 회개하거든 용서하라고 했습니다. 경고하라는 말은 '에피티아오' 라는 말로 '책망하라' 는 뜻입니다. 죄는 타협하는 것이 아닙니다. 죄를 우습게 여기면 안 됩니다. 죄는 누룩과 같습니다. 그래서 자꾸만 번져나갑니다. 암은 처음 발생했을 때 빨리 병원에 가서 잘라내야지 주저주저하다가는 그 암덩어리가 번져 생명을 빼앗아 가버리고 맙니다.

요즘 교인들은 책망을 받지 않으려 합니다. 신앙생활도 내가 다 알아서 하려고 합니다. 그래서 잘못해도 주의 종이 책망하는 것이 어려운 세상이 되었습니다. 가장 복된 신자가 어떤 분인지 아십니까? 죄를 지었을 때 주의 종이 책망할 수 있도록 늘 엎드려 있는 분입니다. 이런 분은 절대로 잘못된 길로 가지 않습니다. 다윗의 위대한 점이 여기에 있습니다. 사울은 선지자가 자신을 책망할 때에 죽이려고 했습니다. 그러나 다윗은 울면서 회개했습니다. 사울과 다윗의 미래를 다르게 만든 이유가 바로 여기에 있는 것입니다. 여러분은 누구에게든지 책망을 받을 준비가 되어 있을 때 위대한 사람이 될 수가 있는 것입니다.

그 다음, 회개하거든 용서하라고 했습니다. 베드로가 주님께 "몇 번이나 용서할까요?" 라고 물었을 때 "일흔 번씩 일곱 번이라도 용서하라" 고 하셨습니다. 이 말씀은 무한정 용서하라는 말입니다. 우리가 아무 진홍 같은 죄를 지었어도 주님 앞에 회개하고 나가면 그 죄를 다 용서해 주신다고 했습니다. 도말하여 주신다, 아예 없애 주신다고 하셨습니다. 우리가 주님으로부터 죄를 용서받았으니 우리도 용서하는 것이 당연한 것입니다. 내가 받은 은혜를 깨달은 사람이 다른 사람도 용서할 수 있습니다.

가장 불행한 인생은 하나님께 죄 용서를 받지 못한 인생입니다. 내가 죄 용서의 은혜, 그 감격을 잊어버리고 사니 다른 사람도 용서하지 못하게 됩니다. 용서가 없으면 분노와 복수심과 불평이 대신 가득 채워집니다. 용서받은 사람이 용서합니다. 용서는 하나님과 여러분의 관계를 이어주고 여러분의 신앙생활을 복되게 합니다. 성도 여러분, 내가 용서받았으니 나도 용서해 줍시다.

더 생각해 보기: 말씀 이해를 위한 예화

어떤 판사의 간증입니다. 그분은 주변에 있는 친구들이 다 예수를 믿기 때문에 그냥 끌려가다시피 하여 교회에 나갔다고 합니다. 그런데 어떻게 어떻게 3년을 나가고 집사까지 됐는데, 이분의 마음속에 고민이 하나 있었습니다. 그것은 예수를 만난 경험이 없다는 것입니다. 다른 사람이 '나는 죄인입니다' 해도 그는 '왜 내가 죄인이야? 이렇게 잘살고 교회도 잘 다니고 그리고 집사까지 되었는데 왜 내가 죄인이야?' 라고 생각했습니다.

그런데 어느 날 하루는 자기도 모르게 발걸음이 교회로 향하게 되었습니다. 교회에 가서 아무도 없는 텅 빈 캄캄한 자리에 앉아서 하나님께 기도했습니다. "하나님! 내 자신이 죄인임을 깨닫고 주님을 영접할 때까지는 이 자리를 떠나지 않겠습니다." 그리고는 밤새도록 하나님을 불렀고 잘 안 될 때에는 남의 흉내라도 내어 "할렐루야 할렐루야" 부르며 기도했습니다.

그러다가 자기가 죄인이라는 사실을 깨닫게 되고 주체할 수 없는 눈물을 흘리고 하나님께 회개하며 그리스도를 영접했다는 간증입니다.

적용

1) 오늘 말씀의 주제 파악하기

____

____

____

2) 오늘 말씀 중 은혜 받은 부분 나누기

____

____

____

3) 삶에 구체적으로 적용하기

함께 드리는 기도 제목

1. 주변의 사람들에게 복된 말과 행동을 할 수 있는 믿음의 사람이 되게 하소서.
2. 우리에게 주신 복음의 기회, 축복의 기회를 놓치지 않게 하소서.
3. 주의 전에서 날마다 용서하는 사람이 되게 하소서.

10월

제43과 ······

위기는 기회입니다

✤ **본문** : 창세기 12장 10-20절
✤ **찬송** : 342장(너 시험을 당해, 통 395장)
✤ **요절** : "그 땅에 기근이 들었으므로 아브람이 애굽에 거류하려고 그리로 내려갔으니 이는 그 땅에 기근이 심하였음이라"(창세기 12:10).

오늘 말씀은 아브라함이 인생의 위기를 만나고 실패하는 장면입니다. 하나님께서는 아브라함에게 너의 고향과 친척과 아버지의 집을 떠나 내가 네게 보여줄 땅으로 가라고 명하셨습니다. 아브라함이 가나안 땅으로 갔는데 이곳 사람들이 아브라함을 잘 맞이해 주었습니다. 대개 타향에 가면 사람들이 잘 대접해 주지 않습니다. 하지만 하나님께서 아브라함을 인도하시는 곳마다 가서 보니 사람들이 잘 받아 주었습니다. 하나님께서 가야 할 곳을 인도해 주셨기 때문입니다. 그곳에서 단을 쌓았습니다. 즉 예배를 드리며 신앙의 삶을 살았습니다.

그런데 본문 바로 앞 9절에 아브라함의 인생의 위기가 찾아오는 내용이 암시가 되어 있습니다. "점점 남방으로 옮겨갔더라"는 구절입니다.

1. 시험에 들지 않도록 힘써야 합니다.

가나안 땅에 머물러 있어야 하는데 점점 남방으로 내려갔습니다. 남방은 애굽이 있는 곳입니다. 이것이 시험든 첫 번째 이유입니다. 지금 있는 곳에는 가뭄이 들었는데 바로 아랫동네인 애굽에는 물이 풍부합니다. 가축을 잘 먹일 수가 있습니다. 그것을 보니 시험에 든 것입니다. 여러분, 시험들 일은 미리 피해야 합니다. 시험들 곳에 가서 시험에 안 들려고 하면 어렵습니다. 시험에 들 장소를 피해야 합니다.

바울이 시험을 이긴 비결이 어디에 있습니까? 감옥에서도 찬송을 불렀습니다. 매를 맞고 굶주리면서도 감사했습니다. 믿음의 사람에게도 어려운 일이 찾아올 수 있지만 하나님의 방법으로 살려고 했습니다. 요셉이 시험을 이긴 비결이 어디에 있습니까? 종살이를 하면서도 하나님의 말씀을 지키며 원칙대로 살려고 애를 썼습니다. 아브라함은 하나님의 말씀대로 고향을 떠난 사람인데 왜 이런 어려움을 당해야 합니까? 믿음의 사람에게도 인생의 위기는 찾아온다는 것입니다.

예수 믿어도 여러 가지 일들이 일어납니다. 그 이유를 잘 알아야 합니다. 첫째로 나쁜 일도 일어납니다. 그것은 사탄 마귀가 주는 것입니다. 지금까지 사탄의 손아귀 아래 있었는데 예수님께로 나아가니, 어떻게 하면 시험 들게 할까 하여 넘어뜨리려 하는 것입니다. 이때에는 예수님을 더 꼭 붙잡아야 합니다. 수요예배에도 나오고, 그래도 안 되면 새벽기도회에도 나와야 합니다. 그러면 마귀가 꼼짝 못하는 것입니다.

둘째로 기억해야 할 것은, 예수 믿으면 형통하는 사람도 있습니다. 오랫동안 병에 시달려온 분들이 예수 믿고 병이 낫고 가정에 문제가 해결되고 사람이 변화되는 경우가 있습니다. 이런 분들은 받은 은혜를 놓치지 않도록 겸손하셔야 합니다. 더욱 은혜를 사모하셔야 합니다. 그러면 더욱더 축복의 길로 가게 됩니다.

셋째로 기억해야 할 것은, 예수 믿으면 결국은 승리한다는 것입니다. 예수 믿고 잘못되는 경우는 절대로 없습니다. 시험이 와도 이길 힘을 주시고, 말씀대로 살면 점점 더 복된 길로 가게 되는 것입니다. 그런데 위기를 어떻게 맞이하느냐에 따라서 어떤 사람에게는 복이 되고 어떤 사람에게는 저주가 됩니다. 같은 위기가 찾아와도 결과가 달라지는 것입니다. 여러분은 위기를 만날 때 복 받는 기회로 만들어야 합니다.

2. 하나님의 말씀을 끝까지 신뢰해야 합니다.

아브라함은 애굽 방향으로 가다 보니 마침 흉년도 들고 해서 잠시 애굽에 가서 살다가 올라와야겠다는 마음이 들었습니다. 하나님께서 가나안 땅에 살라 하셨으면 가나안 땅에서 죽든지 살든지 머물렀어야 하는데 애굽으로 갔습니다. 이것은 아브라함만 그런 것이 아닙니다. 그 당시에 모든 사람들이 다 그랬습니다. 아브라함은 세상을 따라갔습니다. 애굽은 나일 강 유역에 있어 땅이 비옥했습니다. 강이 있어 물이 풍부했습니다. 그러니 사막에 사는 사람들이 부러워할 만했습니다. 아브라함은 다른 사람들이 그러는 것처럼 그렇게 세상 사람들을 따라갔습니다.

10절을 보면 거류하려고 내려갔다고 했는데, 거류라는 말은 집 짓고 살 것이 아니라 잠시 머물다 오겠다는 뜻입니다. 야곱을 보십시오. 야곱은 아들 요셉이 애굽의 총리가 된 이후에 가나안 땅에 가뭄이 들어 애굽으로 가게 됩니다. 아들 요셉이 바로 왕의 바로 아래

2인자였습니다. 애굽에 가서 살면 아들 옆에 살며, 넉넉하게 잘살 수가 있었습니다. 그런데 야곱은 애굽의 중심부로 들어가지 않았습니다. 애굽의 변방, 사람이 살지 않는 숲과 풀이 우거진 고센 땅에 머물렀습니다. 이곳에 살았기 때문에 애굽과 동화되지 않았습니다. 그런데 하나님께서 이들을 축복해 주셨습니다. 장정 70명이 내려갔는데 나중에 보니 430만 명이 되었습니다.

하나님의 말씀은 타협하는 것이 아닙니다. 포스트모더니즘 시대가 시작되면서 교회의 위기가 오게 되었다고 학자들은 말합니다. 현대인들은 알게 모르게 포스트모더니즘의 영향을 받으며 삽니다. 포스트모더니즘이 교회에 미친 가장 큰 영향이 무엇인가 하면 하나님 말씀의 절대권을 부정한다는 것입니다. 너만 옳은 것이 아니라 나도 옳다는 것입니다. 성경은 그렇게 말하고, 목사님은 그렇게 말씀하지만 나는 내 생각대로 믿겠다는 것입니다. 교회는 구원받기 위한 곳이 아니라 내 필요를 채워 주는 곳, 나를 만족시켜 주는 곳이 되었습니다. 여기에는 구원이 없습니다.

여러분, 성도가 성도 되는 것은 그저 되는 것이 아닙니다. 교회 나온다고, 봉사 많이 한다고 성도가 되는 것이 아닙니다. 성도를 성도 되게 하는 것은 끊임없이 은혜를 받아 은혜로 살아가는 것입니다. 은혜가 떨어지면 시험에 빠지게 됩니다. 아브라함은 믿음의 아버지입니다. 그런데 믿음의 아버지도 시험에 빠지게 됩니다. 매 순간 은혜 받지 않으면 인간이란 별 수가 없는 것입니다. 그러므로 우리는 매 주일 은혜 받기 위해 애써야 합니다. 시험에 들었으면 빨리 은혜 받기 위해 더 애를 써야 합니다. 은혜 받아야 기도하게 되고, 은혜 받아야 하나님을 의지하게 됩니다. 하나님을 끝까지 믿고 신뢰하는 성도들이 됩시다.

3. 위기를 만났을 때는 하나님을 만나야 합니다.

사람이 믿음으로 살면 두려움이 없습니다. 그런데 믿음이 사라지면 모든 것이 두려워집니다. 아브라함이 고향을 떠나올 때에는 믿음으로 나왔습니다. 가는 곳마다 제단을 쌓고 예배를 드렸습니다. 그러나 오늘 아브라함의 모습에서는 믿음을 찾아보기 어렵습니다. 기도했다는 말이 없습니다. 오히려 자기 목숨을 살리기 위하여 아내를 팔아먹겠다는 계획을 세웁니다. "그대는 아리따운 여인이라 애굽 사람이 그대를 볼 때에 이르기를 이는 그의 아내라 하여 나는 죽이고 그대는 살리리니 원하건대 그대는 나의 누이라 하라 그러면 내가 그대로 말미암아 안전하고 내 목숨이 그대로 말미암아 보존되리라 하니라"(11-13절). 사람은 한 번 잘못되면 점점 더 잘못된 길로 가게 됩니다. 그래서 처음부터 방향을 잘 잡아야 합니다.

"이에 바로가 그로 말미암아 아브람을 후대하므로 아브람이 양과 소와 노비와 암수 나귀와 낙타를 얻었더라"(16절). 바로가 좋은 아내를 주어서 고맙다고, 너의 누이가 참 아름답다고 하면서 아브라함에게 양과 소와 나귀와 낙타를 주었고 노예까지 주었습니다. 아브라함은 아무 말도 못하고 아내 빼앗긴 값으로 이것을 받았습니다. 바로가 두려워 하나님의 능력을 잃어버리고 아무 말도 못하고 짐승과 노비만 받아가지고 나온 것입니다. 믿음의 사람은 능력을 받아야 담대합니다.

그런데 하나님께서는 사래의 일로 바로와 그 집에 큰 재앙을 내리셨다고 했습니다. 이것은 전적인 하나님의 은혜입니다. 아브라함은 지금 영적으로 잠들어 있는데, 하나님께서 이런 아브라함을 긍휼히 여기시고 은혜를 베푸셨습니다. 아브라함은 처음에 믿음으로 고향을 떠났습니다. 하나님께서는 이 믿음을 기억하시고 아브라함에게 은혜를 베푸셨습니다.

때로는 우리가 하나님의 말씀대로 순종하지 못할 때도 있습니다. 말씀대로 살지 못하고 다른 길로 가다가 큰 시험을 만날 수도 있습니다. 그러나 그때에도 하나님은 여러분을 긍휼히 여겨 주십니다. 그래서 이 자리까지 온 것입니다. 이 사실을 우리는 감사해야 합니다.

오늘 우리도 세상에서 환경 바라보고 사람 보고 살다가 실패할 수 있습니다. 그때에 기도하시기 바랍니다. 인생에 위기를 만날 때는 간절한 기도를 회복할 기회입니다. 우리 인생은 평안하다가도 풍랑이 올 때가 있습니다. 건강, 가정, 사업에 위기가 올 수도 있습니다. 이 위기는 나쁜 것만이 아닙니다. 어떻게 생각하느냐에 따라서 하나님을 더 가까이 만날 수 있는 기회가 됩니다. 인생의 위기가 찾아올 때에 오히려 하나님 앞에 엎드려 기도함으로 문제도 해결받고, 하나님과 더 친밀한 기회로 삼는 성도들이 됩시다.

더 생각해 보기: 말씀 이해를 위한 예화

초원에서 풀을 뜯고 있는 당나귀에게 굶주린 늑대 한 마리가 다가갔습니다. 뒤늦게 늑대를 발견한 당나귀는 침착하게 절름발이 흉내를 냈습니다. 의아하게 여긴 늑대가 당나귀에게 물었습니다. "왜 달아나지 않는 거야? 잡아먹히는 게 무섭지도 않아?", "물론 도망가고 싶어. 하지만 발에 커다란 가시가 박혀서 가고 싶어도 못 가. 날 잡아먹기 전에 가시부터 빼 줘. 그래야 가시가 네 목에 안 걸릴 테니까." "좋아. 그럼 발을 들어 봐." 늑대가 당나귀의 발굽에 박힌 가시를 보려고 고개를 숙이자 당나귀는 있는 힘을 다해 늑대의 머리를 걷어차고 도망을 쳤습니다.

적용

1) 오늘 말씀의 주제 파악하기

2) 오늘 말씀 중 은혜 받은 부분 나누기

3) 삶에 구체적으로 적용하기

함께 드리는 기도 제목

1. 인생의 위기를 하나님을 만나는 기회로 삼는 지혜를 주소서.
2. 허락하신 은혜를 통해 하나님을 끝까지 믿고 의지하게 하소서.
3. 위기를 만날 때 엎드려 기도함으로 하나님과 친밀한 기회로 삼게 하소서.

제44과 ······

여호와 이레의 신앙

✣ **본문** : 창세기 22장 12-14절
✣ **찬송** : 354장(주를 앙모하는 자, 통 394장)
✣ **요절** : "아브라함이 그 땅 이름을 여호와 이레라 하였으므로 오늘날까지 사람들이 이르기를 여호와의 산에서 준비되리라 하더라"(창세기 22:14).

인생에는 두 길이 있습니다. 세상 사람들이 보기에는 그 길이 비슷할지 모르지만 방향이 다릅니다. 지금까지 죽음의 길로 걸어갔다면 이제는 방향을 바꾸어 생명의 길로 가야 합니다. 오늘 말씀을 보면 아브라함 인생의 최대의 시험이 왔습니다. 아들 이삭을 바치라는 것입니다. 아브라함의 일생에 있어서 최고의 은혜를 경험하는 모습입니다.

1. 시험을 이기는 아브라함의 신앙이었습니다.

아브라함이 받은 큰 은혜는 시험 다음에 왔습니다. 대개 큰 시험 뒤에는 은혜가 오고, 은혜 받은 뒤에는 또 시험이 따라옵니다. 이것은 우리를 교만하지 않게 하시려는 하나님의 섭리이며, 한편으로는 은혜 받은 것을 시샘하는 마귀의 시험입니다. 그래서 이것이 하나님의 연단인가 즉 내게 주신 십자가인가 아니면 마귀의 시험인가를 잘 살필 수 있는 영적인 눈을 가져야 합니다.

하나님께서 아브라함에게 이삭을 하나님께 제물로 드리라고 하신 것은 성경에 구체적으로 나타나 있지는 않지만 아마도 아브라함의 마음이 하나님 중심에서 이삭에게로 많이 기울어져 있었기 때문이라 추측됩니다. 그래서 하나님께서는 지금 아브라함에게 시험하시는 것입니다.

아브라함은 고향 친척 아버지 집에 미련을 가지지 않았습니다. 두려움 속에 길을 떠나도 하나님의 말씀대로 살아가는 길이 축복의 길임을 알았습니다. 이후에도 하나님은 아브라함에게 많은 시험을 하십니다. 조카 롯과 재산 문제로 분쟁이 생겼습니다. 물질의 문제는 옛날 사람이나 지금 사람이나 넘기 힘든 문제입니다. 아브라함은 물질의 문제 앞에서 시험을 이깁니다. 조카 롯에게 "네가 우하면 내가 좌하고, 네가 좌하면, 내가 우하겠다" 고 말합니다. 물질의 시험을 이기는 것입니다.

오늘 말씀에는 아브라함에게 아들 이삭을 바치라는 시험이 왔습니다. 어떻게 얻은 아들입니까? 눈에 넣어도 아프지 않을 아들입니다. 당시 우상을 믿는 이방 민족들은 실제로 아들을 잡아 그들의 신에게 바쳤습니다. 그런데 하나님은 이러한 행위를 금하셨습니다. 그런 하나님이 지금 아들을 바치라고 하십니다. 이것은 "아브라함아 네가 아들 이삭보다 나를 더 사랑하느냐?" 하고 시험하고 계신 것입니다.

아브라함은 말없이 짐을 쌉니다. 그리고 다음 날 새벽 일찍이 길을 떠납니다. 아마 부인 사라와 상의를 했으면 사라가 말렸을 것입니다. 하나님은 그런 분이 아니시라고, 다시 한 번 기도해 보자고 했을지도 모릅니다. 그런데 아브라함은 누구에게도 상의하지 않고 새벽에 길을 떠납니다. 이것이 시험을 이기는 아브라함의 신앙이었습니다.

2. 순종하는 이삭의 신앙이었습니다.

아브라함이 아들 이삭을 제사 지내기 위하여 모리아 산을 향하여 올라가는데, 산중턱에서 이삭이 아브라함을 부릅니다. 이삭은 앞서서 가고 아브라함은 발걸음이 떨어지지 않아 앞서가는 이삭을 눈물로 바라보며 따라가고 있는 것으로 보입니다. 그래서 "아빠" 하고 불렀을 때 "내가 여기 있다"라고 대답한 것입니다.

"아빠, 불과 나무는 있는데 번제할 어린 양은 어디 있습니까?" 이삭은 지금까지 아버지가 드리는 제사를 많이 보아 왔습니다. 이삭으로서는 이상해서 가던 발길을 돌아서며 아버지에게 묻습니다. "번제할 나무도 있고 불도 있는데 제물은 없지 않습니까? 제물은 어디 있습니까?" 이렇게 묻는 아들을 바라보는 아브라함의 심정이 어떠했겠습니까? 그런데 이것이 바로 시험입니다.

본문 앞 9절에 보면 하나님이 지시하신 곳에 이르러 아브라함이 그곳에 단을 쌓고 나무를 벌여놓고 그 아들 이삭을 결박하여 단 위에 놓았습니다. 이삭을 잡아 결박하여 단 위에 놓을 때에 어떻게 했겠습니까? 주경학자들은 이삭이 스스로 단 위에 올라갔을 것이라고 해석을 합니다. 나무를 지고 올라간 것을 보면 이삭이 힘이 더 셉니다. 나이도 젊습니다. 그냥 도망만 가도 못 잡습니다. 나이 많은 아브라함이 어떻게 잡습니까?

단을 다 만들어 놓고 마지막에 아브라함이 이삭에게 이야기했을 것입니다. "하나님께서 널 제물로 드리라고 하셨다. 네가 알다시피 우리 가정은 하나님의 도우심 속에 살아왔다. 또한 우리 집안에 후손의 복을 약속해 주셨다. 그런데 하나님이 너를 바치라고 하신다.

내 생각으로는 이해가 되지 않지만 그러나 하나님의 뜻이 있지 않겠니? 그러니 순종해라." 이랬을 것입니다. 이삭을 번제로 드리면 전능하신 하나님이 죽은 자 가운데서 다시 살리실 줄로 믿었습니다.

아브라함은 그렇다 쳐도, 이삭의 믿음 또한 얼마나 훌륭합니까? 이삭은 얼마든지 도망갈 수 있었습니다. 100세가 넘은 노인이 어떻게 젊은이를 결박할 수 있습니까? 이삭이 순종한 것입니다. 이것이 복받은 가정의 모습입니다. 죽는 자리까지 아버지에게 순종하는 모습입니다. 아버지를 믿는 것입니다. 여러분의 가정의 자녀들도 이삭과 같이 순종하는 자녀들이 되시기 바랍니다.

3. 여호와 이레의 신앙을 가져야 합니다.

10절에 보니 "손을 내밀어 칼을 잡고 그 아들을 잡으려 하니"라고 기록되어 있습니다. 칼을 들고 아들을 막 찌르려 했다는 것입니다. 어떻게 아버지가 그럴 수가 있습니까? 이것은 철저한 순종의 표시입니다. 그때 하나님께서 아브라함의 마음을 아시고 "아브라함아 아브라함아" 하고 부르십니다. 하나님이 말리지 않았으면 이삭을 잡는 순간입니다. 그런데 하나님이 아브라함을 부르십니다. 하나님께서는 아들 이삭에게 손을 대지 말 것을 명하셨습니다. "네가 하나님을 경외하는 줄을 아노라"고 말씀하셨습니다. 하나님은 중심을 보신다고 했는데, 지금 하나님께서 아브라함의 중심을 보시고 네가 하나님을 경외하는 줄을 아노라 하고 말씀하십니다. 이것이 승리하는 비결입니다.

우리가 내 자식을 부둥켜안고 있으면, 내 자식 때문에 오히려 시험에 들면 자식에게서 떨어지게 하십니다. 자식 때문에 신앙생활을 잘 못하거나 하면 그 자식을 좀 떨어지게 하십니다. "아브라함이 눈을 들어 살펴본즉 한 숫양이 뒤에 있는데 뿔이 수풀에 걸려 있는지라"(13절)라고 성경은 말씀하고 있습니다. 이삭을 제물로 드리지 말라고 해서 눈을 들어 보니 다른 제물이 있더란 말입니다. '하나님께서 지금 이 숫양을 바치라고 하시는구나' 라고 아브라함은 즉시 깨닫습니다. 그래서 이 숫양을 가져다가 대신 제사를 드립니다. 그리고 나서 그 땅 이름을 '여호와 이레' 라 하였습니다. 여호와 이레란 히브리어로 '하나님이 준비하심' 이라는 말입니다. 하나님이 준비하신다는 말이 무엇입니까? 가장 적합한 것으로 인도하신다는 말입니다.

여러분의 앞길에 대하여 너무 염려하지 마십시오. 여호와의 산에서 미리 준비하십니다. 하나님께서 인도하시는 일을 보면, 앞길이 막힌다 싶으면 언제 더 좋은 길을 준비해 놓으셨는지 주십니다. 그래서 깜짝 놀랍니다. 그러므로 어려운 일을 만났을 때 그것을 믿음으로 이기기만 하면 더 좋은 일이 항상 기다리고 한다는 것입니다. 이런 체험의 신앙이 있으면 담대해집니다. 문제는 하나님께서 우리에게 이삭을 요구하실 때 이삭을 드리는 믿음을 준비해야 한다는 것입니다. 하나님은 아브라함에게 새 제물을 예비해 놓고 이삭을 죽이지 못하게 하셨습니다. 이삭의 후손을 셀 수 없이 주셨습니다. 이삭은 하나님께 드려진 가장 좋은 씨앗에 대한 축복의 열매였습니다.

한나가 사무엘을 바쳤을 때 아들 셋, 딸 둘을 더 주셨습니다. 사무엘은 이스라엘의 최고 지도자가 되었습니다. 몸을 바치면 생명을 얻는 복이 예비되어 있고, 감사하면 감사의 복이 옵니다. 은혜를 넘치게 하면 더 많은 은혜가 예비됩니다. 이것이 신앙생활에서 승리하는 비결입니다. 아브라함은 불평할 수밖에 없는 상황에서도 불평하지 않았습니다. 의심하지 않았습니다. 그저 묵묵히 하나님께서 명하신 일을 순종하였고, 하나님은 그 순종대로 놀라운 복으로 채워 주셨습니다. 우리 모두 아브라함의 믿음으로 놀라운 하나님의 은혜와 복을 체험하는 성도들이 됩시다.

더 생각해 보기: 말씀 이해를 위한 예화

어느 마을에 큰 공장을 운영하는 남부럽지 않은 큰 부자가 살았습니다. 신앙생활도 아주 열심히 했습니다. 그런데 갑자기 큰 홍수가 나서 공장 옆 저수지 둑이 무너지면서 공장을 휩쓸고 지나갔습니다. 물이 쓸고 간 자리에 남은 것이라곤 모래와 자갈뿐, 공장은 흔적도 없이 사라졌습니다. 그러니 얼마나 기가 막힐 노릇입니까?

그는 그 자리에 주저앉아 통곡하며 기도하기 시작했습니다. "오! 하나님…… 사랑하는 자에게 합력하여 선을 이루신다고 하지 않았습니까? 제가 이 극한 환난 속에서 소망을 잃지 않도록 붙잡아 주시옵소서." 기도를 마친 그는 용기를 내 눈물을 훔치며 주변을 둘러보기 시작합니다.

그러자 햇살에 뭔가가 반짝입니다. 한쪽만 그런게 아니라 바닥 전체가 반짝거려 도대체 뭐가 저렇게 반짝거리나 궁금해 모래를 한 움큼 움켜쥐곤 손바닥 위에 올려 자세히 들여다보니 분명 모래 속에서 뭔가가 반짝거립니다. 그래서 입에 넣어 깨물어보니 사금입니다. 땅 속에 묻혀 있던 사금이 홍수로 인해 밖으로 드러나면서 빛을 본 겁니다. 이로 인해 이 사람은 그전보다 더 큰 부자가 되었다고 합니다. 여호와 이레의 축복입니다.

적용

1) 오늘 말씀의 주제 파악하기

2) 오늘 말씀 중 은혜 받은 부분 나누기

3) 삶에 구체적으로 적용하기

함께 드리는 기도 제목

1. 시험을 이기는 아브라함의 신앙을 본받게 하소서.
2. 우리 가정의 자녀들이 이삭과 같이 순종하는 자녀들이 되게 하소서.
3. 여호와 이레의 신앙을 가지고 놀라운 하나님의 은혜를 누리게 하소서.

11월

제45과 ·······

감사의 그릇을 준비하십시오
(추수감사주일)

- **본문** : 신명기 16장 13-17절
- **찬송** : 589장(넓은 들에 익은 곡식, 통 308장)
- **요절** : "각 사람이 네 하나님 여호와께서 주신 복을 따라 그 힘대로 드릴지니라"(신명기 16:17).

구약성경은 3대 절기를 지키라고 명령하고 있는데, 그것은 유월절과 맥추절과 수장절입니다. 유월절은 이스라엘 민족이 애굽의 노예에서 해방된 것을 기념하여 지킨 절기입니다. 이 절기는 7일 동안 누룩을 넣지 않아 발효되지 않은, 딱딱하고 맛없는 떡을 먹으면서 애굽의 종살이에서 구원하신 하나님의 은혜를 찬양하며 감사로 지키는 절기였습니다. 두 번째 절기인 맥추절은 오순절이라고도 하고 칠칠절이라고도 하는 절기로, 유월절이 지난 다음 7주 후에 보리와 밀을 추수하고 나서 첫 열매로 제사를 드린 날입니다.

세 번째 절기인 수장절(추수감사절)은 1년 동안 농사를 지은 것을 창고에 들이고 나서 들판에 일주일 동안 초막을 짓고 조상들이 광야에서 40년간 초막을 짓고 생활하던 것을 기념하며 지키던 절기입니다. 그래서 초막절이라고도 부릅니다. 수장절은 오늘의 추수감사절입니다.

1. 추수감사절은 이미 주신 하나님의 은혜를 기억해야 합니다.

하나님께서 우리에게 허락하신 은혜와 복을 기억하라고 하셨습니다. "이같이 행하여 네 평생에 항상 네가 애굽 땅에서 나온 날을 기억할 것이니라"(신 16:3) 하셨습니다. 우리는 늘 감사해야 하지만, 특별히 추수감사절은 그동안 우리가 받은 하나님의 은혜를 잊지 아니하고 기억하여 하나님께 감사로 영광을 돌리는 특별한 날입니다. 그러니까 우리가 늘 부모님의 사랑을 받고 그 은혜를 감사하며 살아가지만 1년 중 5월 8일 어버이날을 통해 어버이의 은혜를 특별히 감사하는 것처럼, 추수감사주일은 하나님의 보호와 은총을 특별히 감사하는 날입니다.

오늘 감사할 조건이 없다고 할지라도 과거를 돌이켜 보고 순간순간 감사하면서 살아가야 합니다. 감사를 찾아야 합니다. 이스라엘 사람들은 지난날 애굽의 종 되었던 시절과 40년 광야에서 농사를 짓지 못하고 살았던 날들을 생각하며 이날을 감사함으로 지켰습니다. 우리들도 가만히 생각해 보면 이스라엘과 다를 바가 없습니다. 언제 우리가 우리 마음대로 농사짓던 때가 있었습니까? 농사를 지어도 정작 농사를 짓는 상놈이라 지칭되던 백성들은 그 농사가 자기의 것이 아니었습니다. 일 안 하고도 먹고 사는 양반들의 것이었습니다. 그렇게 수천 년을 살았습니다.

일제 강점기에 농사를 열심히 지어도 그것이 내 것이 되지 못했습니다. 공출이라 해서 다 빼앗겼습니다. 그래서 보릿고개란 말이 나왔고, 초근목피를 가지고 목숨을 부지해야만 했습니다. 공산 치하에서는 현물세를 거두어 갔습니다. 그런데 지금은 어떻습니까? 사시사철 과일과 채소를 먹을 수 있고, 먹을 것이 없어서 굶어 죽는 일은 없습니다. 한국 사회를 살아가는 젊은이들의 가장 큰 고민이 무엇인지 아십니까? 살 빼는 것입니다. 너무 쪄버린 살을 빼기 위해 오히려 적게 먹기 전쟁을 합니다. 도시마다 가장 해결하기 어려운 문제가 주차 문제입니다. 불과 얼마 전만 해도 차가 있으면 사장님 소리를 들었는데 지금은 우리 교회도 주차장이 좁습니다. 우리가 이렇게 큰 복을 받고 살아갑니다.

연세 드신 분들이 하시는 말씀들이 "나는 아기 낳고, 내가 탯줄을 끊고, 목욕시키고, 내가 밥해 먹었다" 고 하십니다. 어떤 분은 딸 낳았다고 3일 동안 밥도 못 얻어먹고 굶었다고 했습니다. 아침에 아이를 낳고 오후에는 뜨거운 뙤약볕에 나가 김을 매야 했던 것이 불과 어제의 일이었습니다. 그만큼 우리나라가 잘살게 되었습니다. 여성들도 지위가 많이 올라갔습니다.

하나하나 따져 보면 감사할 일이 얼마나 많은지 모릅니다. 혹시 난 감사할 것이 없다고 생각하지는 않습니까? 혹은 감사보다는 불평을 더 많이 가지고 살아오지는 않았습니까? 하나님께서 베풀어 주신 것을 기억하며 감사하는 삶을 사시기를 바랍니다.

감사란 무엇입니까? 감사는 은혜를 받은 자들이 은혜를 주신 분에게 보답하는 것입니다. 감사란 글자를 보면 느낄 '감(感)' 자, 사례할 '사(謝)' 자 를 쓰고 있습니다. 이는 은혜 받은 자들이 고마움을 느끼고 은혜를 주신 분에게 사례를 하는 것이라고 볼 수 있습니다. 우리가 은혜를 받고 살면서 감사를 잊어버린다면 하나님께서는 서운해 하실 것입니다.

세계적인 전도자 D.L. 무디가 하루는 정신 병동을 지나가는데 어떤 사람이 창문을 열고 무디를 향해서 소리질렀습니다. "여보시오! 당신은 건강한 것을 감사합니까?" 이 말을 듣고 무디는 충격을 받았습니다. 돌이켜 보니 건강한 육체와 건강한 정신을 주신 것에 대해서 하나님께 별로 감사하지 않은 것입니다. 무디는 이것을 계기로 새롭게 깨닫고, 하나님께 감사하며 헌신하면서 살아가겠노라고 다짐을 하고 세계적인 전도자가 되었습니다. 감사하고 나니까 인생이 바뀐 것입니다.

지나온 일들을 감사하시기 바랍니다. 때로는 눈물 나는 일들도 있었고 고통스런 순간도 있었고 혼자인 듯한 시간들도 있었으나, 알고 보면 모두가 다 하나님의 섭리와 은혜 가운데 있었던 일입니다. 지금까지 지키시고 보호해 주신 것도, 건강을 주신 것도, 구원을 베푸신 것도, 환란과 시련을 이기게 해주신 것도, 시시때때로 인도해 주신 것도 감사할 일입니다. 언제나 곁에서 위로하시고, 힘 주시며, 새 능력 주시며, 보살펴 주신 것을 감사할 일입니다. 지나온 일들을 감사하는 성도들이 됩시다.

2. 앞으로 받을 축복을 감사해야 합니다.

오늘 본문에는 감사하는 방법에 대하여 설명해 주고 있습니다. '네 자녀와 노비와 레위인과 고아와 객과 과부가 택하신 곳에서 함께 즐거워하라'(14-15절)고 했습니다. '빈손을 여호와께 보이지 말며 즉 하나님께 예물을 드리는데 주신 복을 따라 힘대로 드리라'(16절)고 했습니다. 그런데 왜 이렇게 자세히 감사드리는 방법을 설명합니까? 하나님의 백성들이 축복과 은총 속에 살아가기를 원하시기 때문에 감사의 방법을 알려 주시는 것입니다. 감사하면 앞으로도 계속 하나님의 축복의 손이 지켜 주신다는 것입니다. 하나님은 인격적인 하나님이시기 때문에 우리가 마음으로 감사하는 것을 기뻐하십니다.

"네 손으로 행한 모든 일에 복 주실 것이니 너는 온전히 즐거워할지니라"(15절)고 말씀하십니다. 복 주실 줄을 믿는 믿음입니다. 이미 주신 것이 아닙니다. 앞으로 나의 모든 생업과 손을 댄 모든 사업

위에 복 주실 줄로 믿고 감사하는 믿음을 말씀하고 있는 것입니다.

감사절의 참 의미를 모르고 그저 특별히 감사헌금이나 드리는 날로 알고 있는 분도 계실 것입니다. 오늘 말씀을 보면 심오한 의미를 가지고 있습니다. "너희가 하나님의 은혜를 입었느냐? 그러면 힘껏 감사하라"는 것입니다. "너희가 앞으로도 하나님의 은혜와 복을 얻기를 원하느냐? 그러면 감사하라"는 말씀입니다. 깊은 신앙은 내가 가진 것을 인하여 감사하는 신앙이 아닙니다. 믿지 않는 사람들도 그런 감사는 할 수 있습니다. 차원 높은 신앙은, 앞으로 있을 하나님의 은혜를 확신하며 감사하는 것입니다. 감사의 그릇을 크게 가지시기를 바랍니다.

추수감사주일을 맞이하여 지난날들을 돌이켜 하나님께 감사하시기 바랍니다. 그리고 또한 앞으로 열어 주실 하나님의 복을 확신하며 감사하시기 바랍니다. 그리하여 매년 다가오는 감사의 절기가 더 많은 감사로 풍성하게 채워지기를 바랍니다.

더 생각해 보기: 말씀 이해를 위한 예화

미국에 가면 뉴욕에 한때 세계에서 가장 높은 건물이었던 엠파이어 스테이트 빌딩이 있는데, 이 건물이 102층으로 지어졌습니다. "왜 102층을 지었을까?" 하고 궁금했는데, 그들의 조상인 청교도들이 미국에 상륙을 해서 첫 번째 농사를 지내고 감사절 예배를 드린 사람이 102명이라는 것입니다. 112명이 영국에서 출발하여 10명이 죽고, 102명이 살아 감사예배를 드렸습니다. 그래서 과거를 기억하고 조상들이 물려준 신앙에 감사하는 마음으로 102층으로 지었다는 것입니다. 청교도 102명이 감사의 예배를 드린 것이 불과 얼마

되지 않아 세계 최대의 건물을 지을 수 있도록 하신 하나님께 감사의 마음을 가진 것입니다.

적용

1) 오늘 말씀의 주제 파악하기

2) 오늘 말씀 중 은혜 받은 부분 나누기

3) 삶에 구체적으로 적용하기

함께 드리는 기도 제목

1. 하나님의 은혜를 기억하며 감사하는 삶을 살게 하소서.
2. 지나온 일들을 감사하며 앞으로 받을 복에 감사하게 하소서.
3. 감사의 그릇을 크게 가져 더 많은 감사로 풍성한 삶을 살게 하소서.

제46과 ······

나를 본받는 자 되라

✣ **본문** : 고린도전서 4장 15–16절
✣ **찬송** : 204장(주의 말씀 듣고서, 통 379장)
✣ **요절** : "그러므로 내가 너희에게 권하노니 너희는 나를 본받는 자가 되라"(고린도전서 4:16).

사도 바울은 복음 전하는 자의 마음을 아버지로 표현했습니다. "그리스도 안에서 일만 스승이 있으나 아버지는 많지 않다" 라고 했습니다. 스승 하면 좋은 이미지가 있는데, 원어에 있는 스승이란 말은 '몽학선생' 이란 말입니다. 몽학선생이란 아이를 보아주는 노예의 역할을 말합니다. 아이가 자라는 동안에 옷 입는 것도 가르치고, 걷는 것도 가르치고, 이것저것을 가르치는 사람입니다. 예수 믿는 데도 이것저것 그저 가르치는 사람은 많지만 아버지는 흔치 않다는 것입니다. 아버지의 마음으로 복음을 전하는 자는 거의 없다는 말입니다.

사도 바울은 한 사람 한 사람의 영혼을 아버지의 마음으로 사랑했기에 복음을 중단하지 않고 전할 수가 있었습니다. 사도 바울은 "나를 본받는 자가 되라" 고 했습니다. 사도 바울의 마음을 본받을 때에 우리는 아버지의 마음으로 복음 전하는 자가 될 수 있습니다. 사도 바울의 마음이 과연 어떤 마음이었을까요?

1. 빚진 자의 마음으로 전했습니다.

로마서 1장 14-15절에 바울은 "헬라인이나 야만인이나 지혜 있는 자나 어리석은 자에게 다 내가 빚진 자라 그러므로 나는 할 수 있는 대로 로마에 있는 너희에게도 복음 전하기를 원하노라"고 했습니다. 빚을 지면 잠이 잘 오지 않습니다. 길을 가면서도 빚 생각, 밥을 먹으면서도 빚 생각뿐입니다. 요즘의 빚과 당시의 빚은 차원이 다릅니다. 빚을 지게 되면 노예로 팔리게 됩니다. 자기 자신뿐 아니라 아내도 자식도 다 노예로 끌려가는 것입니다. 그런데 사도 바울은 "나는 복음에 빚진 자라"라고 했습니다.

사실 우리는 빚진 자입니다. 죄의 빚 때문에 우리는 모두가 다 마귀에게 종처럼 끌려가야만 하는 존재였습니다. 그런데 예수 그리스도의 십자가로 우리는 모두가 죄의 빚을 탕감받았습니다. 예수님께서 십자가 상에서 마지막 남기신 말씀은 "다 이루었다"입니다. 내 힘으로 죗값을 치를 수 없어 종으로 끌려가는 신세였는데, 예수님께서 십자가에 죽으심으로 죗값을 대신 치러 주셨다는 이 사실을 사도 바울은 잊지 않았습니다. 그래서 빚진 자의 마음으로 복음을 전한 것입니다. 감옥에 갇히면서도, 매를 맞으면서도, 돌에 맞으면서도 복음을 전한 것입니다.

전도는 누가 합니까? 빚진 자의 마음이 있는 사람, 예수님께서 십자가 상에서 나를 향해 "네 죗값을 다 치렀다"고 외치신 그 음성을 들은 사람이 복음을 전하는 것입니다. 바울은 빚진 자의 마음으로 복음을 전했습니다.

2. 예수님의 사랑이 강권하시기 때문입니다.

고린도후서 5장 13-14절에서 바울은 "우리가 만일 미쳤어도 하나님을 위한 것이요 정신이 온전하여도 너희를 위한 것이니 그리스도의 사랑이 우리를 강권하시는도다" 라고 고백했습니다. 사랑하면 모든 것을 할 수가 있습니다.

공자가 제자들과 이야기를 하다가 사랑에 대하여 시를 한번 지어보라고 했습니다. 그러자 한 제자가 시를 지어 바쳤는데 "그대와 나 사이에 천 리나 멀고 높은 산이 가로막혀 밤낮으로 눈물만 흘리네" 라고 시를 지어 바쳤습니다. 그러자 공자가 하는 말이 "그거 틀렸다. 사랑하면 천 리 길도 하룻밤에 갈 수 있다" 라고 했습니다.

복음을 전하는데 시간이 없어서, 아는 사람이 없어서, 혹은 자신이 없어서라고 말합니다. 이 말은 사실은 사랑이 부족해서라는 말입니다. 예수님의 강권하는 사랑을 느낄 수 있다면 날마다 복음을 전할 수밖에 없는 것입니다.

3. 상이 있기 때문입니다.

C.S. 루이스는 이 세상에서 위대한 삶을 산 사람들은 한결같이 저 세상에 관심을 둔 사람들이었다고 말했습니다. 우리가 사는 이 세상이 끝이 아닙니다. 사도 바울은 이 세상이 끝이라면 우리는 세상에서 가장 불쌍한 자일 것이라고 했습니다. 그러나 영원한 하늘의 상급이 있기에 바울은 복음 전도자의 삶을 산 것입니다. 사도 바울은 고린도전서 9장 18절에서 "그런즉 내 상이 무엇이냐 내가 복음을 전할 때에 값없이 전하고 복음으로 말미암아 내게 있는 권리를 다 쓰지 아니하는 이것이로다" 라고 했습니다. 하늘의 상을 받기

위해서 이 땅의 상을 받지 않겠다는 것입니다.

저 세상에 관심을 둔 사람들은 이 세상을 함부로 살지 않습니다. 이 세상이 너무 짧기에 가치 있는 삶을 살기 위해 애를 씁니다. 저 세상에 관심이 없는 사람들의 특징이 무엇입니까? 이 세상에서 모든 것을 다 하려고 합니다. 이 세상에 중심이 있습니다. 이 세상에서 부귀와 영화를 누리고 이 세상에서 높은 자리에 가려고 합니다. 그러나 이 세상은 순식간에 지나가는 것입니다. 이 땅이 끝나면 천국과 지옥은 반드시 있습니다.

불가능에 도전하는 것이 믿음입니다. 하나님의 말씀은 위대한 능력이 있습니다. 그 말씀을 믿으면 말씀이 역사를 이루어냅니다. 세상을 향해서 열심히 전하시기 바랍니다. 전도는 하면 됩니다. 안 될 것 같아도 하면 되는 것이 전도입니다. 하면 할수록 저절로 잘되는 것이 전도입니다. 하면 할수록 가속도가 붙는 것이 전도입니다.

4. 기도 없이 복음 전파가 되지 않음을 알았습니다.

예수님께서는 복음을 전하시기 전 먼저 새벽에 일어나 기도하셨습니다. 사도 바울도 복음을 전하기 위해 가는 곳마다 먼저 기도하는 것을 쉬지 않았습니다. 사도 베드로도 요한도 복음 전하며 기도하는 것을 쉬지 않았습니다. 어떤 사람이 무디에게 "어떻게 하면 교회가 부흥할 수 있습니까?" 라고 물었더니 무디가 "정말 기도하는 사람이 그 교회에 수십 명만 있으면 그 교회는 반드시 부흥하게 될 것입니다" 라고 대답했습니다. 마가의 다락방에 있던 120명의 성도들이 한 일은 기도하는 일이었습니다.

복음 전도를 위한 기도는 반드시 응답을 받습니다. 그러므로 간절히 한 영혼을 위해 기도하며 전도하면 그 기도가 응답을 받습니다. 이처럼 한 번만 전하는 것이 아니라 계속 전해야 합니다. 한 번 전한다고 예수 믿겠다고 따라오는 사람은 거의 없습니다. 전하고 또 전하니 몇 년 동안 교회를 떠났던 분들이 등록하고 있습니다. 가만히 있으면 안 됩니다. 자꾸 반복해서 전해야 하는 것입니다. 자꾸 예수를 전하면 자기도 모르게 예수님께 나오게 되는 것입니다. 반복의 효과입니다.

전도는 하는 사람만 하는 것이 아닙니다. 성도는 누구나 하나님의 은혜와 복을 받듯이 누구나 나가서 전도해야 합니다. 내가 한 영혼을 위해서 1천 번을 기도하고 백 번을 만나면 그 사람은 반드시 구원을 받습니다. 석수가 돌에 정을 대고 망치로 내리칩니다. 아무리 꽝꽝 내리쳐도 돌은 끄떡하지 않습니다. 그런데 결정적인 순간에 돌이 짝 하고 갈라집니다. 여러분 내가 부족해서 내 주변의 영혼이 구원을 못 받는 것입니다.

하나님께서 가장 기뻐하시는 일이 무엇입니까? 한 생명이 구원을 얻어 주님 품으로 오는 것입니다. 이 일을 위해서 하나님은 독생자를 이 땅에 보내셨고, 예수님은 이 일을 위해서 십자가를 지셨습니다. 이 일을 위해서 성령님은 여러분을 돕고 계신 것입니다.

마귀 사탄이 제일 싫어하는 것이 무엇입니까? 마귀는 우리가 복음 전하는 것을 제일 싫어합니다. 그래서 방해합니다. 여러 가지 모양으로 교회에 시험을 주고 주의 종의 말씀을 약하게 만듭니다. 그래서 기도가 더 필요한 것입니다.

전도는 대충해서는 안 됩니다. 영혼 구원하는 일은 대충해서 되는 일이 아닙니다. 사도 바울은 나를 본받는 자가 되라고 했습니다. 아버지의 마음으로 복음을 안타깝게 전하는 그 마음을 본받으라는 것입니다. 아버지의 마음으로 하나님을 알지 못하는 영혼들에게 가서 복음을 전하여 귀한 알곡을 거두는 성도들이 됩시다.

더 생각해 보기: 말씀 이해를 위한 예화

대전의 송정교회 전도왕 송경호 집사님의 전도 방법입니다.

"너 내 친구 맞지? 야, 내가 지금 큰 고민이 있다. 집사 따려고 얼마나 고생했냐? 내가 20년 교회 다녀서 어렵게 집사 땄는데 이번에 잘리게 됐다." 그러면서 한숨을 푹푹 쉬고 있는 것입니다.

그러면 뭐라고 합니까?

"야 왜 잘리게 됐는데? 그것도 잘리는 거냐? 왜냐?"

믿지 않는 사람들은 집사가 뭔지 잘 모릅니다.

"야, 우리 목사님이 이번에 나를 자른대."

"왜? 무슨 잘못을 했는데?"

"너 내 친구지. 그럼 이번에 한번만 도와주라. 어려운 것도 아니고 돈이 드는 것도 아니고 한 시간만 나하고 같이 있어 주면 돼. 그렇게 해줄래?"

그러면 친구가 돈이 드는 것도 아니고 한 시간만 같이 있어 주면 된다고 하니 허락을 합니다.

"그래 고맙다. 내 친구는 역시 너밖에 없다. 이번 주일 11시 30분에 네가 교회 가서 나랑 한 시간만 있어 주면 된다. 네 덕분에 살았다."

이렇게 해서 송경호 집사님은 1년에 1,073명을 전도했습니다.

적용

1) 오늘 말씀의 주제 파악하기

2) 오늘 말씀 중 은혜 받은 부분 나누기

3) 삶에 구체적으로 적용하기

함께 드리는 기도 제목

1. 아버지의 마음으로 복음을 전하게 하소서.
2. 예수 그리스도의 사랑을 세상에 전하는 복음 전파자가 되게 하소서.
3. 한 영혼을 주님께 인도하여 주님을 기쁘시게 하는 삶을 살게 하소서.

제47과

은혜를 아는 성도

✣ **본문** : 창세기 9장 20-27절
✣ **찬송** : 310장(아 하나님의 은혜로, 통 410장)
✣ **요절** : "하나님이 야벳을 창대하게 하사 셈의 장막에 거하게 하시고 가나안은 그의 종이 되게 하시기를 원하노라 하였더라"(창세기 9:27).

초등학교 2학년 학생이 지은 시입니다. "엄마가 있어서 좋다. 나를 이뻐해 주어서. 냉장고가 있어서 좋다. 나에게 먹을 것을 주어서. 강아지가 있어서 좋다. 나랑 놀아 주어서. 그런데 아빠는 왜 있는지 모르겠다."

오늘날의 가정은 아버지에게 오늘날 슈퍼맨이기를 요구하고 있습니다. 직장에서는 능력 있는 남편으로, 아내에게는 부드러운 남편으로, 아이들에게는 자상한 아버지가 되길 원하고 있습니다. 여기에 아버지의 어려운 점이 있습니다. 노아의 이야기를 읽으며, 노아도 그 시대에 많은 심적인 고통을 겪었으리라 보입니다.

하나님께서는 의인 노아에게 방주를 지으라고 명령하셨습니다. 그것도 산꼭대기에 지으라고 하셨습니다. 노아는 하나님의 말씀대로 순종하여 가족을 이끌고 산 위에 방주를 짓습니다. 불평하는 자식들을 데리고 묵묵히 일을 합니다. 사람들의 조롱에도 하나님의 말씀을 믿고 그저 산 위에 배를 짓습니다. 그렇게 120년 동안이나 배를 지었습니다. 노아의 심적인 고통이 상당했을 것입니다. 그러나 의인 노아는 믿음으로 방주를 지음으로 홍수에서 구원을 받았습니다. 이것이 노아가 받은 은혜입니다. 노아뿐 아니라 노아의 가족들이 함께 하나님의 은혜를 입었습니다. 이들은 의인도 아니었는데 아버지 노아 때문에 은혜를 입었습니다. 은혜는 값없이 받는 것이 은혜입니다. 그리고 은혜는 잊지 않아야 은혜입니다.

1. 노아는 방주를 지음으로 은혜를 받았습니다.

의인 노아는 방주를 지음으로 노아의 홍수에서 구원을 받았습니다. 이것이 노아가 받은 은혜입니다. 하나님께서는 노아를 의인이라 하셨는데, 이 세상에 행위로 하나님 앞에 의인이 될 수 있는 자가 어디에 있습니까? 아무도 없습니다. 행위로는 하나님 앞에 완전할 자가 아무도 없습니다. 그래서 우리는 다른 사람의 행위를 가지고 비판하지 말아야 합니다. 나도 의인이 아니기 때문입니다. 노아의 가족이 홍수 가운데 무조건 죽을 수밖에 없는 상황에서 생명을 구해주시는 은혜를 입었습니다.

노아의 홍수가 의미하는 것은, 오늘 우리도 노아와 같은 은혜를 입었다는 것입니다. 우리도 죄로 말미암아 다 죽을 수밖에 없는 존재였습니다. 이대로 살다가는 영원한 멸망에 처하게 되었습니다. 그런데 예수 그리스도를 믿음으로 영원한 멸망에서 생명으로 나아가는 은혜를 입었습니다.

노아가 방주를 통해 생명을 구원받았다면 오늘 우리는 영적 방주인 교회를 통해서 영원한 생명을 얻었습니다. 교회는 구원의 방주입니다. 그러므로 하나님께서 주신 교회를 귀하게 여기고 감사해야 합니다. 교회를 다니면서도 불평하고 원망하며 감사하는 인생을 살지 못하는 사람들이 있습니다. 왜 그렇습니까? 은혜를 모르기 때문입니다. 우리 성도들은 구원받은 은혜를 잊지 마시기 바랍니다.

2. 노아는 받은 은혜를 잊어버렸습니다.

노아는 홍수 이후 농사를 지었습니다. 오늘 성경에 포도나무를 심었다고 했습니다. 그리고 그 포도를 가지고 포도주를 만들어 먹었습니다. 포도는 저장해 놓으면 저절로 술이 됩니다. 홍수 이전에 그들은 독주를 마시고 악한 삶을 살았습니다. 술에 취해 살았습니다. 그래서 심판을 받았습니다.

그런데 노아는 은혜를 입었음에도 또 술을 마시고 인사불성이 되어 취해버렸습니다. 은혜 받은 후에 잘해야 합니다. 은혜 받은 후 그 은혜를 잊어버리면 시험이 오게 됩니다. 노아는 경건한 사람이었는데 술에 취하니 그만 절제하지 못했습니다. 그래서 술에 취해 그만 옷을 벗어버리고 벌거벗고 누워 자고 있었습니다.

오늘 성경을 보면 "가나안의 아버지 함이 그의 아버지의 하체를 보고 밖으로 나가서 그의 두 형제에게 알리매"(22절) 라고 했습니다. 가나안이 누구인가 하면 우리가 잘 아는 가나안 일곱 족속입니다. 앞으로 여호수아와 이스라엘 백성들의 원수가 되어 싸우게 되는 사람들입니다. 아버지의 허물을 보았으면 덮어 주어야 하는데 형제들에게 가서 "야! 아버지 봐라. 취해서 벗고 잔다"고 한 것입니다. 함이 아버지의 하체를 보았다는 말을 원어에서 찾아보면, 단순히 눈으로 본 것이 아니라 흥미 있게 관찰했다는 말입니다.

오늘 가정의 위기가 무엇입니까? 아버지가 무너지는 것입니다. 자녀들이 아버지를 존경하지 않습니다. 아버지는 돈 버는 기계가 되어버렸습니다. 성경은 "아버지와 지도자를 존경하라"고 말씀합니다. 성경대로 살면 행복하게 되어 있습니다. 아버지가 잘못한다고 해서 함부로 말하면 안 됩니다. 한 번 권위가 무너지면 다시 회복되기가 어렵습니다. 불효는 어디에서 시작이 됩니까? 아버지의 허물을 보는 데서 시작이 됩니다. "사랑은 허다한 죄를 덮느니라"고 했습니다. 사랑은 허물을 보지 않는 것입니다. 사랑하는 관계가 되면 허물을 보지 않습니다. 다 덮어 줍니다. 사랑하면 허물이 허물로 보이는 것이 아니라 안타깝게 느껴집니다.

사랑하면 덮어 주려고 애를 씁니다. 남의 허물을 지적하는 사람은 하나님 앞에 더 큰 심판을 받습니다. 예수님께서는 "남을 비판하지 말라"고 명령하셨습니다. 비판하는 것이 죄라고 했습니다. "네가 남을 비판했느냐? 남의 허물을 들추어내었느냐? 나도 너를 비판하겠다"고 말씀하십니다. 그리고 "비판하는 자도 자기의 비판보다 더 엄한 비판을 받는 날이 올 것이고, 그때에 너를 보호해 주지 않겠다"는 엄한 말씀입니다.

예수님께서 왜 이런 말씀을 주셨는지 비판의 원인을 잘 깨달아야 합니다. 비판은 교만에서 나오기 때문입니다. 그러므로 남을 비판하는 것이 죄라는 것입니다. 겸손한 사람은 남을 비판하지 못합니다. 교만할 때에 비판이 나오게 됩니다. 그러나 사랑하면 너의 허다한 죄도 다 덮어 주시겠다고 했습니다. 은혜를 아는 자는 은혜로 대접해 주시겠다는 말씀입니다. 우리 성도들은 받은 은혜를 잊어버리지 말고 그 은혜를 끝까지 소유하는 성도들이 됩시다.

3. 받은 은혜를 쏟지 않도록 조심해야 합니다.

"셈과 야벳이 옷을 가져다가 자기들의 어깨에 메고 뒷걸음쳐 들어가서 그들의 아버지의 하체를 덮었으며 그들이 얼굴을 돌이키고 그들의 아버지의 하체를 보지 아니하였더라"(23절). 아버지의 부끄러운 모습을 보지 않으려고 뒷걸음으로 들어갔습니다. 가정교육을 잘 받았습니다.

완전한 사람은 없습니다. 지금까지 부모님이 자녀들을 키우며 허물을 덮고 오늘까지 키워 주셨습니다. 이제는 자녀들이 장성하였으니 부모님의 허물을 덮어 주어야 그 가정이 행복해집니다. 성인이 되어도 늘 어린아이처럼 행동한다면 그 가정은 행복하지 않습니다. 부모님도 잘못할 수가 있습니다.

"노아가 술이 깨어 그의 작은 아들이 자기에게 행한 일을 알고 이에 이르되 가나안은 저주를 받아 그의 형제의 종들의 종이 되기를 원하노라 하고 또 이르되 셈의 하나님 여호와를 찬송하리로다 가나안은 셈의 종이 되고 하나님이 야벳을 창대하게 하사 셈의 장막에 거하게 하시고 가나안은 그의 종이 되게 하시기를 원하노라 하였더라"(24-27절). 이 저주와 축복대로 이후에 가나안 족속은 셈 족속의 종이 되었습니다. 대홍수에서 겨우 구원받은 가족이 그만 불행해지고 말았습니다.

자식이 잘못하면 대뜸 욕부터 하는 부모들이 있습니다. 부모에게 욕을 들으면 자녀들은 큰 상처를 받습니다. 무슨 일이 있어도 자녀에게 나쁜 말은 하지 않아야 합니다. 노아는 은혜 받은 사람이었는데 그 은혜를 끝까지 지키지 못했습니다. 하나님께서 복으로 주신 자녀에게 저주를 했습니다. 우리는 은혜 받았을 때에 더 조심해야 합니다. 예수 믿으면 더 조심해야 하고, 집사가 되면 더 조심해야 합니다. 중직을 맡으면 받은 은혜를 쏟지 않기 위해 몇 배 더 조심해야 합니다. 기도하여 은혜 받은 사람은 은혜를 위해 더 기도해야 합니다. 봉사하면서 은혜를 받은 사람은 더 감사하며 봉사해야 합니다. 이것이 은혜를 쏟지 않는 비결입니다.

노아도 이 일 이후에 "하나님, 제가 자식을 잘못 가르쳐서 그렇습니다. 다 나의 죄입니다" 하고 함을 잘 가르쳤으면 얼마나 좋았겠습니까? 그런데 저주를 했습니다. 우리는 우리의 부족함을 늘 돌아보아야 은혜를 누리는 자가 될 수 있습니다. 우리는 모두가 은혜를 입은 성도들입니다. 우리가 주의 전에 나온 것이 하나님의 은혜입니다. 이 은혜를 아시기 바랍니다. 늘 은혜 속에 살고 은혜로 가정이 이루어지고 은혜로 주님 앞에까지 가는 성도들이 됩시다.

더 생각해 보기: 말씀 이해를 위한 예화

노아의 방주가 실제로 존재하느냐에 대한 연구가 과학자들에 의해 진행이 되었습니다. 그리고 터키의 아라랏 산이나 이란의 엘브르즈 산을 중심으로 탐사대들이 여러 번 조사를 했습니다.

2010년 6월에 고고학자, 성서학자, 지리학자들이 중심이 되어 엘브르즈 산의 고도 약 4,000미터 정상에서 목재의 잔해를 발견했다는 보고서가 미국의 CNN, ABC 방송 등에서 보도가 되었습니다. 높은 산꼭대기인 이곳에서 조개껍질 같은 것도 발견이 되었습니다. 이 배의 크기가 노아의 방주의 크기와 일치한다는 것입니다. 연구가 더 진행되어야 할 것입니다. 어쨌든 우리의 믿음은 노아의 방주가 발견되든 되지 않든 성경 말씀을 통해서 그 사실을 믿는 믿음이 되어야 합니다.

적용

1) 오늘 말씀의 주제 파악하기

2) 오늘 말씀 중 은혜 받은 부분 나누기

3) 삶에 구체적으로 적용하기

함께 드리는 기도 제목

1. 주의 전에서 말씀을 통해 항상 은혜 받게 하소서.
2. 하나님께서 주신 은혜를 잊어버리지 말고 그 은혜를 누리게 하소서.
3. 항상 은혜 속에 거하는 가정과 교회 공동체가 되게 하소서.

제48과 ······

숨겨진 보화

✣ **본문** : 예레미야애가 3장 17-26절
✣ **찬송** : 393장(오 신실하신 주, 통 447장)
✣ **요절** : "내 심령에 이르기를 여호와는 나의 기업이시니 그러므로 내가 그를 바라리라 하도다 기다리는 자들에게나 구하는 영혼들에게 여호와는 선하시도다 사람이 여호와의 구원을 바라고 잠잠히 기다림이 좋도다"(예레미야애가 3:24-26).

하나님을 믿으며 생기는 의문 중의 하나는 왜 하나님께서는 믿음의 사람들이 당하는 고난을 그대로 두시는가 하는 것입니다. 세상에서 악한 짓을 하며 남의 눈에 피눈물이 나게 하는 사람은 끝이 안 좋아야 하는데 잘 먹고 잘살다가 죽는 것을 보면, '과연 하나님이 공의의 하나님이신가?' 하는 의문이 들 때가 있습니다. 더구나 신앙생활을 잘하던 사람이 예상 외로 고통스러운 인생을 사는 것을 볼 때 항상 그런 생각을 하게 됩니다.

오늘 본문의 주인공인 예레미야는 역사상 가장 큰 고통을 경험했던 사람 중의 한 사람입니다. 그는 하나님의 말씀을 전하는 선지자로 하나님의 말씀을 전했지만 그에게 돌아온 것은 핍박뿐이었습니다. 거짓 예언자라고 모욕을 당하고 매를 맞고 감옥에 갇혔습니다. 예루살렘은 바벨론 군대에게 포위되었습니다. 사람들은 굶주림을 견디다 못해 자기 아이를 삶아 먹는 일까지 일어났습니다. 이런 고통의 현장을 보면서 기록한 내용이 바로 이 예레미야애가서입니다.

1. 인생에는 언제나 고통이 있습니다.

믿음의 사람들에게도 고통은 찾아옵니다. '믿음으로 산다'는 것은 고통 없이 산다는 뜻이 아닙니다. 고통과 함께, 그 고통 속에서 하나님의 음성을 들으며 사는 것이 믿음으로 사는 삶입니다.

겉으로 보기에는 걱정이 하나도 없는 사람인 것 같았는데 만나서 이야기해 보면 많은 짐을 지고 가는 성도들이 많습니다. 늘 환하고 웃고 다녀서 '저 집사님은 참 기쁘게 사시는구나!' 생각해 왔는데 알고 보면 밤마다 고통 속에서 울부짖는 성도도 있습니다. 물질적으로도 풍족하고, 남편도 좋은 분이고, 자녀들도 걱정 없이 자라서 남들 보기에는 참 행복하겠다고 부러움을 사는 사람도 알고 보면 남이 모르는 고통 가운데 지낼 수도 있습니다. 인생은 누구나 고통을 지고 살아갑니다.

예수 믿으면 고통이 없다는 것은 정확히 말하면 잘못된 말입니다. 성경 속의 인물도 다 고통을 겪고 살았습니다. 예수 믿으면 고통을 이길 수 있다고 하는 것이 맞습니다. 세상 사람들과 같은 고통이 오지만 그 고통을 이기고, 그 고통을 오히려 연단으로 여기고, 그 고통이 오히려 소망이 되어 삶이 변화되는 것이 믿는 사람의 고통을 보는 시각입니다. 똑같이 사고를 당해도, 똑같이 질병을 만나도 믿음의 사람은 하나님의 약속을 굳게 믿고 서서, 문제를 만나 망하는 것이 아니라 문제를 축복의 기회로 만드는 것입니다.

본문은 예레미야의 슬픔의 노래(애가)입니다. 예레미야는 눈물의 선지자였고 늘 그의 인생에는 눈물이 있었습니다. 우리가 사는 인생에는 늘 고통이 있습니다. 낙심할 일들이 생깁니다. 억울하고 기가 막힌 일들도 생깁니다. 그러나 하나님은 고통을 통해서 우리를 하나님의 자녀로 만드십니다. 믿음은 사실 고통 속에서 만들어지는 것입니다. 조개가 자기의 몸속에 들어온 모래알 때문에 고통을 당하며 수년을 하루같이 닦아내고 감싸는 가운데 아름다운 진주를 만들어내는 것처럼 믿음은 나에게 주신 고통을 감싸 안고 살아가는 동안에 아름다운 믿음이 만들어집니다.

사람은 누구나 고통 없이 살고 싶어합니다. 그러나 고통을 당할 때 인생을 바라보는 눈이 달라집니다. 같은 고통을 받아도 불평과 불만 속에서 사는 사람이 있는가 하면 그 고통을 통하여 부모님의 은혜를 깨닫고 한 단계 성숙해지는 사람이 있습니다. 고통 없이 세상을 살 수는 없지만, 그 고통을 보는 눈과 생각하는 마음은 달라야 합니다. 즉 고통을 불행으로 보는 시각에서 고통의 다른 면을 본다는 말입니다. 고통의 긍정적인 면을 말하는 것입니다.

인생에서 고요함만이 좋은 것은 아닙니다. 바람이 불고 고통이 있지만 그 고통을 통해서 오히려 주님이 도우시는 손길을 체험할 때 그 고통은 우리의 인생에 유익한 고통이 됩니다. 여러분의 삶에 고통이 있습니까? 그 고통을 불평하는 것이 아니라 오히려 이 고통이 여러분의 인생에 유익하게 되는 기회로 삼는 성도들이 됩시다.

2. 믿음의 사람들은 고통 속에서 하나님의 약속을 바라보아야 합니다.

오늘 예레미야는 고백하기를 "조약돌로 내 이를 꺾으셨다, 재로 나를 덮으셨다, 내 소망이 끊어졌다"고 고백합니다. 본문 앞에도 "나의 살과 가죽이 쇠하였고, 나의 뼈를 꺾으셨고, 나를 둘러싸서 나가지 못하고 하셨고, 내 기도를 물리치셨다, 활로 나를 과녁으로 삼으셨다, 내가 백성들에게 조롱거리가 되었다"고 고백합니다. 그러나 예레미야는 절망하지 않습니다. 내 마음속에는 그것이 낙심이 되지만 오히려 소망이 있다고 고백합니다.

"내 심령에 이르기를 여호와는 나의 기업이시니 그러므로 내가 그를 바라리라 하도다 기다리는 자들에게나 구하는 영혼들에게 여호와는 선하시도다 사람이 여호와의 구원을 바라고 잠잠히 기다림이 좋도다"(24-26절). 결론의 말씀입니다. 우리는 기다림 속에서 하나님의 약속을 바라보며 살게 됩니다. 하나님은 고통 속에 있는 하나님의 자녀들을 버리신 것이 아니라 그 고통 속에 함께하시고 계십니다.

구 러시아에서 교회에 대한 핍박이 얼마나 극심했습니까? 동유럽에서, 아프리카의 앙골라에서, 에디오피아에서 공산주의가 세워지는 나라마다 핍박이 극심했습니다. 공개적으로 기독교를 뿌리 뽑겠다고 했습니다. 수많은 순교자들이 나왔습니다. 예수 믿는 사람들은 날마다 울었습니다. 그런데 교회가 없어졌습니까? 큰소리치던 사람들은 다 없어지고 다 망하고 다 잊혀졌습니다. 공산주의가 무너지고 교회가 재건되고 있습니다.

하나님은 고난이 우리를 영원히 망하게 하도록 내버려 두시지 않습니다. 사람은 고난이 없으면 강해질 수 없습니다. 국가도 민족도 고난이 없으면 강하게 되지 않습니다.

육군 이등병이 되려면 훈련을 한 달 동안 받아야 합니다. 그런데 사관학교 졸업하고 장교가 되려면 더 길고 힘든 훈련을 받아야 합니다. 무려 50개월의 훈련을 받아야 합니다. 그래야 장교가 됩니다. 신문에 보니 사관학교 장교 하나 키우는 데 평균 2억 정도 든다고 합니다. 장교 한 명 키우는 데 2억이 들어간다는데 천국 사관학교 장교 만드는 데는 얼마쯤 들어갈 것 같습니까? 돈으로 계산이 안 됩니다.

예수님께서 피를 흘려 주심으로 우리를 죄에서 사셨습니다. 우리는 죄의 자녀에서 하나님의 자녀가 되었습니다. 성령님께서 하나님의 자녀들을 입히시고 돌보시고 인도하심으로 보호해 주십니다. 우리는 돈으로 계산이 안 되는 사람들입니다.

지금은 하나님의 뜻을 잘 모릅니다. 그러나 고통을 통하여 하나님께서 좋은 것을 예비하고 계신다는 확신을 가질 때에 우리는 담대하게 세상을 살아갈 수가 있습니다. 오늘날 우리는 모두가 성공하려고 합니다. 다 부자가 되려고 합니다. 그런데 성공한다고 그것이 성공한 것이 아닙니다. 돈을 많이 번다고 해서 그것이 행복을 보장해 주는 것이 아닙니다. 매 주일 하나님께 나아와 여러분의 마음에 말씀의 씨앗을 뿌려야 합니다. 그 말씀이 30배로, 60배로, 100배로 열매를 맺습니다. 하나님의 말씀으로 뿌린 씨앗은 절대로 쭉정이가 없습니다. 세상의 것이 다 날아가버려도 하나님의 말씀으로 뿌린 것은 반드시 축복의 열매가 있습니다.

하나님 말씀대로 살려면 때로는 고난이 있습니다. 그러나 그 안에는 하나님이 숨겨 놓으신 보화가 약속되어 있습니다. 내가 알지 못하는 고통을 당할 때에도 그 안에서 하나님의 손을 바라보면 그 안에 하나님께서 숨겨놓으신 보화가 있습니다.

여러분, 인생에 고통스런 일들이 있습니까? 고통이 있을 때에 세상을 바라보면 낙망할 것뿐입니다. 그래서 실패합니다. 하나님을 바라보시고 하나님의 말씀을 믿으시기 바랍니다. 그래서 인생의 고통이 있을 때에 하나님을 찾고, 하나님의 섭리를 발견하게 되고, 기다림 속에 소망을 이루는 성도들이 됩시다.

더 생각해 보기: 말씀 이해를 위한 예화

세계적 명지휘자 토스카니니는 원래 시력(視力)이 대단히 나빴다고 합니다. 그는 지휘자가 되기 전에는 첼로 연주자였는데, 연주 시에 악보가 잘 보이지 않아 언제나 남모르는 고통이 있었습니다. 그래서 그는 아예 악보를 다 외워버렸습니다. 무려 300곡의 교향곡과 오페라를 암기했다고 합니다. 시력이 나쁜 탓으로 다른 사람보다 더 피나는 노력을 해야만 했습니다. 오케스트라의 특성이 조화를 이루어야 하기 때문에 그는 다른 파트의 악보까지 다 외웠습니다.

그러던 중 1886년에 '아이다'를 연주하게 되었습니다. 그런데 단원과의 불화로 지휘자가 갑자기 떠나고 말았습니다. 누가 대신 지휘를 할 수 있겠습니까? 악보 전체를 보며 지휘해야 하는데, 연주자 대부분은 자기가 담당한 악기 부분만 외우고 있었습니다. 결국 악보를 다 외우고 있는 토스카니니를 지휘자로 세웠습니다. 이것이 계기가 되어 그로 하여금 세계적인 지휘자가 되게 하였습니다. 만일 그의 시력이 좋았더라면 상황은 달라졌을 것입니다. 고통이 그를 위대한 마에스트로로 만든 것입니다.

적용

1) 오늘 말씀의 주제 파악하기

2) 오늘 말씀 중 은혜 받은 부분 나누기

3) 삶에 구체적으로 적용하기

함께 드리는 기도 제목

1. 인생의 위기를 축복의 기회로 삼을 수 있는 믿음을 주소서.
2. 인생의 고통 속에서도 하나님을 바라보게 하소서.
3. 고통 속에서 하나님을 찾고, 하나님의 뜻과 섭리를 발견하게 하소서.

제49과 ······

기다리는 사람들

(대림절1)

✣ **본문** : 마태복음 25장 1-13절
✣ **찬송** : 88장(내 진정 사모하는, 통 88장)
✣ **요절** : "그런즉 깨어 있으라 너희는 그날과 그때를 알지 못하느니라"(마태복음 25:13).

대림절 첫째 주일입니다. 대림절은 예수님께서 이 땅에 오신 성탄절을 기념하며, 재림하시는 주님을 사모하며 기다리는 절기입니다. 예수님께서는 천국의 비유를 여러 가지로 말씀해 주셨습니다. 어떤 자들이 천국의 백성이 될 것인가에 대한 말씀입니다. 그날에는 두 사람이 밭에 있다가 한 사람은 들림을 입고 한 사람은 버려둠을 당하게 될 것이, 두 여인이 매를 갈다가 한 사람은 들림을 받고 한 사람은 버려둘 것이라 하셨습니다. 그러므로 깨어 있으라 말씀하셨습니다.

본문의 열 처녀 비유는 재림하시는 주님을 어떻게 기다려야 할 것인가를 말씀해 주고 있습니다. 우리는 대림절을 맞이하여 주님의 재림을 기다리며 열 처녀의 비유를 통해 주님을 지혜롭게 기다리는 성도들이 되어야 합니다.

1. 슬기로운 성도들이 되시기 바랍니다.

오늘 성경에 열 처녀는 등불을 들고 신랑을 기다렸습니다. 기름은 성령을 상징하는 단어입니다. 열 처녀 모두가 등불과 기름을 준비했습니다. 열 처녀는 신자를 의미합니다. 모두가 초대받은 사람들이었습니다. 그래서 이들도 고운 옷을 입고 등불을 들고 잔치에 참여할 준비를 했습니다. 미련한 처녀들이 등불만 준비한 것이 아닙니다. 이들도 기름을 준비했지만 여분이 없었다는 데에 문제가 있습니다. 즉 성령 충만하지 못했다는 것입니다.

세상에는 성도를 시험하는 어려운 문제들이 많습니다. 교회 안에도 시험이 있습니다. 은혜로운 교회라고 해서 시험이 없습니까? 시험이 있습니다. 그래서 성령충만해야 이 불같은 시험을 이기고 승리할 수가 있습니다. '슬기롭다' 는 말은 헬라어로 '프로니모이' 인데 '생각이 깊고 준비성이 있음' 을 뜻합니다. 신앙생활을 할 때에는 생각이 깊고 슬기로워야 합니다. 오늘 슬기로운 다섯 처녀는 등불과 여분의 기름을 준비했습니다. 미련한 다섯 처녀는 드레스 같은 아름다운 옷을 입고 등불을 들고 있으려니 거추장스러웠을 것입니다. 거기다가 기름통까지 들고 다니려니 모양도 안 나고 얼마나 귀찮겠습니까? 그래서 이들은 등잔에 기름만 가득 채운 것입니다.

그런데 기름이 떨어지는 때가 옵니다. 예비된 기름이 있어야 하는 것입니다. 신앙생활은 성령이 충만해야 시험을 이길 수 있습니다. 시험 든다는 것은 지금 내 등잔에 기름이 떨어졌다는 신호인 것입니다. 예배 시간에 졸립니까? 여러분의 심령의 기름이 떨어져 가는지를 살펴보아야 합니다. 봉사하다가 사람 때문에 시험에 듭니까? 교회에 와도 주님이 안 보이고 자꾸 다른 것에 신경이 쓰입니까? 내 심령의 기름이 떨어져 가는 신호입니다.

그러므로 성령 충만함을 입기 위해서 예배마다 몸부림을 쳐야 합니다. 예배 시간에 은혜 받아야 합니다. 예배는 여러분의 심령에 성령의 기름을 부어 주시는 시간입니다. 세상에서 지치고 힘든 심령을 주님의 손으로 만져주시고 위로해 주시는 시간입니다. 상처 입은 심령을 고쳐 주시고 싸매어 주시는 시간입니다.

예배는 세상을 이길 힘과 능력을 받는 시간입니다. 하나님의 능력의 말씀이 임할 때마다 아멘 하고 주님의 말씀을 여러분의 마음에 모시기를 바랍니다. 예배는 성도들이 복을 받는 시간입니다. 세상의 다른 곳에는 복이 없습니다. 세상에서 주는 복은 다 사라질 복입니다. 사탄이 와서 언제 빼앗아갈지 모르는 복입니다. 그러나 주님께서 주신 복은 안전합니다. 주님께서 지켜 주십니다. 그러므로 이 예배의 시간을 세상에서 가장 귀하게 여겨야 합니다. 항상 성령의 기름을 충분히 예비하고 있어야 합니다. 여러분의 심령에 기름이 가득 채워져 있는지 다시 한 번 점검하며 대림절을 보냅시다.

2. 깨어 있는 신앙생활을 하시기 바랍니다.

오늘 말씀에 "신랑이 더디 오므로 다 졸며 잤다"고 했습니다. 슬기로운 처녀도 졸았고 미련한 처녀도 졸았습니다. 다 졸았습니다. 이것이 인간입니다. 우리 인간은 완전한 존재는 없습니다. 우리는 다 약해질 때가 있습니다. 목사도 약해질 때가 있고, 성도도 약해질 때가 있습니다. "내가 약합니다, 부족합니다" 하고 하나님 앞에 겸손한 사람은 넘어져도 다시 일어나게 됩니다. 이 세상에는 풍랑이 많습니다. 믿음 좋은 권사님이라고 해서 병들지 않는 것이 아닙니다. 믿음의 사람의 특징은 병들어도 시험에 들지 않는다는 것입니다. 오히려 더 하나님을 찾고 부르짖습니다.

미련한 다섯 처녀가 깨어 있었더라면 등불이 꺼져가는 것을 눈치챘을 것입니다. 그래서 도중에 기름을 준비했을 것입니다. 그러나 이들이 졸다가 깨었을 때는 이미 늦어버렸습니다. 우리는 신앙생활에 후회가 없어야 합니다. 오늘 성경에 나오는 미련한 다섯 처녀의 후회는 돌이킬 수 없는 후회입니다. 인생에는 후회할 일이 있어도 하나님께서 기회를 다시 주시는 경우가 많습니다. 그러나 주님을 기다리는 일에는 후회가 있으면 안 됩니다.

기름을 준비하지 못한 다섯 처녀는 참 믿음을 준비하지 못했다는 말입니다. 성경에는 참 믿음과 거짓 믿음이 나옵니다. 오늘 미련한 다섯 처녀는 불신자를 말하는 것이 아닙니다. 신자를 비유하는 예수님의 말씀입니다. 가라지와 같은 신자가 있다는 말입니다. 바리새인들도 다 믿음이 있었습니다. 대림절은 우리가 깨어 있는지를 점검하는 주간입니다. 가장 어리석고 미련한 사람은 기회를 놓치고 나서 후회하는 사람입니다. 우리 성도들은 늘 깨어서 기도하고 늘 주 안에서 감사하며 살아가는 성도들이 됩시다.

3. 주님은 도적같이 오십니다.

이 세상의 일들은 여유를 가지고 하는 것이 좋습니다. 그래야 마음이 편합니다. 오늘 못 하면 다음에 하면 됩니다. 너무 조급하게 사는 것은 좋지 않습니다. 그러나 주님을 만나는 일은 서둘러야 합니다. 주님을 만나는 일은 다음이 없기 때문입니다. 그래서 예배하는 일도 양보하면 안 됩니다. 은혜 받는 일에 양보하면 안 됩니다. 앞으로 앞자리부터 앉으시기 바랍니다. 왜냐하면 주님께서도 앞자리에 앉아 말씀을 사모하는 심령을 기뻐하시고 복 주시기 때문입니다. 주의 재림은 도둑같이 임한다고 했습니다(살전 5:2). 그러므로 늘 준비하고 깨어 있어야 합니다. 스스로 깨어 있을 수 있는 사람은 아무도 없습니다. 사람은 자기 스스로 신앙을 지킬 수가 없습니다.

그래서 주님은 이 세상을 떠나가시면서 우리에게 교회를 주셨습니다. 교회는 주님의 재림을 기다리는 성도들이 모여 있는 곳입니다. 언제 주님이 오실지 아무도 모르니, 교회에 나와 예배하며 날마다 기름을 예비하는 것입니다.

그러므로 우리는 교회가 늘 은혜롭기를 기도해야 합니다. 교회가 든든해야 합니다. 사탄 마귀는 늘 교회를 흔들려고 합니다. 교회가 든든해야 영적으로 죽은 사람도 살려내고, 이 땅에서 병든 사람을 고치고, 상한 심령을 치유하는 것입니다. 교회가 든든해야 성도들이 모여 은혜를 받고, 복을 받고, 주님이 오시기를 기다리며 행복하게 사는 공동체가 됩니다. 신랑 되신 예수님께서 강림하실 때 모두가 밝은 등불을 손에 들고 나가 주님을 맞이하는 성도들이 됩시다.

더 생각해 보기: 말씀 이해를 위한 예화

어떤 의사가 한밤중에 13킬로미터나 떨어진 먼 시골로 중환자를 왕진하러 가야만 했습니다. 폭설이 쏟아지고 있었기 때문에 누군가의 도움이 없이는 그 집을 찾을 수 없다는 것을 깨달았습니다. 그래서 의사는 가는 길목의 가장 가까운 첫 번째 집에 전화를 걸어 창문에 등불을 켜 둘 것을 부탁했습니다. 그리고 이웃집에 전화해서 역시 창문에 등불을 켜 두도록 부탁했습니다. 이렇게 하여 환자의 집에 이르는 동안 모든 길목의 집들이 창문에 등불을 켜게 되었고, 의사는 쏟아지는 폭설과 어둠을 뚫고 길을 찾을 수가 있었습니다.

적용

1) 오늘 말씀의 주제 파악하기

2) 오늘 말씀 중 은혜 받은 부분 나누기

3) 삶에 구체적으로 적용하기

함께 드리는 기도 제목

1. 대림절 기간 동안 성령의 기름을 충분히 준비하게 하소서.
2. 늘 깨어서 기도하여 주님께서 주시는 기회를 놓치지 않게 하소서.
3. 우리 교회가 주님 오심을 기다리며 행복하게 사는 공동체가 되게 하소서.

제50과 ······

주님을 모십시다
(대림절2)

✣ **본문** : 마가복음 9장 33-37절
✣ **찬송** : 212장(겸손히 주를 섬길때, 통 347장)
✣ **요절** : "누구든지 내 이름으로 이런 어린아이 하나를 영접하면 곧 나를 영접함이요 누구든지 나를 영접하면 나를 영접함이 아니요 나를 보내신 이를 영접함이니라"(마가복음 9:37).

대림절 두 번째 주일입니다. 대림절은 다시 오시는 주님을 맞이하기 위해 준비하는 절기입니다. 어떤 사람이 다시 오시는 주님을 맞이할 수 있습니까? 지난 주에는 열 처녀의 비유를 통해서 말씀을 전했습니다. 깨어 준비하는 자가 주님을 맞이할 수 있다는 것입니다.

주님은 서로 다투는 제자들에게 주님을 영접하는 비밀을 말씀해 주십니다. 대림절을 지나면서 오늘 우리도 주님을 영접하는 성도들이 됩시다.

1. 주님의 뜻을 바로 알아야 합니다.

오늘 본문 바로 앞 부분을 보면 예수님께서 귀신 들린 아이를 고쳐 주셨습니다. 그리고 나서 예수님께서는 제자들에게 이제 사람들의 손에 넘겨져 죽임을 당하고 죽은 지 3일 만에 다시 살아날 것을 말씀하셨습니다.

예수님께서 "내가 죽을 것이다"라고 하니 제자들이 두려워 아무도 묻지를 못했습니다. 아마 예수님께서 "너희들이 이제 전 세계를 정복할 것이다. 너희들은 위대한 장관들이 될 것이다"라고 말씀하셨다면 제자들이 기뻐했을 것입니다. 제자들이 예수님을 따라다니는 목적이 바로 이것 때문입니다. 이들은 예수님을 메시아로 알았습니다. 유대인들이 기다리는 메시아는 로마의 통치로부터 해방시켜 줄 힘있는 지도자였습니다. 유대인들의 힘으로는 도저히 로마를 상대할 수가 없었습니다.

그런데 예수님을 보십시오. 예수님은 병든 자를 고치기도 하고 죽은 자도 살리셨습니다. 그러니 예수님의 왕국에 살면 병든 자도 걱정이 없습니다. 예수님은 보리떡 다섯 개와 물고기 두 마리로 5천 명이 넘는 많은 사람들을 배불리 먹이고 열두 광주리나 남게 하셨습니다. 이런 예수님이시라면 백성들을 늘 배불리 먹이실 것입니다. 경제 문제가 해결됩니다. 예수님은 귀신 들린 자들을 말씀 한마디로 고쳐 주셨습니다. 예수님의 왕국에 살면 귀신 때문에 걱정할 필요가 없습니다. 예수님은 사람들이 상상할 수 없는 기적을 행하시는 인물이었기 때문에, 예수님이 총독과 헤롯 왕을 무너뜨리고 왕으로 등극하기만 하면 모든 문제가 해결되는 것입니다.

그런데 제자들이 생각하는 메시아와 예수님의 메시아와는 내용이 달랐습니다. 제자들은 모두가 이 땅의 왕국을 생각하고 있었는데 예수님은 내가 죽는다고 말씀하셨습니다. 예수님은 병든 자도 고치시고 심지어 죽은 자도 살리시는데 정작 예수님께서 내가 죽는다 하시니 기운이 빠지는 것입니다.

제자들은 예수님의 말씀을 제대로 듣지 않았습니다. 예수님은 "내가 죽는다. 그리고 3일 만에 다시 살아난다"고 말씀하셨는데, 제자들은 죽는다는 것만 들었습니다. 사람들이 오해하는 이유는 제대로 듣지 않아서입니다. 사람들은 무슨 말을 들을 때에 자기 입장에서 들으려고 합니다. 그래서 미리 박수를 치기도 하고 미리 분해하기도 합니다. 제대로 듣는 것이 중요합니다.

2. 섬기는 자가 되어야 합니다.

예수님을 믿는다는 것은 내가 손해 보는 자리에 들어가고, 심지어 내가 죽을 자리에까지 간다는 것을 의미합니다. 예수님께서 제자들에게 "너희가 길에서 무엇을 토론하였느냐?" 라고 물으실 때에 제자들은 잠잠하였습니다. 부끄러웠기 때문입니다. 이때 예수님께서는 "누구든지 첫째가 되고자 하면 뭇 사람의 끝이 되며 뭇 사람을 섬기는 자가 되어야 하리라"(35절) 말씀하셨습니다. 예수님께서는 이 땅에 섬기러 오셔서 병든 자를 고쳐 주셨고 제자들의 발을 씻겨 주셨습니다. 그리고 인자는 머리 둘 곳이 없다고 하셨습니다.

교회가 살아 있으려면 성도들이 자꾸 낮아져야 합니다. 내가 하는 일을 자랑하지 않아야 합니다. 나중에 하나님 앞에 섰을 때에 받을 상이 있어야 합니다. 우리 교회는 이웃을 섬기는 일들이 많습니다. 그런데 그것을 크게 광고하지 않습니다. 어려운 이웃들에게 성금을 보내도 대개 광고하지 않습니다. 교회가 마땅히 해야 할 일이기 때문입니다. 성도들이 낮아지면 주님께서 높여 주신다고 했습니다. 그러나 내가 높아지려고 하면 주님께서 낮추십니다.

여러분은 교회에 나와 주님의 인도를 받아야 합니다. 자기 길을 인도할 수 있는 사람은 없습니다. 그래서 주님은 인생을 양 떼로 말씀하신 것입니다. 주님의 인도를 받는다는 것은 말씀으로 인도함을 받는 것입니다. 여러분은 말씀을 들을 때에 항상 낮아져야 합니다.

은혜는 낮은 곳으로 흐릅니다. 은혜를 받으면 사람이 바뀌게 됩니다. 나도 모르게 바뀝니다.

여러분은 자꾸 변화되어야 합니다. 정지되어 있으면 그것은 죽는 것입니다. 예수님을 따라서 자꾸 변해야 합니다. 강퍅한 마음이 온유해지고, 더러운 마음이 깨끗해지고, 교만한 마음이 겸손해지는 역사가 일어나야 합니다. 겸손의 기쁨을 깨달은 성도가 은혜를 압니다.

가정에서 가장 힘있는 사람이 누구입니까? 아버지입니다. 아버지는 가족을 위해 하루 종일 일터에 나가 일을 합니다. 가족을 위해 돈을 벌어오고, 그 돈으로 자녀들이 학교에 다니며 맛있는 음식도 먹습니다. 아내에게도 화장품을 사 줍니다. 아버지가 가정에서 존경받는 것은, 가장 힘이 있고 어려운 일은 도맡아 하면서 가정을 위해 희생하기 때문입니다. 아버지가 돈을 벌어온다고 가정에서 유세를 하면 그 아버지는 아버지가 아닙니다. 겸손의 비밀이 여기에 있습니다. 교회에서도 그렇습니다. 내가 먼저 예수를 믿어 믿음이 있고 봉사를 많이 해도 믿음이 어린 새가족을 위해 묵묵히 희생할 때 여기에 교회의 모습이 있습니다.

3. 예수의 이름으로 살아야 합니다.

예수님은 성전에서 한 부자와 과부가 헌금하는 것을 눈여겨보셨습니다. 부자는 많은 돈을 연보궤에 넣었고, 과부는 두 렙돈을 넣었습니다. 예수님께서는 과부의 두 렙돈을 칭찬하셨습니다. 예수님께서는 헌금의 많고 적음을 보시는 것이 아닙니다. 그의 마음을 보십니다. 과부는 없는 가운데서 생활비 전부를 넣었습니다.

헌금과 봉사와 이 모든 것은 여러분과 하나님과의 관계입니다.

여러분과 하나님과는 각자가 비밀이 있어야 합니다. 은밀한 관계가 있어야 한다는 말입니다. 간증이 있어야 한다는 말입니다. 봉사에도 간증의 감격이 있어야 합니다. 그냥 봉사해서는 안 됩니다. 신앙생활에는 기쁨이 있어야 합니다. 내가 교회에 나와 헌금도 하고 봉사도 한다고 해서 그것을 믿음생활이라고 생각하면 속는 것입니다. 신앙생활은 매주일 은혜를 받고 내 마음에 주님께서 주시는 기쁨이 샘솟듯 솟아나와야 됩니다.

제자들의 문제는 다른 제자들과 나를 비교하려 한 데에 있습니다. 다른 사람보다 내가 더 낫다는 것입니다. 내가 더 높은 자리에 올라야 한다는 것입니다. 우리는 다른 사람과 나를 비교하면 시험에 빠지기 쉽습니다. 비교하되 성경의 인물들과 비교합시다. 나를 다윗과 비교합시다. 아브라함과 비교합시다. 주의 종들은 사도 바울과 비교하고 베드로와 나를 비교해 보아야 합니다. 그래야 늘 부족한 줄 압니다. 내가 죄인인 줄 압니다.

예수님께서는 "어린아이 하나를 데려다가 그들 가운데 세우시고 안으시며 제자들에게 이르시되 누구든지 내 이름으로 이런 어린 아이 하나를 영접하면 곧 나를 영접함이요 누구든지 나를 영접하면 나를 영접함이 아니요 나를 보내신 이를 영접함이니라"(36-37절) 말씀하셨습니다. 예수님의 말씀의 핵심이 여기에 있습니다. "내 이름으로." 누구든지 예수 이름으로 만나야 합니다. 말을 해도 예수 이름으로 말하고, 봉사를 해도 예수 이름으로 하라는 말씀입니다. 그냥 낮아지라는 것이 아닙니다. 세상 사람들도 겸손할 수 있습니다. 많은 것을 베풀고도 겸손한 사람들 많습니다.

주님은 "예수님의 이름으로 어린아이를 대접하라"고 말씀하십니다. 세상에는 가난한 사람들이 많습니다. 사회적으로 지위가 낮은 사람들도 있습니다. 외로운 사람들이 많습니다. 배고픈 사람도 많습니다. 가정이 파탄난 사람들도 많습니다. 목표를 잃고 거리를 헤매는 청소년들도 많습니다. 이들을 예수 이름으로 만나고 치료하고 위로해 주어야 합니다. 이것이 오늘 주님께서 말씀하시는 의미입니다.

대림절 두 번째 주일이 지나고 있습니다. 이 대림절 기간에 이 땅에 몸을 대속물로 주러 오신 주님을 기억하며, 우리도 주님을 따라 세상을 섬기는 성도들이 됩시다.

더 생각해 보기: 말씀 이해를 위한 예화

5만 번 이상 기도 응답을 받았다고 하는 조지 뮐러 목사님은 원래 성자가 아니었습니다. 20세가 될 때까지 질 나쁜 친구들과 함께 술에 취해 새벽 2시까지 카드놀이를 했고, 상습적인 도둑이요 거짓말쟁이였습니다. 그런 조지 뮐러가 20세에 하나님을 만났고, 그 후로 변화하기 시작하여, 30세가 되었을 때 고아들을 섬기기 시작했습니다.

조지 뮐러 목사님은 93세까지 사셨는데, 평생을 고아들을 위해 섬기는 자가 되어 존경받는 사람이 되었습니다. 노년에 "어떻게 이렇게 연세가 드셨는데도 지금까지 평생을 섬길 수 있었습니까?" 하고 한 기자가 물었습니다. 그러자 그는 겸손한 표정으로 "이 조지 뮐러가 죽었기 때문입니다. 이 세상의 칭찬이나 비난에 죽었기 때문입니다. 제가 두려워했던 것은 하나님의 책망이었고, 제가 원했던 것은 하나님의 칭찬이었습니다. 그러자 저의 인생이 저도 모르게 달라졌습니다"라고 대답했습니다.

적용

1) 오늘 말씀의 주제 파악하기

2) 오늘 말씀 중 은혜 받은 부분 나누기

3) 삶에 구체적으로 적용하기

함께 드리는 기도 제목

1. 우리를 향하신 주님의 뜻을 깨닫는 대림절이 되게 하소서.
2. 섬김의 본을 보여주신 예수님처럼 이웃과 교회와 사회를 섬기게 하소서.
3. 예수의 이름으로 복음 듣고 살아가게 하소서.

제51과

주님을 만난 사람

(대림절3)

❖ **본문** : 누가복음 2장 36-38절
❖ **찬송** : 104장(곧 오소서 임마누엘, 통 104장)
❖ **요절** : "이 사람이 성전을 떠나지 아니하고 주야로 금식하며 기도함으로 섬기더니"(누가복음 2:37).

우리가 사는 이 땅에는 늘 문제가 있습니다. 기쁜 일만 있으면 좋겠지만 슬픈 일이 찾아옵니다. 늘 건강하면 좋겠지만 질병이 찾아옵니다. 부모님이 수고하고 땀을 흘려 자녀를 키우고 이제 좀 살 만하면 부모님이 돌아가십니다. 자녀를 위하여 온갖 수고를 아끼지 않았는데 그 자녀가 부모님의 마음에 눈물을 주는 일이 생깁니다. 이 세상에 소망을 가지는 사람은 이 세상 때문에 절망할 일이 생깁니다. 이 세상에 사는 동안 우리는 내일 일을 모릅니다.

그래서 예수님께서 이 땅에 찾아오셨습니다. 예수님은 우리에게 참 평안을 주시기 위해 찾아오셨습니다. 병든 자에게 치유를 주고, 외로운 자에게 위로를 주기 위하여 오셨습니다.

대림절 세 번째 주간을 보내고 있습니다. 대림절은 이 땅에 다시 꼭 오신다고 약속하신 주님의 약속을 믿고 기다리는 절기입니다. 누가 다시 오시는 주님을 맞이할 수 있습니까? 마음속에 예수 그리스도를 모시고 사는 성도가 예수님을 맞이할 수 있습니다.

오늘 말씀에는 예수님 만나기를 사모하며 기다리다가 예수님을 만난 안나라고 하는 여선지가 나옵니다. 안나라는 여선지는 결혼한 후 일곱 해 만에 남편을 잃고 84세가 되었습니다. 이 안나는 대림절을 보내는 성도들에게 어떤 모습으로 주님을 기다려야 하는지를 가르쳐 주고 있습니다.

1. 성전을 떠나지 아니하였습니다.

안나는 세상적으로 보면 불행한 여인이었습니다. 결혼한 지 일곱 해 만에 남편과 사별했습니다. 곡식을 추수한 밭에 가서 떨어진 이삭을 주어 생명을 연명하였습니다. 당시는 여자 혼자서는 살 수 없는 세상이었습니다. 그러니 안나가 얼마나 힘들게 살았겠습니까?

그런데 안나는 성전을 떠나지 아니하였다고 했습니다. 성전을 가까이하면 주님을 가까이하게 됩니다. 당시에 성전은 하나님께서 임재하시는 곳이었습니다. 이곳에서 하나님을 사모하며 살았습니다. 오늘도 주님을 맞이하는 사람은 성전을 사랑하는 사람입니다.

우리 민족은 복을 많이 받았습니다. 5천 년 동안 가난하게 살았는데 예수 믿고 부유하게 되었습니다. 그런데 더 큰 복은 이 민족이 하나님을 모시고 살게 되었다는 것입니다. 우리나라는 곳곳마다 교회가 있습니다. 도시마다 십자가가 없는 곳이 없습니다. 시골에 가도 교회가 있습니다. 교회가 없어 예수 믿지 못했다는 말은 할 수가 없습니다. 예수 믿은 지 100년 만에 세계에서 선교사를 가장 많이 보내는 나라 중의 하나가 되었습니다. 이것은 우리에게 더 큰 복을 약속해 주십니다. 우리나라가 이렇게 복을 받은 비결은 교회를 사랑했기 때문입니다. 다른 나라에는 없는 새벽기도회가 우리에게는 있습니다. 수요일에도 모이고 금요일에도 모입니다. 늘 쉬지 않고 교회를 사모하여 이 나라가 복을 받은 것입니다.

예수님께서는 이 땅에 오셔서 한 가지를 남겨놓고 가셨습니다. 그것은 바로 교회입니다. 교회는 하나님을 만나는 곳입니다. 다른 곳에 가서 하나님을 만나려 해서는 안 됩니다. 교회는 여러분을 살리는 곳입니다.

한국 교회는 지금 위기입니다. 한국 교회가 방향을 잃고 있습니다. 많은 교회가 어려움을 당하고 있습니다. 강단이 흔들리고 있습니다. 여러분도 한국 교회를 위해서 부르짖어 기도하셔야 합니다. 우리는 은혜로운 교회를 주신 것을 감사하며, 매 주일의 예배를 사랑하고 교회에 나오는 것을 감사해야 합니다. 교회에 자꾸 나오시기 바랍니다. 주일에도 나오고, 수요일에도, 금요일에도 나오시고, 새벽에도 나오기 바랍니다. 주의 전을 사모하는 자가 주님을 만나게 됩니다.

2. 주야로 금식하며 기도하였습니다.

안나는 주야로 기도하다가 예수님을 만났습니다. 기도는 늘 해야 하는 것이지만 특별히 기도를 요구하시는 때가 있습니다. 우리는 부활절에도 특별기도회로, 추수감사절에도 감사하기 위하여 기도합니다. 대림절 기간에도 우리는 특별히 기도해야 합니다.

성경에는 예루살렘에 오신 아기 예수를 만난 두 사람을 소개하고 있습니다. 시므온과 안나입니다. 안나는 예수님을 만날 것을 알지 못하였습니다. 그런데 안나는 평소에 기도하는 사람이었습니다. 기도는 하나님과 쉬지 않고 교제하는 방법입니다. 하나님과 늘 대화하니, 하나님께서 이런 사람을 사랑하십니다. 늘 하나님과 가까이 있는 사람의 간구를 들어 주십니다. 기도하는 사람에게는 복된 사람들을 보내 주십니다. 내 인생의 길을 인도해 주십니다. 하나님은 못하실 것이 없습니다. 하나님의 창고에는 없는 것이 없습니다. 그러므로 주의 전에 나와 늘 기도하시기 바랍니다.

안나는 주야로 금식하며 기도하며 섬겼다고 했습니다. 교회는 기도로 섬기는 것입니다. 연세 드신 분들 중에 내가 나이 들어 할 수 있는 것이 없다고 하시는 분들이 있는데, 이것은 잘못 알고 계신 것입니다. 하나님의 전에서는 이 세상을 떠나는 날까지 섬길 일이 많습니다. 안나는 나이가 들어 기도로 주의 전을 섬겼습니다. 기도는 사탄의 공격을 막아 줍니다. 기도는 교회에 축복이 내리게 합니다. 여러분은 기도로 교회를 섬기시기 바랍니다.

오늘 안나는 낮에도 굶고 밤에도 굶었습니다. 금식이 얼마나 어렵습니까? 배고픈 것은 의식주 가운데 가장 어려운 것입니다. 옷 없어도 살 수 있습니다. 집이 없어도 살 수 있습니다. 그러나 먹지 않으면 살 수가 없습니다. 하루만 굶어도 인간에게 큰 고통을 주는 것이 금식입니다. 안나는 금식하며 배고프다고 누워 있는 것이 아니라 기도하였습니다. 기도는 부족한 사람만이 할 수 있습니다.

기도는 하나님의 능력을 믿는 사람만이 드릴 수 있습니다. "내가 죄인입니다. 내가 부족합니다. 하나님, 나를 불쌍히 여겨 주십시오." 이것이 기도입니다. 이 마음을 하나님께서는 아름답게 보십니다. 그래서 하나님의 영으로 감동시키셨고, 오시는 예수님을 만나게 하십니다. 여러분도 대림절 기간에 늘 기도하여 다시 오시는 주님을 만나는 성도들이 됩시다.

3. 하나님께 감사하며 복음을 전했습니다.

오늘 말씀 마지막에 "예루살렘의 속량을 바라는 모든 사람에게 그에 대하여 말하니라”(38절)라고 기록되어 있습니다. 모든 사람에게 그에 대하여 말하였다고 했는데 그가 누구입니까? 바로 예수 그리스도이십니다. 다른 사람들은 오신 예수님을 아무도 알아보지 못하였습니다. 그런데 기도의 사람 안나와 시므온은 예수님을 알아보았습니다. 더 정확히 말하면 기도의 사람 안나와 시므온에게 주님께서 보여주신 것입니다.

교회에 오래 나와도 주님을 보지 못하고 신앙생활하는 사람들이 있습니다. 그래서 주님 앞에 엎드리지 못합니다. 안나는 예수님을 만나고 예수님을 메시아라고 사람들에게 전했습니다. 예수님을 전하는 것이 복음입니다. 세상은 메시아를 기다리고 있습니다. 죄악에 잠든 세상이 메시아를 기다리고 있습니다. 인류에 찾아올 재앙과 고통에서 구해 주실 메시아를 기다리고 있습니다. 가정마다 겪는 근심에 평안을 주실 주님을 기다리고 있습니다. 이때에 우리는 예수님을 전해야 합니다. “예수님은 우리에게 평안을 주십니다. 예수님이 오시면 문제가 해결이 됩니다.” 이렇게 전해야 합니다.

대림절은 나 홀로 주님을 만나는 시간이 아닙니다. 이웃에게 복음을 전하고 함께 성탄의 기쁨을 나누는 절기입니다. 예수님이 우리에게 오셔서 우리가 복된 존재가 된 것을 기쁨으로 전해야 합니다. 다가오는 대림절을 안나와 같이 주의 전을 사모하고 기도하면서 복음을 전하면서 맞이하는 성도들이 됩시다.

더 생각해 보기: 말씀 이해를 위한 예화

제7회 테헤란 아시안 게임이 열렸을 때 조오련 선수가 400미터, 1,500미터 수영경기에서 금메달을 획득하였습니다. 이 금메달을 얻기까지에는 어머니인 김용자 권찰의 기도의 뒷받침이 있었다고 합니다.

김용자 권찰은 주일학교 때부터 신앙으로 자랐으나 당시 예수 믿기가 어려워 매를 맞아가며 교회를 다녔다고 합니다. 불신자 가정으로 시집 와서 교회 다닌다고 미움을 받았으나 언제나 믿음을 잃지 않고 자녀와 남편을 예수께로 인도했습니다. 조오련 선수를 키우기 위하여 꿀과 삼을 많이 먹였고, 경기에 나갈 때마다 기도로 지냈으며, 테헤란 아시안 게임을 위하여 저녁마다 교회에서 기도했고 철야 기도도 했다고 합니다. 그런 기도의 능력으로 조오련 선수가 2관왕을 차지하는 영광을 누리게 되었습니다.

적용

1) 오늘 말씀의 주제 파악하기

2) 오늘 말씀 중 은혜 받은 부분 나누기

3) 삶에 구체적으로 적용하기

함께 드리는 기도 제목

1. 주의 전을 늘 사모하여 주님을 만나게 하소서.
2. 대림절 기간에 늘 기도하여 다시 오실 주님을 만나는 체험을 하게 하소서.
3. 안나와 같이 주의 전을 사모하고 기도하면서 복음을 전하게 하소서.

제52과

구원주로 오신 예수님

(대림절4)

✣ **본문** : 마태복음 1장 18-21절
✣ **찬송** : 126장(천사 찬송하기를, 통 126장)
✣ **요절** : "아들을 낳으리니 이름을 예수라 하라 이는 그가 자기 백성을 그들의 죄에서 구원할 자이심이라 하니라"(마태복음 1:21).

성탄절이 다가오면 기뻐하는 사람들이 많습니다. 어린아이들을 비롯하여 많은 사람들이 기뻐합니다. 문제는 이들이 크리스마스를 왜 기뻐해야 하는지를 모르고 기뻐한다는 사실입니다. 크리스마스는 '크리스토스'와 '마스'의 합성어입니다. 즉 예수 그리스도께 예배한다는 뜻입니다. 그런데 많은 사람들이 'X-MAS'를 크리스마스가 아닌 X, 즉 모른다, 무엇을 예배할지 모르는 절기로 만나고 있습니다.

성탄의 중심은 예수님입니다. 교회가 중심이 되어야 합니다. "예수 그리스도의 나심은 이러하니라"(18절)는 말씀은, 예수님이 그리스도로 이 땅에 오셨다는 것을 증언하고 있습니다. 이 짧은 말씀에는 깊은 의미가 들어있습니다. 마리아가 잉태되었을 때에 천사가 나타나 그 이름을 예수라 하라고 했습니다. 예수는 구원자라는 뜻입니다. 성탄절을 맞이하며 성탄의 참 의미를 깨닫고 주님을 나의 구주로 고백해야 합니다.

1. 요셉의 모습을 보십시다.

오늘 말씀을 보면 마리아가 요셉과 약혼하고 동거하기 전에 성령으로 잉태된 것이 나타났다고 했습니다. 창세기 3장 15절에 보면 메시아는 여자의 후손으로 오실 것임을 이미 예고하고 있습니다. 이 성경의 말씀을 이루시기 위하여 예수님은 여자의 후손, 즉 동정녀의 몸을 통하여 오신 것입니다. 우리나라처럼 유대도 남자를 중심으로 족보가 이루어집니다. 누가 태어나든지 남자의 후손으로 오는 것입니다. 그런데 예수님은 특이하게 여자의 후손으로 오셨다는 것입니다.

사람은 모두 죄가 있습니다. 남자의 씨앗은 다 죄를 가지고 태어납니다. 그래서 예수님은 남자의 씨앗이 아닌 성령님에 의해 잉태되었음을 말씀하고 있습니다. 마리아는 천사에 의해 성령으로 잉태할 것임을 듣게 됩니다. 이에 놀란 마리아는 "어찌 이런 일이 있을 수 있겠습니까?" 하고 거부하나 결국은 믿음으로 "주의 계집종이오니 말씀대로 내게 이루어지이다" 라고 고백합니다.

그런데 이것은 중대한 문제를 가지고 있습니다. 유대의 율법에 의하면 결혼 전에 임신을 하면 돌에 맞아 죽도록 되어 있었습니다. 마리아의 고백은 "하나님의 말씀이시면 내가 죽겠습니다" 라는 믿음의 고백입니다. 죽음을 각오하는 믿음의 여인을 택해 주님은 이 땅에 오셨습니다.

또 요셉은 어떻습니까? 내가 결혼할 여인이 동거도 하기 전에 아이를 가졌다니 기절초풍할 일이 아닙니까? 그러나 요셉은 의로운 사람이라 했습니다. 믿음의 사람이었다는 말입니다. 이런 일을 만나면서 율법적으로 행동하지 않았습니다. 또한 악하게 생각하지 않았습니다. 분노하지 않았습니다. 이 일을 입 밖에 내기만 하면 마리아라는 여인은 당장 사람들 앞에 끌려나가 돌에 맞아 죽게 됩니다. 그러나 요셉은 어떻게 하면 조용히 파혼할 수 있을까를 생각하고 있었습니다. 믿음의 사람들은 조용한 시간이 필요합니다.

인생의 일을 만났을 때 내 생각대로 행동하는 사람은 믿음에 실패합니다. 먼저 하나님 앞에 엎드려야 합니다. 그러면 하나님께서 해답을 주십니다. 요셉은 분노할 상황에서 조용히 묵상했습니다. 바로 이때에 주의 사자가 나타나 요셉에게 메시지를 주십니다. "다윗의 자손 요셉아 네 아내 마리아 데려오기를 무서워하지 말라 그에게 잉태된 자는 성령으로 된 것이라 아들을 낳으리니 이름을 예수라 하라 이는 그가 자기 백성을 그들의 죄에서 구원할 자이심이라 하니라"(20-21절). 요셉은 이 천사의 음성을 믿었습니다.

마리아를 데려와서도 동침하지 않고 보호만 했습니다. 예수님을 낳을 때까지 믿음으로 기다렸습니다. 요셉은 평소에도 하나님만 바라보며 믿음의 생활을 해왔기 때문에 하나님의 음성을 듣고 믿었다는 것입니다. 하나님께서는 이런 사람을 귀하게 사용하십니다.

주님의 일을 하면서 억울한 일을 만날 수가 있습니다. 내 상식 밖의 일을 만날 때도 있습니다. 그럴 때에 우리는 조용히 하나님의 음성을 들어야 합니다. 이 대림절 기간에 요셉과 같이 믿음으로 주님의 역사에 동참하는 성도들이 됩시다.

2. 어려운 이웃들과 함께 하는 성탄절이 되어야 합니다.

내가 보잘것없는 자라도 주님을 위해 살고자 할 때 주님께서는 우리의 손길을 통하여 영광을 받으십니다. 은혜를 받으면 내가 보이는 것이 아니라 다른 사람이 보이기 시작합니다. 다른 사람의 불쌍한 것이 보이기 시작합니다. 그러나 은혜를 못 받으면 다른 사람이 잘못하는 것이 보입니다. 그래서 늘 입술로 다른 사람을 지적합니다. 이것이 은혜 못 받은 사람의 표입니다. 은혜 받으면 다른 사람이 구원 못 받는 것이 너무나 불쌍하게 보입니다. 그래서 욕을 먹어도 전도하고 구박을 받아 가면서도 전도하는 것입니다.

은혜 받으면 어렵게 사는 이웃들이 안타깝습니다. 경제가 어려워서 구호단체들이 많이 어렵다고 합니다. 예산이 줄어드는 교회가 많다고 합니다. 그러니 구제비가 줄어드는 것입니다. 교회는 이웃을 불쌍히 여겨야 합니다. 그래서 교회는 부자가 되어야 합니다. 이웃에게 나누어줄 것이 많아야 합니다. 오늘날 교회가 손가락질 받는 이유는 나누어주지 않는 부자이기 때문입니다. 교회는 성도들의 헌금으로 늘 부유하나 이웃들에게 다 나누어주고 선교하는 일에 사용하여 남은 것이 없는 가난한 교회여야 합니다. 그러면 칭찬을 받습니다.

어머니의 젖가슴을 보면 다 말라버려 쭈글쭈글합니다. 자녀를 위하여 마지막 한 방울까지 짜내어 주었으니 쭈글쭈글한 것입니다. 자녀들이 그 젖을 먹고 자랐습니다. 그래서 어머니를 다시 섬기는 것입니다. 교회가 그렇습니다. 교회는 자기의 것을 다 짜내어 세상에 주어야 합니다. 그러면 세상이 교회를 살리는 날이 올 것입니다.

러시아 혁명이 일어나면서 제일 먼저 교회를 공격했습니다. 교회가 너무 부자였습니다. 나누어주지 않는 부자였던 것입니다. 우리 교회는 늘 나누어주는 교회가 되기를 원합니다. 가난한 이웃들에게 나누어주고, 한국에 돈을 벌기 위해 와서 고생하는 이웃들에게 나누어주고, 멀리 남미와 아프리카에 이르기까지 예수 그리스도의 이름으로 나누어주는 교회가 되기를 원합니다.

그러면 하나님의 분명한 약속이 있습니다. 나누어주는 교회에 하나님은 복을 주십니다. 그동안 한국 교회가 나누어주었지만 가난해졌습니까? 더 부자가 되었습니다. 나누어주는 삶의 기쁨을 깨달아야 합니다. 이 세상은 믿음의 사람들이 먼저 엎드리고 섬길 때에 행복한 세상이 되는 것입니다.

3. 성탄의 중심은 예수 그리스도입니다.

미국에는 '메리 크리스마스' 라는 인사가 아니라 '메리 홀리데이' 라고 인사하는 경향이 늘어가고 있다고 합니다. 대통령부터 그렇게 인사를 했다는 것입니다. 말세에는 그렇게 변해 간다고 성경은 말씀하고 있습니다. 우리나라도 그런 날이 올 것입니다. 우리나라 초기에는 성탄 새벽마다 집집마다 새벽송을 돌며 예수의 탄생을 축하했습니다. 하나님께서 이 모습을 보시며 이 민족에게 복을 주셨습니다. 성탄절은 예수님이 이 땅에 오심을 감사하며 영광 돌리는 날이 되어야 하는데, 인간이 즐기는 날이 되어가고 있습니다. 이러한 때에 믿음의 사람들이 깨어서 찬송해야 합니다.

예수님께서는 죄인된 우리들을 내버려두지 않으시고 구원하시려고 친히 이 땅에 찾아오셨습니다. 그리고 우리를 위해 십자가까지 지셨습니다. 성탄절은 이 사실을 감사하며 주님께 영광 돌리는 절기입니다. 주님이 오신 곳이 어디입니까? 베들레헴의 마구간에 오셨습니다. 예수님은 큰 부자의 집이나, 왕궁에 오시지도 않았습니다. 그것은 오늘도 주님은 낮은 자에게 찾아오시기 때문입니다.

"내가 베들레헴의 마구간같이 부족합니다. 주님을 모시기에도 부끄러운 자입니다" 라고 고백하는 자에게 예수님은 다시 찾아오십니다. 낮은 자가 이 땅에 다시 오시는 주님을 영접할 수가 있습니다. 예수님께서 다시 이 땅에 오신다면 예수님은 어디에 오시겠습니까? 가난한 여러분의 마음에 예수님을 모실 수 있기를 바랍니다. 그리하여 다시 오실 때에는 구원주로 오시는 예수님을 기쁨으로 맞이하는 성도들이 됩시다.

더 생각해 보기: 말씀 이해를 위한 예화

필리핀의 유명한 사업가의 아들인 카풍카우라는 청년이 신학교에 들어갔습니다. 그런데 신학교의 화장실이 너무나 불결하여 냄새가 났습니다. 그래서 교수님께 찾아가 "교수님, 이렇게 더러운 곳에서 공부할 수가 없습니다. 이게 뭡니까?" 하고 항의했습니다.

조금 후에 화장실을 씻는 소리가 들렸습니다. 이 청년이 가 보았더니 교수님이 화장실을 청소하고 있었습니다. "아니 교수님, 청소부를 데려다가 시키지 왜 교수님께서 일하십니까?" 라고 질문하니 교수님이 이렇게 대답했습니다.

"천국은 그런 곳이 아니라네. 신학교나 교회는 힘이나 돈으로 일하는 곳이 아니라네. 먼저 본 사람이 청소할 때 우리 주변이 깨끗해지는 걸세. 자네는 부잣집 아들이라 이곳이 불결하게 보이지만 이곳에서 늘 사는 사람은 불결하다는 생각을 못 한다네. 조금만 기다리게 깨끗해질 걸세."

적용

1) 오늘 말씀의 주제 파악하기

____

____

____

2) 오늘 말씀 중 은혜 받은 부분 나누기

3) 삶에 구체적으로 적용하기

함께 드리는 기도 제목

1. 성탄의 참 의미를 깨닫는 지혜를 주소서.
2. 성탄을 맞이하여 주변의 어려운 이웃을 살피며 함께 하게 하소서.
3. 구원주로 오시는 예수님을 기쁨으로 맞이하게 하소서.

제53과

여호와께서 행하셨습니다
(송년주일)

✣ **본문** : 시편 126편 3-6절
✣ **찬송** : 384장(나의 갈 길 다 가도록, 통 434장)
✣ **요절** : "이제 여호와께서 우리를 위하여 큰 일을 행하셨으니 우리는 기쁘도다"(시편 126:3).

금년 마지막 주일입니다. 지난 1년 동안 많은 일들이 있었습니다. 그러나 세상 일은 지나가면 잘 잊어버립니다. 언제 그런 일이 있었느냐는 듯이 우리는 살아갑니다. 세상 일은 다 잊어버려도 반드시 잊지 말아야 할 일이 있습니다. 그것은 하나님의 은혜입니다. 지금까지 주님의 은혜로 살아왔음을 감사하시기 바랍니다.

여러분은 지난 1년을 어떻게 지내셨습니까? 하나님의 전에서 말씀을 들으며 금년 마지막 주일을 보내는 우리들은 행복한 사람들입니다. 말씀으로 과거를 돌이켜 보고 말씀으로 미래를 바라보는 자는 실패하지 않습니다. 눈물을 흘릴 일이 있어도 그 눈물 때문에 넘어지지 않습니다.

1. 과거를 말씀에 비추어 바라보아야 합니다.

오늘 시편의 배경을 보면, 유대인들은 바벨론에 포로로 끌려가서 70년 동안 종살이를 했습니다. 한 번 노예가 되면 다시는 살아 돌아올 수가 없습니다. 노예를 심하게 학대하다가 죽으면 또 다른 노예를 끌어오는 것입니다. 그런데 유대인들이 하나님의 은혜로 노예 생활에서 풀려나 고향 땅에 돌아왔습니다. 바벨론 왕이 갑자기 유대인들은 돌아가라는 것입니다. 그래서 세 차례에 걸쳐 많은 사람들이 돌아왔습니다. 첫 번째는 기원전 536년에 스룹바벨과 함께 42,360명이 돌아왔습니다. 두 번째는 에스라 선지와 함께 1,754명이 돌아왔습니다. 세 번째는 느헤미야와 함께 또 돌아왔습니다.

오늘의 말씀은 첫 번째로 돌아온 사람들이 성전에 예배드리러 올라가면서 부른 찬송입니다. "여호와께서 우리를 위하여 큰 일을 행하셨으니 우리는 기쁘도다"(3절). 우리가 돌아온 일이 여호와께서 행하셨다는 것입니다. 이들은 지금 고생을 하고 와서 비로소 깨달은 것입니다. 아 모든 일을 하나님께서 행하신다는 것을 깨달은 것입니다. 우리 인생의 모든 일은 하나님께서 행하시는 것입니다. 그러므로 하나님의 은혜를 구해야 합니다.

이들은 "여호와여 우리의 포로를 남방 시내들같이 돌려 보내소서"(4절)라고 고백합니다. 우리는 이렇게 자유를 얻었지만 아직 노예로 남아 있는 내 동포들도 돌려보내 주시옵소서, 불쌍히 여겨 주시옵소서 하는 기도입니다.

은혜 받은 자들은 이런 기도를 드려야 합니다. 북녘 땅의 형제들에게 자유를 주시옵소서, 이 땅에 있는 어려운 이웃들을 긍휼히 여겨 주시옵소서 하는 기도를 성전에 나올 때마다 드려야 합니다. 성전은 세상의 것을 가지고 오는 곳이 아닙니다. 성전에는 하나님께 드릴 예배의 향기를 가지고 와야 합니다. 교회는 정치하는 곳도 아닙니다. 교회에서 무엇이 되기 위해서 교회 나오는 것이 아닙니다. 교회는 대접받기 위해서 나오는 곳도 아닙니다. 교회는 하나님께 예배드리고 죄 사함을 받고 구원의 은총을 계속해서 붙들기 위해 나오는 곳입니다.

교회는 말씀이 있는 곳입니다. 그림으로 말하면 교회는 큰 거울이 있는 곳입니다. 그래서 교회에 와서 그 거울에 여러분을 비추어 보는 것입니다. 이 거울이 무엇입니까? 말씀입니다. 말씀의 거울입니다. 이 말씀의 거울에 지난 1년을 비추어 보시기 바랍니다. 지난 1년 동안 성공한 일도 있었고 실패한 일도 있었을 것입니다. 그런데 무엇을 잘해서 성공했고 무엇이 잘되었고 하는 등의 평가를 하는 것이 아닙니다. 내가 하나님의 말씀대로 살았는가, 하나님을 기쁘시게 하는 한 해였는가를 바라보는 것이 중요합니다. 이것이 하나님 중심의 신앙입니다.

하나님의 말씀에 비추어 바라볼 때에 하나님은 기뻐하십니다. 신명기를 보면 "너희가 좌로나 우로나 치우치지 말고 말씀대로 행하면 내가 복을 주겠다"고 하신 말씀이 수없이 기록되어 있습니다. 좌로나 우로나 치우치지 않는 것이 무엇입니까? 하나님 중심으로 살겠다는 것입니다. 이 세상에 살면서 하나님 말씀을 중심으로 사는 것이 쉬운 일이 아닙니다. 성경을 보면 많은 사람들이 실패합니다. 모르고 실패하고 알면서도 실패합니다. 이렇게 살아서는 안 되는데 하면서도 실패합니다. 지난 1년을 돌이켜 보면서 내가 하나님 말씀대로 얼마나 순종했는지, 내가 하나님을 얼마나 기쁘시게 해드렸는지를 돌아보시기 바랍니다.

2. 새해를 맞이하기 전에 모든 불신앙적인 요소를 모두 청산하시기 바랍니다.

결단의 시기가 있습니다. 죄에서 결단할 시기가 왔을 때, 회개할 기회가 왔을 때, 은혜 받을 기회가 왔을 때, 복받을 기회가 왔을 때 그 기회를 놓쳐버리는 사람처럼 어리석은 사람은 없습니다. 기회는 늘 있는 것이 아닙니다. 왜냐하면 기회를 주시는 분도 하나님이시기 때문입니다. 기회를 계속 주셔도 그 기회를 깨닫지 못하면 기회를 거두어 가십니다. 기회를 깨달아야 합니다. 여러분, 마음속에 죄의 짐이 있습니까? 내가 다시는 이렇게 살지 않겠다고 다짐하는 기도의 제목이 있습니까? 오늘 결단하시기 바랍니다.

그리고 그 죄의 짐들을 새해로 가지고 가지 말고 다 버리고 가시기 바랍니다. 하나님께서는 이미 우리에게 자유를 주셨습니다. 예수 그리스도의 십자가의 피로 우리의 죄를 다 사해 주셨습니다. 죄를 이길 힘도 이미 주셨습니다. 이미 우리에게 축복의 선물들도 다 주셨습니다. 그런데 내가 스스로 죄의 올가미 속에 들어갑니다. 그래서 스스로 고통받습니다.

하나님은 우리가 죄 가운데 고통 받는 것을 기뻐하시지 않습니다. 하나님은 우리가 가난하게 사는 것도 원하시지 않습니다. 하나님은 우리가 질병으로 고통받는 것도 원하시지 않습니다. 우리가 부유하게 되는 비결을 성경을 통해 이미 말씀해 주셨습니다. 그래서 주님이 오셨습니다. 하나님 말씀대로 살면 형통하다고 했는데, 내가 스스로 자꾸만 안 되는 길로 가는 것입니다. 그러고도 깨닫지 못하는 것이 인간입니다. 죄에게 끌려가지 맙시다.

어떤 사람이 달밤에 술에 취하여 배를 타고 강을 건너가려고 노를 저었습니다. 그런데 밤새도록 노를 저어도 건너편에 닿지 않는 것입니다. 이상하게 생각하고 동틀 때 뒤를 돌아보니 배의 밧줄을 육지에 묶어 둔 채로 노를 저었던 것입니다. 과거에 묶여 사는 사람은 이와 같이 앞으로 나아가지 못합니다. 과거의 미움, 분노, 실패를 지니고 사는 사람은 행복한 인생이 되지 못합니다. 그러므로 믿음의 노를 저어 은혜의 깊은 바다로 나아가야 합니다. 그래서 순종하고 감사하고 기쁨의 생활로 변화되시기 바랍니다. 그러면 하나님께서 우리에게 새로운 힘을 주시고 새로운 기회도 주십니다. 그 기회는 축복으로 여러분을 인도할 것입니다.

3. 감사하시기 바랍니다.

지금까지 내 힘으로 살아온 것이 아닙니다. 이 세상은 내가 건강하고 싶다고 해서 건강한 것이 아닙니다. 내가 조심한다고 해서 건강한 것이 아닙니다. 내가 피한다고 해서 질병이 안 오는 것이 아닙니다. 사업을 열심히 한다고 해서 사업이 형통한 것이 아닙니다. 똑똑한 사람 많습니다. 그러나 똑똑하다고 되는 일이 아닙니다. 하나님께서 은혜 주신 것을 깨달아야 합니다. 그래서 감사할 줄 알아야 합니다. 감사를 모르는 사람은 내가 최고인 줄 압니다. 내가 제일 똑똑한 줄 압니다. 그래서 그만 은혜의 그릇이 깨져버립니다.

은혜의 그릇이 깨져버리면 하나님의 음성을 아무리 많이 들어도 하나도 남지 않습니다. 다 새어버립니다. 심령의 그릇은 한 번 깨어지면 잘 회복이 안 됩니다. 그러니 얼마나 안타깝습니까? 우리는 지난 1년 동안 하나님의 은혜를 넘치게 받았습니다. 우리는 모든 일에 은혜를 받았습니다. 이 은혜를 감사하면 하나님께서 더 좋은 것으로 우리에게 허락해주십니다.

"눈물을 흘리며 씨를 뿌리는 자는 기쁨으로 거두리로다"(5절)라고 했습니다. 지난 1년 동안 우리 모든 성도들이 힘을 합하여 눈물을 흘리며 열심히 씨를 뿌렸습니다. 복음의 씨를 뿌려 주의 전이 가득하게 되었습니다. 하나님의 일을 위해 눈물로 씨를 뿌린 모든 성도들은 이 시간 하나님께서 주시는 축복의 곡식 단을 가지고 새해를 향하여 나아가게 되는 줄로 믿습니다. 사건 사고가 참 많았던 한 해가 지나가고 있습니다. 그러나 이러한 가운데서도 나를 지켜 주시고 함께해 주신 하나님께 감사를 드리고 찬양과 영광을 돌리는 성도들이 됩시다.

더 생각해 보기: 말씀 이해를 위한 예화

가까운 두 친구가 있었습니다. 둘은 자주 어울려 다녔습니다. 그러는 중에 젊은 기분에 좋지 않은 곳에 다니기도 하고 좋지 않은 짓도 좀 하면서, 방탕하게 지냈습니다. 어느 일요일 저녁에 이 두 친구는 어울려 춤추고 노름도 하는 그런 술집을 향해 가고 있었습니다. 마침 그 술집으로 가는 길에 교회 앞을 지나가게 됐는데, 교회 게시판에 그날 저녁 예배의 설교 제목이 적혀 있었습니다. “죄의 값은 사망이다.” 죄 지으면 죽는다는 말입니다. 한 청년은 그걸 보고는 설교 한번 들어 보자며 교회로 들어갔습니다. 그러나 친구는 다른 술집으로 발걸음을 옮겼습니다. 그리고 그날 설교를 들은 청년은 이제 그런 죄에서 떠나야겠다고 결심하고 독실한 신자가 되었습니다. 그리고 진실하게 살았습니다.

그후 그는 공부하고 정계에 투신하여 마침내 미국의 대통령이 되었습니다. 그가 대통령에 취임하던 날 온 신문에는 그의 이름과 그에 대한 기사가 가득 실렸습니다. 바로 그 시간에 미국의 한 교도소에서는 종신형을 살고 있는 한 죄수가 그 신문을 보고 오열하며 눈물을 흘리고 있었습니다. 이 죄수는 전에 교회의 설교 제목을 보고도 술집으로 향했던 그 친구였습니다. 그리고 이 대통령은 클리블랜드 대통령입니다.

적용

1) 오늘 말씀의 주제 파악하기

2) 오늘 말씀 중 은혜 받은 부분 나누기

3) 삶에 구체적으로 적용하기

함께 드리는 기도 제목

1. 말씀에 비추어 금년 한 해를 마무리하여 새해에는 말씀에 순종하게 하소서.
2. 새해를 맞이하게 전에 불신앙의 요소들을 청산하게 하소서.
3. 금년 한 해 인도하신 하나님께 감사와 찬송과 영광을 돌리게 하소서.

말씀과 기도가 있는 구역 만들기 3

말씀 따라 사는 사람들

2011년 12월 26일 인쇄
2011년 12월 30일 발행

지은이 | 정명철
발행인 | 이형규
발행처 | 쿰란출판사

주소 | 서울특별시 종로구 이화동 184-3
TEL | 02-745-1007, 745-1301, 747-1212, 743-1300
영업부 | 02-747-1004, FAX / 02-745-8490
본사평생전화번호 | 0502-756-1004
홈페이지 | http://www.qumran.co.kr
E-mail | qumran@hitel.net
qumran@paran.com
한글인터넷주소 | 쿰란, 쿰란출판사

등록 | 제1-670호(1988.2.27)

책임교열 | 김유미 · 이화정

값 12,000원

ISBN 978-89-6562-249-9 93230